Hans Rusinek

Work-Survive-Balance

AF634159

Hans Rusinek

Work-Survive-Balance

Warum die Zukunft der Arbeit die Zukunft unserer Erde ist

HERDER

FREIBURG · BASEL · WIEN

© Verlag Herder GmbH, Freiburg im Breisgau 2023
Alle Rechte vorbehalten
www.herder.de

Satz: ZeroSoft SRL, Timișoara
Herstellung: GGP Media GmbH, Pößneck
Printed in Germany

ISBN Print: 978-3-451-39965-7
ISBN E-Book (EPUB): 978-3-451-82889-8

Für Marie Yael
und ihr Jahrhundert

Inhalt

Willkommen im Anti-Anti-Arbeits-Club!

„Irgendwie sind wir in der einzig möglichen Welt gelandet, in der es eine Apokalypse gibt, wir aber trotzdem zur Arbeit gehen müssen.“
Tom Cashman[1]

Arbeit, wir müssen reden. Du hast heute einen schlechten Ruf: Wir träumen von einer Frührente durch plötzlichen Bitcoin-Reichtum, kämpfen bedingungslos für ein bedingungsloses Grundeinkommen und üben uns im Quiet Quitting, wo wir nur noch die absoluten Minimalanforderungen erfüllen und auf keinen Fall mehr Mühe, Interesse oder Begeisterung in die Arbeit stecken als unbedingt nötig.

Diese Abkehrbewegungen haben ihre Gründe. Ein Steuersystem, das Einkommen aus Arbeit wesentlich höher besteuert als Einkommen aus Erbe oder Aktien, die Vermutung, dass uns Automatisierung die Arbeit bald abnehmen könnte, und die demografische Aussicht, dass uns ohnehin die Arbeiterinnen ausgehen könnten, all das führt zu einer Neubewertung der Arbeit. Ob sie sich lohnt. Ob man sie braucht. Ob's noch jemanden gibt, der sie macht. Im Modus des Arbeitsbashings wurden ganze Regalwände armeverschränkender Bücher geschrieben, Überschriften à la „Arbeit nervt“ garantieren großartige Klickzahlen. Arbeitsbashing ist ein Alleabholer – so einleuchtend, aber doch auch so banal wie die meisten Wahlplakate. Und in seiner Totalablehnung doch auch so weltfremd: Als ich das letzte Mal nachgesehen habe, mussten die meisten von uns, ja eben doch noch zur Arbeit gehen.

Die Abkehrbewegungen bringen uns nicht weiter. Wenn wir das Projekt Arbeit aufgeben, wenden wir uns von all dem ab, was es leisten kann – und in Zukunft noch stärker leisten sollte: all das, was uns in der Klimakrise auch gemeinsam ins Handeln bringen könnte.

Es ist Arbeit, verstanden im Sinne der Praxistheorie als jede Form von produktivem Tätigsein (➤ Theorie), die uns das Gefühl existenzieller Verbundenheit geben kann. Wir alle suchen eine Bestätigung dafür, dass unser Dasein nicht an der Welt vorübergeht, dass wir auf andere wirken – ein Bedürfnis, das bereits im Schreien eines Babys seinen Ausdruck findet. Für Erwachsene sind es der Arbeitsplatz (idealerweise mit weniger Geschrei), der zeigt, dass wir wirksam sind, und der Gehaltszettel, der zeigt, dass diese Wirksamkeit Anerkennung erfährt. Auf der Arbeit werden wir zu denkenden, planenden und – wichtig! – hoffenden Wesen, wie der Soziologe Hartmut Rosa schreibt.[2] Der erste Beruf kann prägender als das erste Kind sein.[3] Der Verlust eines Arbeitsplatzes ist deshalb nicht nur eine ökonomische Katastrophe, sondern auch eine existenzielle. Für Rosa eine Menschenrechts- und sogar Körperverletzung.

Gerade in Zeiten solch großen Wandels ist das Resonanzgefühl, das sich einstellt, wenn ich in meiner Arbeit die Zukunft mitgestalten kann, wichtiger denn je: Jeder Heizungsinstallateur, der eigenhändig eine Wärmepumpe verbaut, kann sich abends schlafen legen in der Gewissheit, die Energiewende ein kleines Stück vorangebracht zu haben.[4] Und wird deshalb dranbleiben. Denen, die aber vom individuellen Glück ohne Arbeit träumen, kann man nur alles Gute wünschen. Denn keine Arbeit wird eben auch keine Lösung sein.

Auch für uns als Kollektiv ist Arbeit ein – wenn nicht der! – zentrale Wirkungsraum: Wir lernen, auch mit Menschen klarzukommen, mit denen wir nicht unsere Freizeit verbringen würden. Mit diesen unfreiwilligen Schicksalsgenossen lernen wir, Beiträge zu leisten, die um ein Vielfaches das in den Schatten stellen, was uns allein gelingen würde. Dann lernen wir dort auch – weil wir mit manchen doch gut klarkommen – mit einer hohen Wahrscheinlichkeit einen Partner fürs Leben kennen. In der Arbeit lernt eine Gesellschaft laufen: Ein Nebenprodukt von Arbeitsbeziehungen sind arbeitende Beziehungen. Hier besorgt sich eine Gesellschaft, was sie zum gemeinsamen Überleben braucht. Damit hält dieser Lern- und Mach-Ort uns zusammen und verspricht jeder, die mitmachen möchte, soziale Integration und Aufstieg – zumindest idealerweise. Genau deswegen ist der erste Job ja so prägend – hier lade ich die gesellschaftliche Software herunter, die Dos und Don'ts, mit denen ich mich dann „professionell" nennen kann und die mir – idealerweise! – das Eintrittsticket zum Mitgestalten geben. Durch das Einüben dieser Arbeitspraktiken halten wir sie in Betrieb und machen somit Zukunft.

Die schlechte Nachricht ist, dass dies in vielen Fällen eine Zukunft ist, mit der wir unsere Lebensgrundlage immer mehr in Gefahr bringen, weil wir planetare, aber auch psychische und physische Ressourcen über alle Grenzen hinweg abarbeiten: Unsere derzeitigen Dos und Don'ts sind nicht gerade auf Regeneration, Maßhalten oder Verantwortung programmiert. In die Zukunft geblickt sind unsere Praktiken deshalb nicht enkeltauglich, weil wir kommenden Generationen damit keine Zukunft lassen: Die Arbeit wird ihrem Ideal also nicht gerecht. Wir müssen sie deshalb jetzt nicht nur als Raum zum Lernen, sondern vor allem zum Umlernen begreifen. Dass sich die Arbeitswelt bald ändern wird, geben die planetaren Grenzen vor, wie dies geschieht, ist noch offen: by Design or by Desaster?

Work-Life-Balance, dieser Begriff hat mich schon immer irritiert. Er hindert uns daran, uns Arbeit als einen lohnenden und sinnvollen Teil des Lebens vorstellen zu können und Arbeit in vielerlei Hinsicht auch persönlich zu nehmen. Etwa wenn uns politische, ökologische oder moralische Zweifel aufkommen.

Ich glaube aber auch, dass an der Sehnsucht nach Balance etwas dran ist und wir diesen Begriff neu besetzen müssen. Mir geht es um die Frage: Wie lässt sich denn eine Balance *in der Arbeit selbst* finden? Eine Balance zwischen einem Abarbeiten von all dem, was dort für normal gehalten wird, und einem Entwickeln von Arbeitsweisen, die wir für normativ besser halten. Eine Balance aus Ökonomie und Ökologie im Sinne der regenerativen Arbeit. Eine Balance aus Work und Survive eben. Denn es wird schwer, nach Feierabend ehrenamtlich die Welt zu retten, wenn andere sie hauptberuflich zerstören.[5]

In diesem Buch werden Klimakrise und Arbeitswelt deshalb konsequent zusammengeführt. Unsere Verhaltensweisen im Angesicht der Klimakrise umzuschreiben – gemeinschaftlich, erfahrbar und nicht traumatisierend –, das geht nur in der Arbeit. Eine Abkehr von der Arbeit wäre eine Abkehr von der Hoffnung, dass gemeinsame Anstrengungen die Menschen vereinen und ihre Lage verbessern können – uns bliebe nur totalitäre Macht durch Zwang. Kein Zufall vermutlich, dass zeitgleich zur Abkehr von der Arbeit auch die Sehnsucht nach einem alles regelnden Staat immer größer wird.

Wir brauchen die Arbeit eben noch. Eine besser funktionierende Arbeitswelt, mit all ihren integrativen, sinngebenden und praktikanleitenden Eigenschaften, ist die zentrale Voraussetzung für ein demokratisches Bewältigen der Klimakrise – und das zentrale Thema dieses Buches. Dass sich die Arbeitwelt dafür ändern muss, ist klar – dass wir sie brauchen, aber eben auch. Willkommen also im Anti-Anti-Arbeits-Club!

Was dich in diesem Buch erwartet

Vor einem kurzen inhaltlichen Überblick an dieser Stelle ein ausnahmsweise sehr lifehackiger Tipp, von dem ich wünschte, ich hätte ihn früher gekannt: Sachbücher muss man nicht von Deckel zu Deckel lesen – vor allem nicht in einem Durchgang. Macht auch keiner. Das Buch lässt sich an jedem Kapitel, an jeder Veränderungsdimension öffnen – deshalb die Querverweise. Es ist ein Büffet und kein Zwölf-Gänge-Menü. Und nun guten Appetit!

Die *Zukunft des Planeten* – schwierig. Vor allem für uns. Als das Containerschiff „Ever Given" im März 2021 im Suezkanal stecken blieb, verursachte es nicht nur einen geschätzten Transportausfall von über 50 Milliarden Dollar. Ein Schiff, das sich mit zu viel Ladung und zu viel Geschwindigkeit in der engen Umwelt verkeilte – und auch noch „Ever Given" heißt! –, lieferte obendrein eine perfekte Illustration für unser entgrenztes Arbeiten im Anthropozän.[6] Das Anthropozän ist die Epoche, in der unser Handeln einen unumkehrbaren Einfluss auf unsere Erdsysteme gewonnen hat, in der wir von mittelgroßen, allesfressenden Primaten zu einer prägenden Kraft auf diesem Planeten wurden.[7] Von Primaten unterscheidet uns auch das Büro. Von den meisten jedenfalls. Im ersten Kapitel (➤ Planet) geht es darum, dass die Krise des Planeten und die Krise der Arbeit entscheidend zusammenhängen. Sie sind das „Was" und das „Wie" zu einer besseren Zukunft.

Im zweiten Kapitel (➤ Arbeit) schauen wir uns an, wie heute über die *Zukunft der Arbeit* gedacht wird. Wir unterscheiden vier Typen. Die verlassen sich in ihrem oberflächlichen Zukunftsbrimborium wahlweise auf beschleunigte Innovationsproduktion im Sinne des Design Thinking, auf die Kommunikation grandioser Ziele im Sinne eines Davos-Kapitalismus, auf die sektenhafte Entgrenzung von Arbeit als einziges Sinnzentrum und auf eine digitale Weltflucht, fern von den planetaren Folgen unseres Tuns. Das ist in seiner Konsequenz alles ziemlich Old Work. Diese Arten, Zukunft zu gestalten, bleiben innerhalb der zerstörerischen Logiken der Klimakrise und verkürzen damit unsere Zukunft. Immer wieder das Gleiche zu tun und davon ein anderes Ergebnis zu erwarten, ist eine landläufige Definition von Wahnsinn. Was diese Typen vereint und was wir durch eine smarte Theory of Change überwinden müssen, sind drei Missverständnisse, wie (und von wem!) Zukunft gemacht wird.

Deshalb wird es, bevor wir zu den Veränderungsmaßnahmen kommen, im dritten Kapitel (➤ Theorie) – Alarm! Alarm! – ein wenig theoretisch. Was braucht echter Wandel in der Arbeitswelt? Und vor allem: Was mache ich gegen meine Sucht nach Knoppers-Riegeln? Eine Theory of Change muss her! Wir lernen von der *Praxistheorie*, dass wir in weiten Teilen unsichtbaren Programmen folgen und unser normales Verhalten nicht bewusst reflektieren – solange es zu keinen Irritationen im Ablauf kommt. Unsere Fähigkeiten (Skillset), der Raum und die Dinge um uns (Toolset) und die sozialen Einstellungen (Mindset) sorgen dafür, dass wir auf Autopilot durch unsere (Arbeits-)Welt wandeln. Das ist praktisch, weil wir schnell ins Arbeiten kommen und nicht jeden Ablauf von Neuem ausdiskutieren müssen wie in einer richtig anstrengenden Wohngemeinschaft. Gefährlich wird es, wenn uns diese Programme zombiehaft in den Abgrund ziehen. So drohen wir uns selbst und den Planeten komplett abzuarbeiten, ohne es rechtzeitig zu merken. Die Praxistheorie zeigt aber auch, was es braucht, um vom unreflektierten Verhalten zum bewussten Handeln zu kommen, wie uns ein Umlernen gelingt. Wir erfahren von den ersten Menschen, die im Mittelalter nicht mehr in ihr Haus urinierten, von einer weltverändernden Fotografie aus den 1960ern und wie man Kollegen dazu bringen kann, mit dem Fahrrad ins Büro zu fahren. Nichts ist eben so praktisch wie eine gute Theorie! Die Praxistheorie führt uns zum Working-Planet-Modell und zu den Veränderungsdimensionen, Dimensionen unseres Handelns und Denkens, die sich verändern können und müssen, an denen sich der Praxiswandel orientieren muss.

Haltung: In der ersten Veränderungsdimension trinken wir einen Kaffee mit einer arbeitsamen Hannah Arendt. Wir reden über das Grundprinzip unseres Wirtschaftens, darüber, was wir eigentlich als unsere Um-Welt begreifen, ob wir diese nicht besser Mit-Welt nennen sollten, und mit welcher Haltung wir diese Welt bearbeiten: produzierend, konsumierend oder wirklich handelnd?

Organisationsverständnis: In der zweiten Veränderungsdimension stellen wir uns in Manier der *Feuerzangenbowle* die Frage: „Wat is 'ne Firma eijentlich?" Es geht um naive Organisationen, die von der Gegenwart des Anthropozäns überrollt wurden, und darum, wie heute eine postnaive Firma aussehen kann. Es geht um Studien zur fatalen Wirkung der heutigen Managementausbildung. Beweise, die jedem Ökonomen – auch mir – die Schamesröte ins Gesicht treiben. Es geht darum, wie wir uns einen besseren Begriff von Wirtschaft in komplexen Systemen machen.

Zeit: In der dritten Veränderungsdimension geht es um den Rhythmus unserer Arbeitswelt. Einer Welt, in der es wahrscheinlicher ist, am Wochenende eine E-Mail zu schreiben, als wochentags ins Kino zu gehen. Einer Welt, wo die Burnout-Raten durch die Decke gehen. Es ist diese unerbittliche Gehetztheit, die den Abbau unserer eigenen Ressourcen mit dem Abbau unserer ökologischen Ressourcen verbindet. Alles, was lebt, ob Managerin oder Mangoplantage, braucht auch Regeneration, ein Auf und Ab statt eines Always-on. Wir lernen, warum Verantwortung für uns und andere eine zeitintensive Praktik ist und warum wir nach dem Mittagessen keinen Kaffee trinken sollten.

Anerkennung: In der vierten Veränderungsdimension geht es um den Begriff der Wissensarbeit, der eigentlich eine Frechheit ist. Ist der Pfleger, der die Bedürfnisse seiner Patientinnen oft weiß, bevor diese von ihnen überhaupt artikuliert werden, denn kein Wissensarbeiter? Eine arrogante Arbeitsgesellschaft, die nur abstrakte Intelligenz belohnt und nicht etwa Empathie oder Fleiß, bringt unsere Gesellschaft aus dem Gleichgewicht und entfremdet Millionen. Wir müssen verstehen, dass Solidarität zwischen Arbeitswelten die Voraussetzung für gemeinsame Verbesserungen ist. Es stellt sich am Ende heraus, dass es in vielen Bereichen die „Wissensarbeiter" sind, die sich aufschlauen müssen.

Sichtbarkeit: In der fünften Dimension fragen wir uns, warum E-Mail-Tippen und PowerPoint-Präsentationen-Basteln Arbeit genannt wird, aber ein Baby zu wickeln, Angehörige zu pflegen oder Umweltaktivistin zu sein, nicht als Arbeit gelten darf. Wir lauschen der berühmten Anthropologin Margaret Mead und stellen fest, dass die gemeinsame Fürsorge, die Care-Arbeit, das Fundament unseres Wirtschaftens ist. Eine Fürsorge, die sich im Anthropozän auf den Planeten ausweiten muss. Solange unser Arbeitsbegriff diese Tätigkeiten ausgrenzt, grenzt er auch die Möglichkeit eines enkeltauglichen Wirtschaftens aus.

Sinn: In der sechsten Dimension geht es um eine Frage, die parallel zur Klimakrise aufgekommen ist – „Warum mache ich das hier eigentlich?" Motiviert uns diese Frage, oder ist sie zu einem Sinndruck geworden? Wir begegnen drei Sinnsuchenden aus der Geschichte, die heutige Fragen nach Purpose und Selbstverwirklichung geprägt haben: den Hippies, den Romantikern des Sturm und Drangs und den protestantischen Kaufleuten. Dank ihnen verehren wir heute rücksichtslose Genies, gehen für die „Selbstverwirklichung" (schon mal jemanden gesehen, der sein „Selbst" „verwirklicht" hat?) über unsere Grenzen und gönnen uns keine anderen Sinnquellen jenseits des Jobs. Alles gar nicht mal so sinnvoll. Wir schauen uns an, warum diese Selbstsuche auch umweltschädlich ist und wie wir zu einer Resonanz kommen, die kein Egotrip ist, sondern das schützenswerte Verbindende spürbar macht. Macht Sinn, oder?

Zusammenhalt: In der siebten Dimension geht es um das älteste Vorurteil der Welt. Darum, dass die „junge Generation nicht richtig arbeiten will", was schon vor 2500 Jahren gesagt wurde und Hesiod sozusagen zum Säulenheiligen aller Boomer macht. Es geht um die lähmende Spaltung, in die Unternehmen aufgrund von Generationenkonflikten geraten sind. Wir erfahren, wie wir stattdessen intergenerative Allianzen schmieden. In dem Maße, wie wir über Generationen hinweg zusammenarbeiten können, werden wir im Sinne zukünftiger Generationen arbeiten.

Intelligenz(en): In der achten Dimension geht es um die Revolution der künstlichen Intelligenz (KI) und ihre Auswirkungen auf die Arbeit. Wir besuchen drei Innovationslabore aus drei Jahrhunderten und lernen, dass Automatisierung schon immer Gestaltungsaufgabe war. Nie nur Schicksal, oft sogar Befreiung. Wir verstehen, dass wir mit KI eine andere, uns heute vielleicht ebenso fremd gewordene Intelligenz wiederentdecken: die MI, die menschliche Intelligenz mit ihren einzigartigen Fähigkeiten zur Reflexion, Emotionalität und Verantwortungsübernahme. Wie revolutionär wäre das eigentlich, wenn diese MI eines Tages auf unsere Arbeitswelt losgelassen würde? Und wären wir dann bereit für das Wahrnehmen einer ÖI, die Intelligenzform des ökologischen Lebens?

Körper: Am Schluss, in der neunten Dimension, steht das, was am Ende immer bleibt, wenn alle Lichter aus und die Show vorbei ist. Wir besinnen uns darauf, dass wir Körper sind und dass Spüren-Können die Voraussetzung für Verantwortung ist. Wir schauen einer Londonerin bei ihrer harten, lauten, besonderen Arbeit zu – wir lassen uns davon etwas neidisch machen. Wir blicken in die Forschung zu Embodied Cognition und stellen fest, dass bessere Arbeit nicht Kopfsache ist, sondern eben Körpersache.

Work-Survive-Balance: Die Arbeitswelt als gesellschaftliches Reallabor

Work-Survive-Balance heißt: Wer von der Zukunft der Arbeit spricht, darf von der des Planeten nicht mehr schweigen. Konsequent Arbeitswelt und Klimakrise zusammenzuführen, heißt aber nicht, in eine banale, hyperindividualistische „Mindset is Everything"-Litanei zu verfallen – dafür bitte zu irgendwelchen dubiosen Mindsetcoaches umschalten! Es heißt, dass es sich lohnt, sich selbst an die Arbeit zu machen und neue Praktiken einzuüben, die die Basis von großen Strukturen und damit auch die Basis von ihrer Veränderung sind. Das wiederum soll nicht von der Verantwortung von Staaten und Konzernen ablenken, im Gegenteil: Das kritische Hinterfragen dieser Institutionen (➤ Sinn), das Ziehen von Grenzen gegenüber ihnen (➤ Sichtbarkeit) und das Einfordern von einer erneuerten Legitimität (➤ Organisationsverständnis) sind auch neu einzuübende Praktiken.

Wir sollten uns selbst an die Arbeit machen, weil dies dann auch etwas *mit uns* macht: Ins Handeln zu kommen, sich als Akteurin im Hinblick auf globale Herausforderungen zu begreifen, ist der Anfang einer teilhabenden Weltbeziehung, eines Ausbruchs aus dem „Ich mach hier nur meinen Job" und des „Was kann ich denn ausrichten?", der anstiftend ist und der Arbeit neue Würde gibt. Every Job is a Climate Job.

Veränderung ist die einzige Konstante in der Geschichte der Arbeit.[8] In der Antike galt sie als minderwertige Tätigkeit, die den Charakter verdirbt – man konnte sie nur negativ definieren, als Neg-Otium (Nicht-Muße). Zu der Zeit hatte die Elite eben Sklaven dafür – abscheulich, aber für den Umgang mit der KI tatsächlich lehrreich. Durch das Christentum wurde Arbeit zur göttlichen Strafe als Teil der Vertreibung aus dem Paradies (dieser verdammte Apfel!). Das Leiden an möglichst harter Tätigkeit wurde zum Gottes-Dienst und bei den Benediktinern gar auf eine Ebene mit dem Gebet gestellt: Ora et labora. Die Renaissance gab uns das Gefühl, bei mancher Tätigkeit einen göttlichen Funken zu entfachen. Die Industrialisierung bescherte uns die Gefühlsinnovation „Entfremdung". Zuletzt wurde Arbeit zum Synonym für Leistung, zur alleinigen Quelle von Anerkennung. Auf einmal war es die Muße, die wir negativ definieren: als Frei-Zeit oder Urlaub (aus dem Mittelhochdeutschen von „Erlaubnis"). Und nun, da wir der planetaren Folgen dieser Arbeit gewahr werden, entsteht die Chance für einen neuen Bedeutungswandel: Vielleicht ist die Zukunft der Arbeit ja Arbeit an der Zukunft?

Meine Motivation zu dieser Arbeit

Es ist der Blick auf die Zukunft, der mich motiviert, diesen Bedeutungswandel mit einem Buch zu unterstützen. Zu Beginn des Schreibprozesses kam mein erstes Kind zur Welt, der Zukunftsblick hat eine existenzielle Note bekommen. Vielleicht lebt, vielleicht arbeitet meine Tochter gar bis ins 22. Jahrhundert?

Es ist der Blick auf Herausforderungen planetaren Ausmaßes, für die es frische Perspektiven und Mut braucht – und gerade deshalb auch Kinder von Menschen, die diesen Blick vermitteln wollen –, und letztendlich auch der Blick auf eine Arbeitswelt, der das Zukunftsgaga der New-Work-Diskurse nicht helfen wird. Auch hier wird sich das Klima ändern müssen.

Ich blicke aber auch zurück. Auf Arbeit, die mich geprägt hat. Der Zivildienst im jüdischen Altenheim in Tel Aviv, wo Arbeit hart, aber über jede Sinnfrage erhaben war. Die Beratung von Konzernen, die durch Arbeit reicher wurden als manche Länder. Die sich immer mehr spalten in jene, die die Zeichen der Zeit verstanden haben, und jene, die sich an der Vergangenheit festkrallen. Die zahlreichen Transformationsprojekte, in denen ich unzählige Menschen und ihre Beziehung zur Arbeit kennenlernte: von der Arbeit Entfremdete, von der Arbeit Begeisterte. Menschen, für die in der Arbeit immer „mehr gehen muss", und Menschen, die vor allem darauf warten, dass sie gehen dürfen. Menschen, die an der Spitze langer Befehlsketten stehen, und Menschen, die all diese Anforderungen und manchmal auch sich selbst abarbeiten müssen. Und dann gibt es die Arbeit in der Forschung, wo ich so unterschiedliche Arbeits-Denker wie David Graeber und Lawrence Summers kennenlernen durfte. Wo wertvolle Erkenntnisse für bessere Arbeit gewonnen werden, die nie die Welt der Praxis erreichen – vielleicht schafft dieses Buch ja eine kleine Brücke.

Die Geschichte der Arbeit ist faszinierend, weil es unsere Geschichte ist. Wir sollten sie deshalb bewusst und gemeinsam in die Zukunft weiterschreiben. Das kann dieses Buch allein niemals leisten. Es ist deshalb kein paternalistischer Ratgeber geworden und auch keine verschriftlichte Glaskugel, die die Zukunft vorwegnimmt. Weder bin ich jemand, der für jede Arbeitssituation besser Bescheid weiß als die Person, die die Arbeit macht, noch verfüge ich über die Möglichkeit, Zeitreisen zu unternehmen – für so was bitte selbsterklärten Gurus auf LinkedIn folgen.

Was dieses Buch aber kann, ist, in jeder Veränderungsdimension bestehende Praktiken zu hinterfragen, so dass jeder und jede selbst weiterdenken und sich an eine bessere Zukunft machen kann. Zwischen dem Pessimismus, dass wir uns von Arbeit abwenden müssen, und dem Optimismus, dass Arbeit einfach nur so weitergehen kann wie bisher (nur noch etwas schneller und schriller), möchte ich das etablieren, was wir praktischen Pragmatismus nennen können:[9] Wo Pessimisten und Optimistinnen eigentlich schon zu wissen meinen, wie die Zukunft wird – nämlich jeweils furchtbar oder vom Feinsten –, sind praktische Pragmatisten gestaltend und teilnehmend. Sie gehen davon aus, dass Zukunft kein Selbstläufer ist, sondern etwas, das sich durch unser Eingreifen verändern lässt, aber auf dieses Eingreifen auch angewiesen ist.

In diesem Sinne, an die Arbeit!

Die Herausforderung

1 Die Zukunft des Planeten
Vor allem unser Problem

„Die eigentliche Misere der Menschheit ist folgende: Wir haben paläolithische Emotionen, mittelalterliche Institutionen und gottähnliche Technologie."
E. O. Wilson[1]

Francisco de Goya, Kämpfe mit Knüppeln, ca. 1820/1823

Im Raum 67 des Prado-Museums in Madrid hängt ein eher unscheinbares Bild. *Knüppelkampf* heißt es. Gemalt wurde es von Francisco de Goya um das Jahr 1820. Dieses Werk ist eines seiner Schwarzen Gemälde – befremdliche Bilder, die der im Alter ziemlich in sich gekehrte und ertaubte Star der spanischen Malerei direkt an die Innenwand seiner Villa, der Quinta del Sordo (das Haus des Tauben), pinselte. Was all diese Schwarzen Gemälde gemeinsam haben, ist, dass in ihnen Goyas düstere Sicht auf die Menschheit zum Ausdruck kommt.

Warum hat diese obskure Zeichnung so viele Denker fasziniert, die sich mit der Zukunft unserer Gattung auf diesem Planeten beschäftigen, vom Philosophen Michel Serres über den Molekularbiologen und Historiker Hans-Jörg Rheinberger bis zur Anthropozänforscherin Eva Horn?

Auf dem Bild im Raum 67 geht es um eine ganz spezielle Angst. Wir sehen zunächst zwei Männer, die sich mit schwingenden Knüppeln bekämpfen – erst auf den zweiten Blick merken wir, dass ihre Beine dabei unsichtbar sind. Goya lenkt unsere Aufmerksamkeit zunächst auf den Kampf zwischen den beiden, darauf, dass die eine Person gerade ordentlich von links ausholt, während die andere eine saftige Rechte auf den Gegner steuert. Doch „das eigentliche Drama", wie Eva Horn schreibt, spielt sich gar nicht *zwischen* den beiden ab.[2] Das eigentliche Drama ist zu erkennen, wenn man einen Schritt vom Bild zurücktritt: Es spielt sich nämlich *unter* ihnen ab, und bald schon um sie herum. Die beiden verbissenen Kämpfer stehen knietief im Treibsand: „Bei jeder Bewegung saugt ein zähflüssiger Strudel sie weiter ein, so dass sie einander nach und nach selbst begraben", so Michel Serres dazu.[3] Genau wie die beiden Kämpfer bemerken auch wir, wenn wir das Bild nur oberflächlich betrachten, das eigentliche Drama viel zu spät.

Wenn wir uns nun unserer Welt und der Arbeit in ihr zuwenden, stellen wir fest: Ähnlich wie die beiden Knüppelschwinger interessieren wir uns oft allein für die Konflikte zwischen Organisationen und Individuen. Die Knüppel heißen etwa Aktienrendite, Drittmitteleinwerbung, Bonuszahlung oder Marktanteile. Wie die beiden Kämpfer übersehen auch wir die eigentlichen Grundbedingungen all dieser Schwingerei. Den gemeinsamen Boden, auf dem die ganzen Händel veranstaltet werden. Dieser kommt durch unsere Scharmützel in Bewegung und gerät ins Strudeln. Was uns als bloße Bühne erschien, wird zum dritten Akteur.[4] Die Natur wird gerade im Anthropozän durch unsere Handlungen zur gefährlichen Mit- oder Gegenspielerin – und ihr Knüppel ist gewaltig.

Wer länger vor de Goyas Gemälde steht und in der Darstellung ein Symbol unserer Zeit erkennt, begreift: Die Frage nach einem zukunftsfähigen Wirtschaften, die viel beschworene Zukunft der Arbeit, muss sich auf die Frage nach den Bedingungen des Arbeitens auf dieser Erde beziehen. Auf die Frage nach der Zukunft des Planeten. Wer aber mit der „Zukunft der Arbeit" nur den Knüppelkampf selbst meint, der verpasst es, die Frage nach unserer Zukunft auf diesem Planeten zu stellen, und beantwortet sie trotzdem. Und zwar verneinend.[5] Ein im Sande versinkender Narr, wer die Arbeit und den Planeten nicht zusammendenkt. Ein Genie ist de Goya, dass er dieses Werk geschaffen hat, die treffende Darstellung für die Tragik unseres Arbeitens im Anthropozän, für unser Knüppelschwingen im Treibsand. Übrigens war Goya mit seinen Schwarzen Gemälden der erste westliche Künstler, der seine eigenen Ideen, Visionen, Träume und Albträume und nicht nur die äußere Realität malte – wir begegnen anderen im Kapitel über künstliche Intelligenz. Goya war so „der erste Modernist", wie der Kunstkritiker Robert Hughes ihn nannte.[6] Und was macht diese erste moderne Kunst? Sie lässt unseren Blick auf die Krise des Anthropozäns wenden.

2022 klebten sich Klima-Aktivisten an die Rahmen der De-Goya-Bilder ein paar Gänge weiter im Raum 38. Eines davon, das Aktbild der *Nackten Maja*, ist aus der Zeit, wo de Goyas Blick anscheinend noch andere Suchbewegungen unternahm. Eine verpasste Klebechance, wie ich finde.

Die Metakrise des Anthropozäns – Arbeit, die sich sehen lässt

Die Erde ist sehr groß. Würde man sie auf ihre acht Milliarden Bewohner aufteilen, bekäme jeder fast eine Billion Tonnen.[7] Jeder Mensch acht Chinesische Mauern. Kaum vorstellbar, dass ein so schweres Ding von einer Säugetierspezies so grundlegend verändert wurde. Kaum vorstellbar, dass deren Handeln das gesamte Erdsystem prägt und viele nun von einer neuen erdgeschichtlichen Epoche sprechen. Dem Anthropozän. Kaum vorstellbar, wenn man bedenkt, dass diese Primatengruppe erst seit einem winzigen Bruchteil der gesamten Erdexistenz auf ihrer Oberfläche herumarbeitet.[8] Das ist doch mal Arbeit, die sich sehen lassen kann.

Wenn wir vom Anthropozän sprechen, dem Neuen (altgriechisch *kainos)*, das der Mensch *(anthropos)* hervorgebracht hat, dann meinen wir, dass der Mensch einen nicht umkehrbaren Einfluss auf das Erdsystem hat, welches sich deshalb neu justieren muss. Wir sprechen also von einer Metakrise, deren Folgen wir seit Jahrzehnten durchleben, auf die wir aber in der Unzahl an verschiedenen Krisendiagnosen nie einen klaren Blick gewinnen konnten. Einer Metakrise, die in der Geologie und im Erdsystem klar und zusammenhängend hervortritt.

Wie bei dem Bild von de Goya müssen wir erst einen Schritt zurücktreten, um dies zu erkennen. Dann stellen wir fest, dass es unserer Gattung gelungen ist, ebendiese rasante „Entwicklung von mittelgroßen, allesfressenden Primaten zu einer prägenden Kraft für die physikalischen und biogeochemischen Prozesse auf diesem Planeten" zu durchlaufen, die Eva Horn meint.[9] Dann stellen wir fest, dass all diese Knüppelei eben auch unsere Lebensgrundlagen verändert hat. Dafür gibt es unzählige Tatorte, wie Horn ausführt, „vom globalen Klimawandel und seinen Folgen über die Veränderung der ozeanischen und atmosphärischen Strömungssysteme, die Versiegelung von Böden und die Störung der Wasserzyklen, das rasante Schwinden der Artenvielfalt, die Anreicherung von Luft, Böden und Gewässern mit toxischen und nicht-abbaubaren Substanzen, die Störung wichtiger Stoffkreisläufe (wie Phosphor und Stickstoffkreislauf) bis zu einer rasant wachsenden Zahl von Menschen und Schlachtvieh".[10] All dies betrifft den unsichtbaren dritten Akteur im Gemälde von de Goya, die Grundlage, die unter unserem Handeln nachgibt.

Als Erdsystem bezeichnet man das Zusammenspiel verschiedener Sphären auf dem Planeten: Gase der Atmosphäre, Gesteine und Sedimente der Lithosphäre, Gewässer, Eisschichten und Meere der Hydrosphäre und die lebendigen Organismen der Biosphäre. Hinzu kommt nun noch die vom Menschen, also aus der Biosphäre, geschaffene Technosphäre, bestehend aus all seinen hergestellten Dingen. Diese Sphären befinden sich in Wechselwirkungs- und Rückkopplungsprozessen, was dazu führt, dass die Erde in ein dynamisches Gleichgewicht gebracht wurde – und sich dort ein bisschen wie ein planetarisches Thermostat ausgleichend hält.[11] Diese fließende Dynamik führt zu Artenvielfalt, biologischer Evolution und veränderten Klimabedingungen, die in einem selbstregulierenden Zusammenhang stehen: Die Gase in der Atmosphäre bestimmen die Oberflächentemperatur, diese verändert zum Beispiel die Form auf der Erde lebender Organismen, und diese wirken durch Abgabe von Gasen über Atmung und Verwesung wieder auf die Atmosphäre zurück. Entscheidend ist hier, dass soziale Prozesse des Menschen nun einen Maßstab erreicht haben, dass diese ebenfalls Einfluss auf geophysikalische, geochemische und biologische Prozesse nehmen, dass also unser Handeln auf Erdsystemebene einen für uns gefährlichen Unterschied macht. Das zeigt sich beispielsweise folgendermaßen:

- Biosphäre: Die Populationen wild lebender Fische, Vögel, Reptilien und Säugetiere sind in den letzten fünfzig Jahren im Durchschnitt um 69 Prozent geschrumpft.[12] Wild lebende Tiere machen nur noch drei Prozent der Biomasse von terrestrischen Wirbeltieren aus, der Rest sind Menschen (30 Prozent) und ihre Arbeits- und Nutztiere (67 Prozent).[13]
- Biosphäre und Technosphäre: Seit 1910 hat sich die Masse aller von uns produzierten Dinge (Technosphäre) alle zwanzig Jahre verdoppelt. 1910 entsprach sie drei Prozent aller lebenden Organismen (Biosphäre). Seit 2020 gibt es mehr Technosphäre als Biosphäre.[14]
- Lithosphäre: Weltweit wird durch menschliche Arbeit mehr Erde, Sand und Stein bewegt als durch natürliche Prozesse.[15]
- Hydrosphäre und Atmosphäre: Seit der industriellen Revolution hat sich der CO_2-Gehalt der Atmosphäre um 44 Prozent erhöht, was das Klima erwärmt, das Meerwasser saurer macht und die Lebensbedingungen aller Organismen massiv verändert.[16]

Die Erdsystemforschung weist darauf hin, dass wir also in einer fatalen Ganzheit stehen, die uns selbst nicht bewusst ist. Dass wir Teil eines Erdsystems sind, mag nicht überraschen, und dennoch findet es sich in unserem Arbeits- und Wirtschaftsverständnis nicht wieder, weil Natur und Kultur, Planet und Arbeit stets vollkommen getrennt betrachtet werden (➤ Organisationsverständnis).

Wenn wir vom Anthropozän sprechen, meinen wir aber nicht nur diese fatalen Dynamiken auf der Erdsystemebene, sondern auch den wissenschaftlichen Versuch während des Anthropozäns nachzuweisen, dass wir uns damit bereits in die Signatur der Erde eingeschrieben haben – wir eben prägender und unwiderruflicher Namensgeber einer neuen Erdepoche sind.

Die Mittagspause des Reginald Claude Sprigg

Die Epochen der Erde werden durch ihren Beginn definiert: Um eine Erdepoche einwandfrei bestimmen zu können, braucht die Geowissenschaft einen GSSP (Global Boundary Stratotype Section and Point). Das ist die nachweisbare Datierung, etwa in einem Gestein, die den Eintritt in ein neues Erdzeitalter markiert. Es geht hier stets um die Untergrenze eines bestimmten Vorkommens, etwa den Fund des entwicklungsgeschichtlich ältesten Plaktons, oder den Nachweis des ersten Auftretens einer Sauerstoff-Isotopenstufe. Bis sich die Forschungs-Community auf einen GSSP geeinigt hat, vergehen in der Regel Jahrzehnte – Geologen denken eben von Beruf aus in anderen Zeitspannen. Ist diese Einigung erzielt, wird an dem Fundort, wo der Nachweis erbracht wurde, eine goldene Plakette angebracht. Diese Plakette heißt „Golden Spike“, weshalb auch GSSPs oft so genannt werden. Und es gibt tatsächlich Fans, die zu Golden Spikes in abgelegenen Kraterlandschaften pilgern, wie andere zu Hard Rock Cafes, den höchsten Bergen der Alpen oder zu Wallfahrtsorten. Jeder Nerd ist anders.

Für unser gegenwärtiges Anthropozän ist es nicht ganz einfach, einen klaren „Golden Spike“ auszumachen, denn bisher wurden Erdzeitalter ja erst im Nachhinein definiert, nicht in ihrer eigenen Gegenwart. Und im Nachhinein heißt hier meist: Hunderte Millionen Jahre später. Der einzigartige Versuch im Anthropozän ist eine Definition aus der Epoche selbst heraus.

Wie sich solch ein Golden Spike finden lässt, kann der Geologe Reginald Claude Sprigg zeigen, ein abenteuerlicher Australier in der Mitte des letzten Jahrhunderts. Er war etwa der Erste, der es wagte, Gesteinsformationen auch unter Wasser zu erkunden. Dafür stieg er in einen umgebauten Boiler, der bis heute am Hafen von Adelaide steht und bei mir beim Ansehen bereits tiefste Beklemmungen ausgelöst hat. Unsere Sprigg-Geschichte beginnt aber damit, dass der heroische Reginald in den 1940er Jahren vom südaustralischen Bergbauamt beauftragt wurde, stillgelegte Minen zu untersuchen. Er sollte schauen, ob diese wieder profitabel gemacht werden können. Profitabel zum Beispiel als Abbaustätten von Uran, das für das Manhattan-Projekt, den Bau der ersten Atombombe, benötigt wurde – eine Ironie der Geschichte, die Sprigg in eine überraschende Verbindung mit dem Anthropozän bringt, wie wir gleich sehen werden. Für diesen Auftrag machte sich Sprigg auf den Weg zu den Ediacara-Hügeln im staubtrockenen Südaustralien, um dort in stillgelegte Kupfer- und Silberminen aus dem 19. Jahrhundert zu steigen. Diesmal nicht unter Wasser, sondern unter die knochentrockene Wüste. Was für ein Job!

Sein Fund allerdings, der Geschichte schreiben sollte und Sprigg einen Golden Spike eintrug, begegnete ihm direkt auf der Oberfläche. In seiner Lunchpause. Dort saß er, am Fuße der mächtigen Hügelkette, und ließ ganz gedankenverloren und Sandwich kauend seinen Blick schweifen, bis dieser plötzlich ins Stocken kam. Er blickte auf einen merkwürdigen Stein, oder besser: einen Stein mit merkwürdigen Abdrücken. Quallenartige Fossilien, wie er blitzschnell begriff. Ein gelangweilter Blick, der sein Leben veränderte – und ein weiterer Beleg dafür, wie wertvoll Momente der Regeneration bei der Arbeit sind (➤ Zeit). Denn auf dem Stein, den er später auf ein Alter von 560 Millionen Jahre datieren konnte, hätte es nach der damals herrschenden Lehrmeinung gar keine Fossilien von dieser Komplexität geben dürfen. Seine Entdeckung bildete die Untergrenze einer neuen Epoche. Seine Lunchpause führte zum Jahrhundertfund.

In einer beinahe klassischen „Dynamik“ wissenschaftlicher Communities wurde Spriggs Fund zunächst nicht beachtet, seine

Papers wurden abgelehnt, bei seiner Präsentation auf dem Internationalen Geologenkongress 1948 im fernen London wurde ihm einfach nicht geglaubt.

Denn Spriggs Mittagspausenfund passte nicht zu der damals gängigen Überzeugung, dass Leben von einer solchen Komplexität erst im Kambrium, also erst 15 Millionen Jahre später, möglich war: Alle hingen der These der Kambrischen Explosion an, dem Big Bang der Biologie, der eben erst in der späteren Epoche des Kambriums geschehen sei. Die Geologen in Spriggs Zeiten gingen also den bequemen Weg: Sie sagten, Sprigg habe sich vermessen oder sei ein Schwindler.

Erst 2004, zehn Jahre nach Spriggs Tod, kam der Paradigmenwechsel. Seine Erkenntnisse wurden angenommen, ein neues Erdzeitalter wurde eingetragen, und an dem Ort von Spriggs' Mittagspause hängt nun eine Golden-Spike-Plakette: Sie zeigt den ersten Fundort für eine Epoche, die nun Ediacarium heißt, benannt eben nach den Ediacara-Bergen, durch die Reginald Claude Sprigg stapfte. Die beiden in der Mittagspause entdeckten Fossiliengattungen tragen zu Ehren ihres Entdeckers die würdevoll-knuffigen Namen Spriggia und Spriggina. Reginald Claude Sprigg starb aber trotz dieser Ehre, die er ja nicht mehr erleben durfte, als anerkannter und sehr reicher Mann. Nichts hatte das mit dem Golden Spike zu tun (selbst die Plakette ist eigentlich aus Bronze), sondern mit seinen zahlreichen anderen Abenteuern, in denen er neben der eigentlichen Auftragserfüllung stets auch Ölvorkommen entdeckte – man würde das heute einen „Side Hustle" nennen (➤ Sichtbarkeit).

Diese verdammten 50er Jahre: Von nun an ging's bergab

Was wäre nun unser eindeutig und für immer auf dem Planeten nachweisbarer „Golden Spike" für das Anthropozän? Was wären unsere Spriggia- und Spriggina-Fossilien, mit denen wir uns als geologische Kraft in die Erde einschreiben? Die Mitglieder der einflussreichen Anthropocene Working Group (AWG) schlagen für den Moment, an dem der Mensch erdzeitalterprägende Kräfte entwickelte, eine ganze Reihe Golden Spikes vor.[17] Ein Kandidat befindet sich sogar in der deutschen Hauptstadt.

All die vorgeschlagenen Orte haben gemeinsam, dass sich im Gestein angelagerte Sedimente mit menschengemachten Feststoffen wie Metalllegierungen oder Glas finden, ferner Flugasche, die durch das Verbrennen fossiler Brennstoffe entsteht und sich ebenfalls in Sedimenten einlagert – die Schmauchspuren verbrannter Fossilien schaffen die Fossilien von morgen! Die ersten dieser Ablagerungen werden auf die 1950er Jahre datiert.

Das aus naturwissenschaftlicher Sicht vielleicht stärkste Argument für einen Startpunkt unserer Epoche des Anthropozäns ist eine Isotopenanomalie, die sich ebenfalls seit den 1950ern messen lässt. Es handelt sich um radioaktive Isotope, die durch Atombombentests, für die ja auch Reginald Sprigg auf Forschungsreise gegangen ist, in die Erdkruste eingelagert worden sind. Diese Art von Einlagerung findet bis heute kein Ende. Ein Tatort sind Korallenriffe vor den Philippinen: Dort sind nicht nur die ersten Spuren der großen Atombombentests nachweisbar, sondern auch von Tschernobyl sowie merkwürdigerweise seit 1996 auch radioaktive Ablagerungen aus dem Südchinesischen Meer.[18]

Neben solchen Spuren finden wir auch Plastik in allen Formen und Farben. Es ist in Fluss- und Meeresströmungen außerordentlich mobil und langlebig.[19] Den ersten Fund von Mikroplastik haben Forscher in Kanalsedimenten in Tokio ausgemacht. Auf welches Datum datiert das Team diesen Fund? Richtig, auf die 1950er Jahre! Heute finden wir Mikroplastik weltweit, sogar in Plankton, Fischen sowie im Blut von lebenden Menschen. 2023 haben Forscher entdeckt, dass sich auf dem „großen pazifischen Müllteppich“, der doppelt so groß ist wie New York City und zwischen Kalifornien und Hawaii schwimmt, mittlerweile Küstenorganismen fortpflanzen und überleben können – fernab von jeglicher Küste.[20]

Vielleicht hast du an einem geologischen Kandidatenort für eine Golden-Spike-Plakette schon einmal einen sonnigen Tag verbracht? Es ist der Berliner Teufelsberg.[21] Der während des Zweiten

Weltkriegs innerhalb des Stadtgebiets angefallene Schutt wurde dort zu Hügeln aufgeschüttet. Der Teufelsberg besteht aus einer Schicht aus Beton, Ziegeln, Klinker, Flugasche, Schlacke und festen chemischen Abfällen, die bis zu 80 Meter dick ist und eine Fläche von 1,1 Millionen Quadratmeter hat – von der aus heute viele Menschen die Aussicht auf die Stadt genießen. Auch der Teufelsberg bildet eine deutliche zeitliche Untergrenze für menschliche Spuren im Gestein, befand die Anthropocene Working Group nach einer Exkursion.[22] Und seit wann sollen diese Spuren zu sehen sein? Wieder seit den 1950er Jahren! Weil diese Materialeinschlüsse mit anderen Ablagerungen weltweit in Zusammenhang gebracht werden, so dass dieser Berg eben kein Einzelfall, sondern exemplarisch ist, ist er ein Spike-Kandidat. Dass sich das Zumüllen der Erde durch den Menschen gerade in Berlin besonders einwandfrei nachweisen lässt, überrascht mich übrigens kein bisschen …

Am 11. Juli 2023 hat sich die Anthropocene Working Group dann auf einen Ort geeinigt. Es ist der Crawford-See in der Nähe der Metropole Toronto, an dessen vom nuklearen Fallout veränderten Sedimenten sich die Signatur des Menschen am klarsten nachweisen lässt. Und natürlich zeigt der Crawford-See diese Spuren seit 1950. Auch wenn die Vorgeschichte des Anthropozäns eine lange ist, mit den 1950ern hat diese Epoche ihren geologischen Startpunkt. „Von nun an ging's bergab", singt Hildegard Knef wenig später auf den Bühnen der jungen Bundesrepublik – war die Hilde eigentlich Erdsystemforscherin? Bemerkenswerterweise sind die 1950er Jahre auch das Geburtsjahrzehnt all der Menschen, die derzeit ihren Machtzenit in der Arbeitswelt erreicht haben. Dieses für unsere Zukunft immer noch so folgenreiche Jahrzehnt wird uns deshalb noch mal begegnen: zum Beispiel in den Kapiteln zu Haltung und Generationenkonflikten.

Jenseits der geologischen Fachdebatten offenbart dieser Nachweis des Anthropozäns nämlich eine tiefe Wahrheit: Unsere Arbeit hat planetare Folgen, die für Zeiträume spürbar sind, die unser Denken in historischen Epochen um ein Vielfaches überschattet. Wir sind mit unserer Arbeit verantwortlich für biologische, chemische und physikalische Veränderungen, die bis dato nur die Kräfte der Natur ins Spiel bringen konnten – wir haben die Macht von Göttern, aber nicht unbedingt das entsprechende Verhalten.

Der dümmstmögliche aller Dinos

An dieser Stelle ein kurzes Wort zu einem typischen Argument: Natürlich haben sich Erdepochen schon immer abgelöst. Natürlich hat sich in dem zugrunde liegenden Ausgleichsspiel der Erdsysteme auch das Klima immer schon verändert. Doch es ist falsch, wenn nicht gar dumm oder interessengeleitet, dies als Ausrede fürs Nichthandeln zu benutzen à la „Klimawandel war schon immer da". Zwar stimmt es, dass Natur der Wandel selbst ist und dass mancher Ökokitsch einer unberührten, stabilen Natur diese Einsicht stets verfehlt hat. Doch wenn für die Natur dieser Wandel okay ist, sie gewissermaßen der Wandel *ist*, ist er es für uns als einzelne Spezies noch lange nicht. Wir drohen also zum Dino zu werden und obendrein noch zum dümmstmöglichen Dino, weil wir unsere Gefährdung aktiv verhindern könnten. Ja, Klimawandel hat es immer gegeben, aber Triceratops, Stegosaurus (mein Lieblingsdino) und Ichthyosaurus gibt es eben nicht mehr. Genauso drohen sich Erdgeschichte und Menschheitsgeschichte voneinander zu trennen. „Wir kippen das Klima in die Zeit vor rund drei Millionen Jahren", so Frank Böttcher, Vorsitzender der Deutschen Meteorologischen Gesellschaft, „den Homo sapiens gibt es aber erst seit rund 250.000 Jahren. Wir überspringen also die Menschheitsgeschichte."[23] Auch wenn ich als Kind ein Riesenfan war: Wir sollten keine Dinos werden!

Die Große Beschleunigung – Arbeit im Mittelpunkt des Anthropozäns

Um diese Spaltung von Erd- und Menschheitsgeschichte zu vermeiden, muss unsere Geschichte anders weitergeschrieben werden: Welches Handeln sollten wir genau ändern, und woher kommt es? Was genau an unserem Handeln ist denn das Problem? Dafür tauchen wir einmal kurz und mutig in ein paar Datensets ein und schauen uns die Auswirkungen dieser ominösen 1950er Jahre mal auf quantitativer Basis an. Und bemerken eine rasante Beschleunigung zahlreicher scheinbar zusammenhangsloser Variablen! Diese Datensets lassen sich in zwei Gruppen einteilen: Die erste Gruppe bildet soziale Prozesse ab – Menschheitsgeschichte also – wie den internationalen Tourismus, Papierproduktion oder die Anzahl von Staudämmen. Eine zweite Gruppe betrifft natürliche Prozesse des Erdsystems (oder besser: des restlichen Erdsystems, wir sind ja ein Teil von ihm), wie Methanvorkommen, Übersäuerung der Ozeane oder Verlust des Tropenwalds – die Erdgeschichte.

All diese Trends weisen in eine Richtung. Viele dieser Trends haben gewiss ihre Vorläufer, aber bei den meisten sind es die 1950er, an denen sich die Entwicklung radikal verschärft hat – und es oft sogar bis heute tut. Was wir hier sehen, dieser Knick nach oben auf so vielen Ebenen, wird von Umwelthistorikerinnen die Große Beschleunigung genannt.[24] Wenn das Anthropozän die Epoche benennt, dann ist die auf diesen Kurven zu erkennende Große Beschleunigung ihre Initialzündung, manche nennen es auch die erste Ära des Anthropozäns. Ganz entscheidend ist hier, dass diese Kurven nicht einzelne politische Reformen oder technologische Erfindungen wiedergeben, also gezieltes Handeln. Sie zeigen eher die Summe unserer willkürlichen, oft zusammenhangslosen Praktiken, also das Verhalten, das wir in der Großen Beschleunigung so an den Tag legen: wie oft wir in den Urlaub fliegen oder zu sinnlosen Meetings, wie sehr wir in Arbeitsmetropolen ziehen, weil uns nur dort der Erfolg zu locken scheint, wie viel Energie wir bei all dieser Busyness verbrauchen, wofür es neue Staudämme braucht. Legen wir diese beiden Sets an Kurven nebeneinander, so sehen wir den Aufstieg unserer Ökonomien in direkter Verbindung mit der Missachtung der Ökologien: Ja, wir zerstören den Planeten, aber die Sektkorken, die knallen!

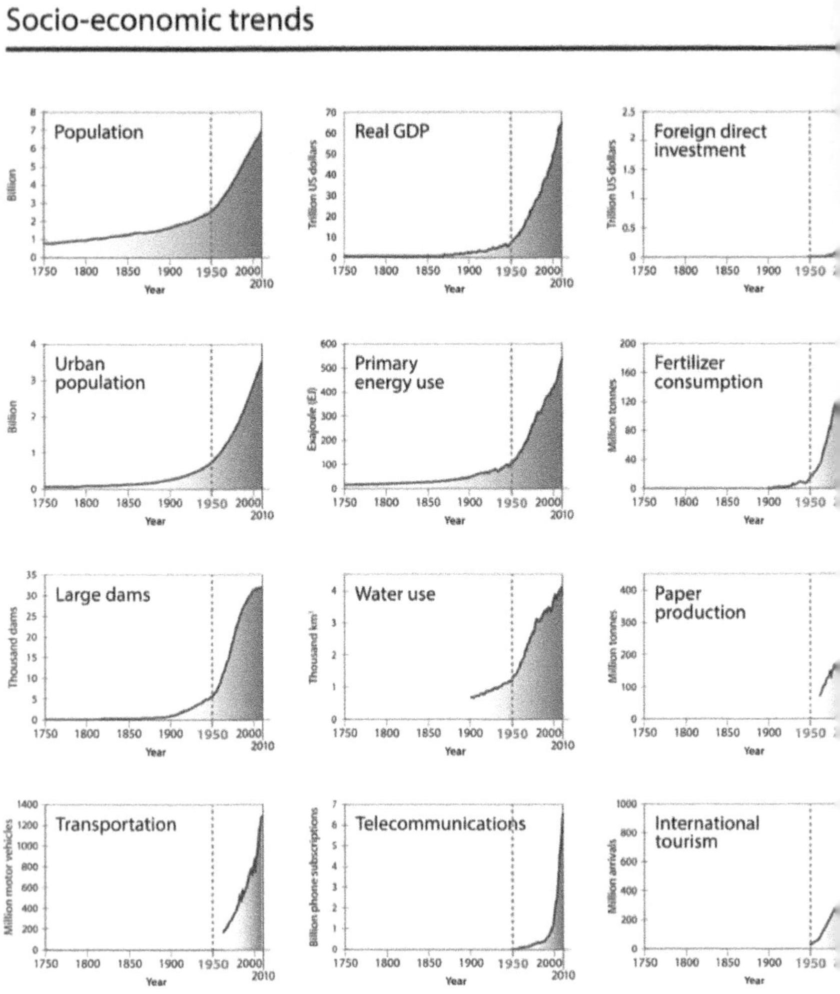

Die Große Beschleunigung seit den 1950er Jahren

rth system trends

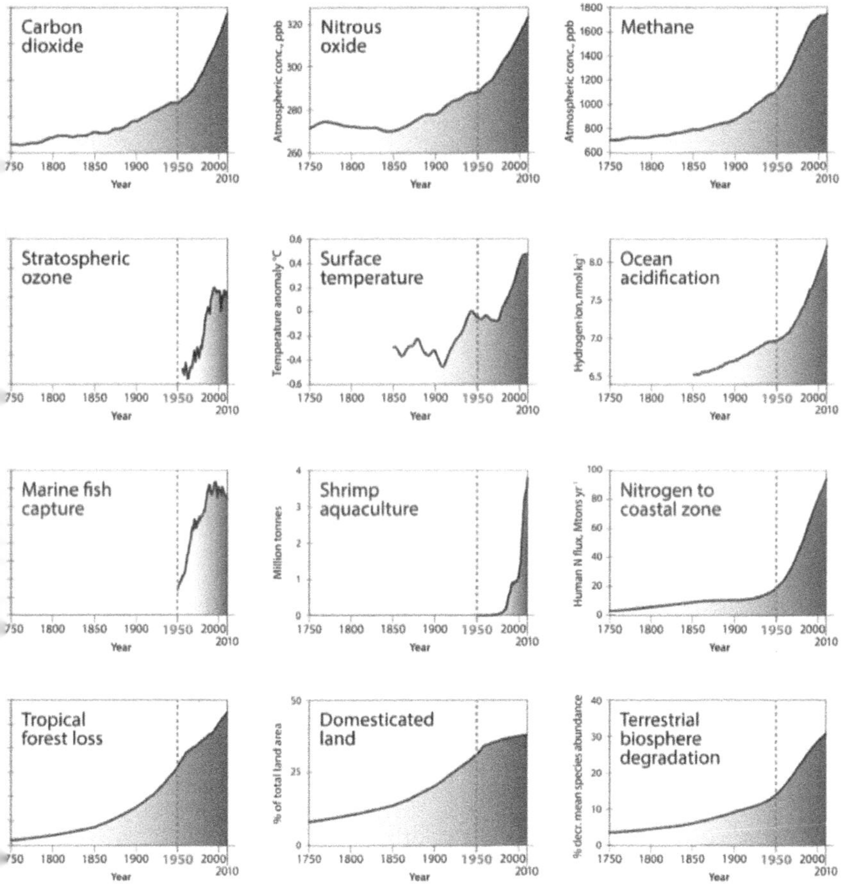

Das bisschen Ökonomenehre in mir gebietet es darauf hinzuweisen, dass es noch eine andere Gruppe an Kurven gibt, die man dazulegen könnte und die ebenfalls massiv anstiegen: Sie zeigen die Entwicklung der Menschenrechte seit den 1950er Jahren.[25] Sie zeigen, wie sehr dieser Sektrausch Menschen aus extremer Armut befreit hat: 1950 waren es 70 Prozent der Menschen weltweit, heute weniger als zehn Prozent. Sie zeigen, wie sehr dieser Rausch Demokratien nach vorne brachte: 1950 wurden bereits 30 Prozent der Menschen demokratisch regiert (1940 waren es nur zehn Prozent), und heute sind es mehr als 50 Prozent, Tendenz aber rückläufig. Oder sie zeigen, wie viele Menschen heute lesen können: 1950 waren dies etwa 35 Prozent der Weltbevölkerung, und jetzt sind es 85 Prozent. All das darf nicht verschwiegen werden. Aber dass dieser Siegeszug der menschlichen Entwicklung eben auch seit den 1950ern einen gigantischen Aufschwung nahm, entschärft nicht das bedrohliche Szenario des Anthropozäns. Ganz im Gegenteil: Es zeigt auf tragische Weise, wie „das Haus der modernen Freiheiten auf einem immer größeren tönernen Sockel aus fossilen Brennstoffen gebaut ist“. So bringt es der indische Historiker Dipesh Chakrabarty auf den Punkt.[26] Oder anders gesagt: Wir haben uns sozioökonomisch in eine gigantische Beschleunigung hineingearbeitet, damit haben wir uns einiges an Menschenrechten erarbeitet, nur leider auch den Planeten ökologisch abgearbeitet.

Einlenken gern, aber bitte ohne Einlenken!

Es ist eine Jahrhundertaufgabe, uns aus dieser Verzwickung zu befreien, ohne dass Produktivitätseinbußen unser Wirtschafts- und Sozialsystem zusammenbrechen lassen. Das Runterkommen von diesem Rausch kann schnell in eine Katerstimmung kippen. Denn natürlich werden wir nicht mehr alles rausholen können, wenn wir nicht mehr alles (aus der Erde) herausholen – eine banale Tautologie. Nicht banal genug jedoch, um ein Umdenken anzustoßen: Wie kommen wir von quantitativem Wachstum zu qualitativem Wachstum? Von einem Mehr zu einem wirklich Besseren? Besser für uns, für den Planeten, für unsere Enkel. Dass viele über ein Einlenken im Hinblick auf die Klimakrise nur unter der Prämisse sprechen, dass eigentlich alles so bleiben soll, wie es ist, sehen wir gleich bei der Auseinandersetzung mit der Zukunft der Arbeit (➤ Arbeit). Einlenken gern, aber bitte ohne Einlenken! Einlenken heißt dann leider sein Gegenteil: auf der Überholspur des explosiven Wachstums geradeaus weiterheizen.

Die Unfähigkeit, überhaupt nur ein Einlenken zu diskutieren, zeigt, dass unsere Gesellschaften sich derzeit nur durch Steigerung halten können. Der Soziologe Hartmut Rosa nennt dies eine „dynamische Stabilisierung“.[27] Wir können uns das vorstellen wie eine E-Scooterfahrt. Gehen wir vom Gas, kippen wir um und sehen noch lächerlicher aus, als wir es auf dem Gefährt ohnehin schon tun. Dass wir als Kollektiv ein permanentes Wachstum brauchen, um uns zu stabilisieren, das macht auch was mit uns persönlich. Es zwingt uns nach Rosa in ein mehrfaches Aggressionsverhältnis:[28] gegen die Natur, aus der man immer mehr „herausholen“ muss (➤ Haltung); gegen andere, die immer mehr zu Konkurrenten werden (➤ Anerkennung); aber auch gegenüber uns, weil wir im wahrsten Sinne des Wortes an uns selbst Raubbau betreiben (➤ Körper). Diese Dreieraggression ist die Formel zum „Erfolg“ in dieser Arbeitswelt. „Wer reich werden will, sollte sehr aggressiv sein“, konstatiert der Vermögensforscher Wolfgang Lauterbach.[29] Die Große Beschleunigung sitzt so tief in unseren Köpfen, dass wir nicht darauf hoffen können, die Klimadiplomatie, die Innovationskraft oder gar der Gesetzgeber werde es schon richten – so tief also, dass wir uns schon selbst an die Arbeit machen müssen.

Die Veränderungsdimensionen für unsere Arbeitswelt

Der Wandel, den wir brauchen, muss Wandel auf der Ebene unseres Verhaltens sein. Die abgebildeten Kurven haben das deutliche Bild eines industriellen Menschen gezeichnet, dem es zwar gelungen ist, eine neue Erdepoche zu erschaffen. Dem es aber nicht gelungen ist, sein Handeln von dieser neuen Ära updaten zu lassen: Das

Klima verändert sich, warum können wir es nicht? Um diese Frage zu beantworten, tauchen wir von den Makroebenen der Erde und der Ökonomie zu unserer eigenen Handlungsebene ab – und zum ersten Teil des Working-Planet-Modells.

Das Working-Planet-Modell I: Arbeitspraktiken als Fundament der Klimakrise

Wir finden die Große Beschleunigung in unserem ökonomischen Grundprinzip des Extrahierens aller Ressourcen, der Schätze der Natur, aber auch der Human Ressources – ein so wunderbar selbstverräterischer Begriff wie aus einem schlechten Schurkenfilm! Das Grundprinzip des Abschürfens und Verbrauchens findet sich im Sprechen und Denken über Arbeitsprozesse wieder: Wir brennen für etwas, haben etwas in der Pipeline, geben Gas – Sprachbilder einer Ära der fossilen Brennstoffe. Unsere Umwelt – die ja eigentlich eine Mitwelt ist – wird zur Cheap Nature degradiert und damit zur passiven Hintergrundfolie unseres Tuns – genau wie im Gemälde de Goyas. Eine Fehlhaltung, die uns wortwörtlich den Boden unter den Füßen wegzieht.

So ist auch unser Verständnis von den Handelnden in der Arbeitswelt, den Organisationen, gefährlich verengt: Wir koppeln das

Wirtschaften vom Sozialen radikal ab – sowohl in der Wirtschaftswissenschaft als auch in der Wirtschaftspraxis. Hätte ich am Anfang des letzten Jahrhunderts Wirtschaftswissenschaften studiert, hätte man dieses Fach noch Nationalökonomie genannt, denn dem Selbstbild dieser damals jungen Wissenschaft entsprach eine klare Verankerung in den Staatswissenschaften und der Soziologie – obendrein wäre ich dann heute mindestens 120 Jahre alt. Da ich das Studium aber Anfang *dieses* Jahrhunderts antrat, erntete ich irritierte Blicke, wenn ich sagte, dass die Wirtschaftswissenschaften zu den Sozialwissenschaften gehören – oder gehören sollten. Weniger irritierend scheint es, im Wirtschaftlichen eine von allen politischen und sozialen Problemen befreite Pseudophysik zu sehen und Unternehmen als isolierte Profitmaximierungsmaschinen managen zu wollen.

In dieser Maschinenlogik hat die Arbeitswelt der Großen Beschleunigung auch einen bestimmten Rhythmus. Es wirkt für die meisten wie eine postkapitalistische Utopie zu schlafen, wenn man müde ist, und aufzustehen, wenn man sich erholt hat, wie die Historikerin Miya Tokumitsu schreibt[30] – nicht das Auf und Ab der Regeneration, sondern der Maschinentakt macht die Musik!

Eine pathologische Gehetztheit zeichnet fast alle Jobs heute aus, oft sind wir sogar auf toxische Weise stolz darauf – „Ich bin heute wieder so busy." Eine Gehetztheit, die für Regeneration – von biologischen und menschlichen Ressourcen gleichermaßen – keinen Raum lässt.

In diesem gehetzten und sozial desinteressierten Spiel wird Erfolg auch auf spezielle Art verstanden: Mit dem fadenscheinigen Versprechen der Meritokratie, einer Leistungsgerechtigkeit in einer Alle-gegen-alle-Logik, ist jeder Erfolg nur Frage der eigenen Anstrengung. Mit diesem „Du kannst alles werden, wenn du nur willst" wurde vor allem in den 1970er Jahren auch der Sozialstaat zurückgefahren. Wer keinen Erfolg hat, ist doch selbst schuld, verdient als Verlierer kein Mitgefühl – das ist die Schattenseite der Meritokratie. Dass jede Arbeit eine Würde hat, vielleicht jeder auch Recht auf seine eigene Definition von „Erfolg", kennt dieses Dogma nicht. Seine Arroganz spaltet unsere Arbeitswelt und führt dazu, dass uns im Hinblick auf die Klimakrise eher Kulturkämpfe und Populismus den Ton angeben als ein gemeinsames (Ver-)Lernen.

Im diesem egoistischen Rennen auf ein Ziel hin – welches eigentlich? – wurde ausgeblendet, dass es außerhalb der Tätigkeiten in der Lohnarbeit noch andere gibt: das weite Feld der Fürsorge füreinander, ferner auch Ehrenamt und politisches Engagement. Alles Tätigkeitsfelder, von denen wir in unserem Beschleunigungsspiel nichts wissen wollen. Ironisch, weil genau diese das ganze Spiel überhaupt erst möglich machen, sie die Hintergrundstrukturen am Leben erhalten. Ein Verständnis von Arbeit als Fürsorge-Füreinander aber käme allen Bereichen des Umeinander-Kümmerns, auch des Kümmerns um die Erde, sehr zugute.[31]

Was uns Motivation gibt in dieser beschleunigten Welt, finden wir nur als Sinn in der Arbeit, nicht jenseits von ihr. Mit einer eigentümlichen Verzerrung des „Selbstverwirklichungs"-Gedankens der Hippies, der bei genauerem Blick mehr nach Selbstausbeutung und Selbstbespiegelung aussieht, hat die Arbeitswelt die Kritik der Gegenkultur gelernt und sich angeeignet. Die Motivationsquelle Geld alleine hält den Laden nicht am Laufen. Es muss schon etwas Sinn sein. Daraus wurde eine Beschleunigungstaktik gemacht. Sinn findest du, wenn du in der Arbeit aufgehst, nicht aber, wenn du deren Sinn etwa aus ökologischen Gründen bezweifelst, nicht aber, wenn du anderen Sinnquellen wie Familie, Freundschaft oder Natur Raum geben möchtest. Es ist also Zeit, der beruflichen Sinnfrage die Sinnfrage zu stellen (➤ Sinn).

Weil die Praktiken der Großen Beschleunigung immer mehr ins Stocken geraten, wir immer mehr Irritation von außen erfahren, etwa durch „Klimakleber", durch Umweltskandale oder durch Ressourcen- und Lieferkettenkrisen, bröckelt die Gemeinschaft zwischen den Generationen. Wenn beide an ein „Immer weiter so" nicht mehr glauben, beginnt die Suche nach Schuldigen: „veränderungsfaule Boomer" oder die „arbeitsfaule Gen Z". In den letzten Jahrzehnten wurde – bedingt auch durch demografische Engpässe – ein Generationenkonflikt in der Arbeit entfacht, der viele Unternehmen, die ich begleite, regelrecht entzweit und sie auch vom gemeinsamen (Um-)Lernen in der Klimakrise abhält.

In dieser ohnehin schon etwas unterkühlten Welt begegnet uns nun eine Reihe von Arbeitskollegen, deren Intelligenz wahrhaftig künstlich sind: Die KI wird unsere Arbeitswelt verändern. Die Richtung der Veränderung müssen wir heute gestalten, wofür auch wir klug sein müssen. Doch unsere eigene, menschliche Intelligenz (MI) ist selbst schon maschinenhaft geworden, hat selbst schon die die Form eines kalten Kalkulierens angenommen, weshalb die KI uns ja so Angst macht. Diese Frage müsste die NASA mal untersuchen: Gibt es intelligentes Leben im Büro? Und wir sollten eine KI-MI-Arbeitsteilung zum Anlass nehmen, unsere Art des Denkens zu ent-maschinisieren und zu ver-menschlichen.

Menschen sind zunächst Körper. Diese haben wir sukzessive aus der Arbeitswelt herausdefiniert und damit auch vieles von dem, was Verantwortung für unsere Umgebung spürbar macht. In den Bürojobs einer nun in weiten Teilen postindustrialisierten Arbeitswelt glauben wir, dass nur das Gehirn und die Finger zur Arbeit benötigt werden, der Rest ist scheuklappenartig abgeschirmt. Dies macht uns krank und verhindert Empathie mit anderen Körpern – der Umwelt, auf dessen Rücken wir so eskalieren. Ein doppelter Rückenschmerz!

It's the practices, stupid!

All diese Ebenen unseres Handelns stehen für eine große Losgelöstheit von Umwelt und Arbeitswelt. Das Anthropozän findet seinen Ausdruck in unserer Alltagsarbeit und eben nicht auf Ebene unserer Erfindungen allein. „Nicht die Technologie, sondern ihre Praxis macht den Unterschied. Worauf es jetzt also ankommt, sind die Bedingungen der Möglichkeit einer verantwortungsvollen Praxis", so Lars Hochmann, Professor für Betriebswirtschaftslehre.[32] Deshalb muss es um neues Handeln gehen, nicht nur um neue Gadgets! Ersteres in die Welt zu bringen, fällt uns viel schwerer. Da träumen wir lieber von der einen technologischen Superinnovation. Auf Erdsystemebene entpuppt sich dieser Traum von neuen Tools und Technologien aber immer mehr als Albtraum: Die Produktion von immer neuen technologischen Lösungen steigert den Energieverbrauch bis ins Unermessliche, der wachsende Verbrauch verursacht wiederum die sich immer deutlicher abzeichnende Klimakatastrophe. Jede rein technische Problemlösung neigt dazu, soziale Folgeprobleme zu schaffen. Wir lernen gerade schmerzhaft, dass wir uns aus den gegenwärtigen Problemen nicht herauserfinden können. Der Technologieforscher Leif Wenar nennt diesen Erkenntnisprozess „den Übergang der Menschheit von alten Krisen der Unwissenheit zu modernen Krisen der Erfindung".[33] Früher haben wir Unwissenheitskrisen mit Technologie bewältigt: Wir litten unter der Pest, kannten den Auslöser nicht. Durch Forschung fanden wir die technologische Lösung: Antibiotika und Hygiene können Erreger besiegen. Als Folge daraus stehen wir heute allerdings oft vor Erfindungskrisen: Die Antibiotika entwickeln Resistenzen, Epidemien werden häufiger in einer Welt ohne natürliche Pufferzonen. Motoren, die das Mobilitätsproblem lösen sollten, befeuern nun den Klimawandel. Unsere hochgetaktete, digitalisierte Wirtschaftsmaschinerie löste Effizienzprobleme – und führt jetzt zu Entfremdung und Burnout. Die Lösung für diese Folgeprobleme können nicht neue Erfindungen sein. Sie muss in einer neuen Haltung zu den gegebenen Technologien liegen, sie muss ein Haltungsfortschritt sein. Unsere Arbeitswelt braucht nicht mehr Know-how in Form von rein technologischen Lösungen, die uns immer tiefer in die Große Beschleunigung hineinkatapultieren, sondern mehr Know-why, ein Hinterfragen all dessen, wofür Arbeit gemacht wird, ob sie noch so funktioniert, wie sie sollte. Sie braucht zukunftsfähigere, soziale Praktiken.

Spätestens jetzt haben wir vertraute Stimmen im Ohr, sie flüstern uns oft gehörte Buzzwords entgegen: Better Ways of Working, Zukunft der Arbeit, New Work, Purpose, Meaningful Work – gibt es nicht schon lange viele schlaue Menschen, die mit religiöser Inbrunst für eine bessere Arbeitswelt kämpfen?

2 Die Zukunft der Arbeit
Wenn das die Lösung ist, will ich mein Problem zurück

„Ich höre das Geklapper einer Mühle,
Doch sehe ich kein Mehl!"
Mirza Schaffy[1]

Wenn die Praktiken unseres Arbeitens rostige Altlasten sind, die so schwer wiegen, dass sie von zukunftsfähiger Arbeit abhalten, dann müssten sich doch einige Menschen auf den Plan gerufen fühlen, diese Ketten zu sprengen, oder?

Siehe da! Rettung naht! Unzählige Menschen scheinen dies zu tun: Die „Zukunft der Arbeit" ist ein Begriff, um den heute kaum jemand herumkommt, ein Megatrend, mit dem sich Berater, Managerinnen und Populärphilosophen eine Bühne schaffen. Beliebt ist der Begriff aus zwei Gründen: Erstens ist er ein Konservendosenbegriff. Alle können sich darauf einigen, dass das Label „Zukunft der Arbeit" (und sein nerviger Cousin „New Work") grundsätzlich wichtig ist. Zukunft – ja, die kommt von alleine. Arbeit – ja, die auch. Der Begriff ist ein „leerer Signifikant", wie der Organisationsforscher Günther Ortmann es nennt,[2] ein bedeutungsoffener Begriff, den jede benutzen und mit der Bedeutung füllen kann, die sie gerade braucht. Dass der Begriff an sich hohl ist, ist nicht das Problem, sondern das Erfolgsgeheimnis. Was sich für die einzelnen Begriffsnutzerinnen dahinter verbirgt, ist dabei höchst unterschiedlich: Für die einen ist „Zukunft der Arbeit" eine Abschaffung der Lohnarbeit im Rahmen eines bedingungslosen Grundeinkommens, wovon es dann wiederum von der libertären (bedingungsloses, sehr geringes Grundeinkommen als einzige staatliche Transferleistung) bis zur sozialistischen Auslegung (vollautomatisierter

Luxuskommunismus) eine Reihe unterschiedlicher Dosenbefüllungen gibt.

Für den anderen mag das Label „Zukunft der Arbeit" aber nicht weniger, sondern viel mehr Arbeit bedeuten. Mag bedeuten, Wege zu finden, die Produktivität der Arbeit endlich wieder steigen zu lassen, Antworten zu finden auf einen globalen Arbeitsmarkt und harten Wettbewerb. Oder es mag für Begriffsnutzer auch ganz einfach bedeuten, dass sie etwas zu verkaufen haben, das im allerweitesten Sinne mit Arbeit zu tun hat und sie für zukünftig halten: eine Software für Spesenerstattung, ein VR-Headset oder ein Hoodie mit eingebautem Akku. Puh, bei all der Begriffsverwirrung brauche ich erst mal einen Sitzsack und eine Lieferpizza!

Wir werfen diese Konservendosen hin und her, in Paneldiskussionen, Werbespots, Rechtfertigungen für Personalkürzungen, ohne zu merken, was in den Dosen überhaupt drin ist oder ob deren Inhalt nicht schon längst verfault ist. Meist ist nicht einmal klar, ob eine Person von der Zukunft der Arbeit im *normativen* Sinne spricht (Zukunft, wie sie sein sollte) oder im *deskriptiven* Sinne (Zukunft, wie sie wohl oder übel wird). Mit dem Verwischen dieses Unterschieds lässt sich eine Menge Schabernack treiben: Denn nur weil sich etwas in eine bestimmte Richtung bewegt, sich eine bestimmte Zukunft also scheinbar abzeichnet, heißt dies nicht, dass wir diese auch wollen und entsprechend handeln sollten (das wäre ein sogenannter naturalistischer Fehlschluss). Und andersherum heißt es wiederum nicht, dass eine bestimmte zukünftige Entwicklung auch eintrifft, nur weil sie wünschenswert wäre (normativistischer Fehlschluss). Dafür muss es schon Plausibilitäten geben, es müssen Möglichkeiten dafür geschaffen werden. Ja, eine bessere Zukunft macht halt Arbeit.

Ich zähle mich zum normativen Lager, es geht mir um eine enkeltaugliche Zukunft, nicht um irgendeine Zukunft – sonst wäre ich Sekundenzeiger geworden. Daher versuche ich, die Veränderungsdimensionen mit existierenden besseren Praktiken aus unserer Gegenwart zu belegen, um so dazu anzuregen, diese Zukunft wahrscheinlicher zu machen.

Worauf sich alle einigen können: So wie bisher geht es nicht weiter

Ein anderer Grund, warum diese Begriffswolke rund um „Zukunft der Arbeit“ und „New Work“ so populär ist, ist das geteilte diffuse Gefühl, dass es mit der Arbeit im bisherigen Sinne nicht mehr weitergehen kann. Dass Arbeit eine Zukunft braucht, weil die Gegenwart nicht mehr zu gebrauchen ist. Dies zeigt die Ebene der Gesundheit, nicht nur der planetaren, sondern auch die der zunehmenden Krankenstände und insbesondere die durch Arbeit ausgelösten psychischen und physiologischen Erkrankungen. Arbeit macht immer häufiger krank.

Dies zeigt auch das Hangeln von Krise zu Krise im Anthropozän. Ein DAX-Vorstand erzählte mir im Jahr 2022, dass er in drei Krisenstäben gleichzeitig sitzt: zur Coronapandemie, zu Lieferengpässen, nun auch zur Energiekostenkrise. Unsere Vorstellung von Arbeit geht immer weniger auf: Work doesn’t work anymore. Dies zeigt auch die fehlende Legitimität von Arbeit: Junge Talente kleben sich eher auf die Werkseinfahrt, als dass sie einen Vertrag bei der Firma hinter der Einfahrt unterschreiben würden. Arbeit ist immer weniger attraktiv.

In meiner Universitätsvorlesung zu diesen Themen lasse ich die Masterstudierenden Collagen malen: Wie sieht eine Utopie unserer Zukunft der Arbeit aus, und wie sieht eine Dystopie aus? Diese Idee habe ich von der Professorin für Zukunft der Arbeit und Digitalisierung Friedericke Hardering, und ich beobachte und diskutiere dann das, was auch schon ihr aufgefallen ist: Die gemeinsam erarbeitete Dystopie wird immer sehr konkret, dicht und reich an Bildern und Inhalten – der Pfad abwärts liegt klar vor Augen. Die Utopie aber hinkt dem negativen Zukunftsbild weit hinterher: irgendwas mit VR, ein bisschen Diversity hier und da, Home Office, na klar. Das Problem: Wir scheitern bereits daran, eine positive gesellschaftliche Vision zu denken. Es ist der Sinn der Übung, erkennbar zu machen: Was wir an Visionen für eine Zukunft der Arbeit haben, ist oft nur die oberflächliche Nacherzählung einiger Konzerne, die sich mit dem Label positionieren wollen. Ein Neonzukunftshausen der Werbekampagnen. Die Zukunft ist vor allem Zukunftsangebot. Keine gesellschaftliche Debatte.

Vor allem geht es bei all den Konservendosen und diffusen Unzufriedenheiten selten um die grundlegende Voraussetzung für eine jegliche Zukunft eines jeglichen Arbeitens: um die Zukunft des Planeten. Das wahre Problem ist nicht, dass die Zukunft der Arbeit anders sein wird. Das wahre Problem ist, dass wir die Chance verpassen, uns an eine Zukunft der Arbeit zu machen, die unsere Zukunft auf diesem Planeten mitmeint!

Wir sind gespalten in zwei Gruppen

Es gibt die New-Work-Apostel, die mit viel Geklimper und Geklingel von der Tatsache ablenken, dass es für New (oder Old) Work eine soziale und ökologische Basis auf diesem Planeten braucht. Genau wie es beim World Economic Forum in Davos die große Wegschauleistung ist, über alle Probleme der Welt zu sprechen, ohne nur ein einziges Mal Steuern zu erwähnen, war es bei *jedem einzelnen* Future-of-Work-Kongress, den ich besucht habe, die große Verdrängungsleistung, dass Future of the Planet nicht vorkommt. Ich fühle mich oft wie in einem Tabuspiel, in dem „Planet", „Klimakrise", „Ökologie" und „Grenzen" zu den verbotenen Wörtern gehören, die auf keinen Fall erwähnt werden dürfen. Sonst ist das Spiel vorbei.

Und es gibt die Klimaaktivistinnen, die ja durchaus für die Zukunft des Planeten freitags auf die Straße gehen, aber doch übersehen, womit die meisten die restliche Woche verbringen. Und welche Chance darin steckt. Denn wenn wir den größten Teil unserer Zeit bei der Arbeit verbringen, dann sollten wir diese auch als Ort einer nicht nur anderen, sondern besseren, eben enkeltauglichen Zukunft betrachten. In der Arbeit steckt das Potenzial für Weltbezug, Wirksamkeit und gesellschaftliches Zusammenwachsen und damit die entscheidende Voraussetzung für eine demokratische, nichttraumatische Bewältigung der Klimakrise. Dafür müssen wir nicht (nur) auf die Straße gehen, sondern eben bei der Arbeit ansetzen, die wir haben. Wenn wir an dieser Zukunft nicht mitschreiben, wird sie nicht unsere sein!

New Work heute – mit alten Rezepten kann man keine neuen Suppen kochen

Nun ist es nicht so, dass die New-Work-Diskurse einfach nur harmlos an der existenziellen Krise des Planeten vorbeipowerpointen. In diesen Zukunftsvorstellungen werden genau die Praktiken am Leben erhalten, die uns erst in die Malaise des Anthropozäns gebracht haben – alte Club Mate in neuen Flaschen. Eine Verlängerung der Gegenwart, keine Zukunft. Nach den vielen Jahren, die ich in den New-Work-Kreisen verbracht habe, kann ich vier unterschiedliche Typen identifizieren. Extra-Challenge: Wenn du alle vier in deinem Arbeitsumfeld hast, hast du das Banalitätsbingo gewonnen und bekommst von mir einen New-Work-Hoodie geschenkt.

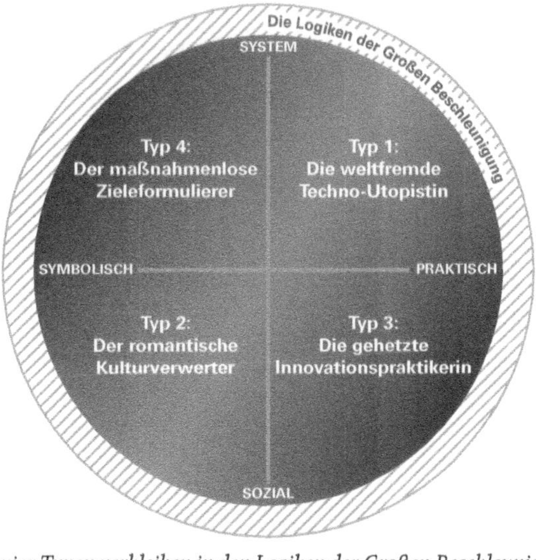

Alle vier Typen verbleiben in den Logiken der Großen Beschleunigung

Typ 1: Die Techno-Utopistin – there's an app for that!

Die Techno-Utopistin glaubt zutiefst daran, dass unsere Herausforderungen vor allem technologische Herausforderungen sind. Meistens sind es Produktivitätsherausforderungen, die ihr als besonders lösenswert erscheinen: die App für schnellere Meetingplanung, das vernetzte Büro, der transparente Mitarbeiter. Die Techno-Utopistin glaubt, dass ein ewiges „Weiter so" bei unhinterfragtem Verhalten möglich ist, wenn wir nur niemals aufhören, neue Tools zu erfinden – vielleicht lässt sich auch bald Erdöl 3-D-drucken. Woraus? Das fällt uns schon noch ein! Sie hängt der bereits erwähnten technologischen Heilslehre an. Im Stile ihrer mehr oder weniger bewussten Vordenker wie Margaret Thatcher gibt es etwas wie Gesellschaft nicht, in der man sich über eine bessere Zukunft verständigen müsste. Es gibt nur geile Solutions! Und Individuen, die ihren Nutzen maximieren wollen, der Rest ist Frage des Nudgings und der Produkte, am besten *seamless* und *one-click*. Im Hinblick auf die Arbeitswelt drückt sich diese Technologiefixierung in der versuchten Flucht in digitale Welten aus. Wie wäre es, wenn wir die analoge, sperrige Welt hinter uns lassen könnten? Mit den Begriffen Virtuelle Realität, Metaverse und Spatial Computing hantierend, erzählt die Techno-Utopistin von Workshops in Fortnite, Onboarding im Metaverse und Zusammenarbeit mit Avataren. Mein Boss ist eine App. Das ist übrigens für viele Gig-Arbeiter (Menschen, die über Online-Plattformen ihre Arbeit zum Beispiel als Lieferbote verrichten) schon Realität. Was sie dort wahrlich nicht erleben, ist aber ein Walhalla der guten Arbeit.

All diese Technologien haben einen sinnhaften Anwendungsbezug an bestimmter Stelle, als große Zukunftsgeschichte gehören sie aber in das Genre der Dystopie, wie die Firma Meta weiß – sie brachte nicht einmal ihre eigenen Mitarbeiter dazu, in ihrer Scheinwelt Zeit zu verbringen.[3] Noch fabuliert Meta, ehemals Facebook, von einem alles beherbergenden Metaverse. Für Analysten ist die dazugehörende Namensänderung der eigentliche Treiber. Ein Ablenkungsmanöver von – siehe da! – ganz handfesten sozialen Problemen: Die Whistleblowerin Frances Haugen machte öffentlich, wie

Meta (damals Facebook) Hate Speech, Verschwörungstheorien und eine süchtig machende Gestaltung seiner Angebote zulässt.[4]

Soziale Folgeprobleme all der tollen Erfindungen, von denen die Techno-Utopistin nichts wissen will. Sie vertritt die Überzeugungen der Großen Beschleunigung: Sie versucht, sich noch weiter von der Mitwelt zu isolieren, und produziert mit zahlreichen Tools eine weitere Schicht aus entfremdenden Beschleunigungs- und Isolierungstechniken, die mehr mit dem Taylorismus des frühen 20. Jahrhunderts gemeinsam haben – bloß nun mit iPhones – als mit einer besseren Zukunft.

Vielleicht werden wir eines Tages auf diesen Techno-Utopismus zurückblicken und uns fragen, wie wir digitale Welten konstruieren konnten, während die reale Welt vor unseren Augen zerbröckelte. Na ja, lieber schnell die VR-Brille aufsetzen!

Die Stanforder Designforscherin Jenny Odell kommt daher zu dem Schluss, dass die Umweltkrise vor allem eine Aufmerksamkeitskrise ist.[5] Je mehr wir uns in der rein auf Technologie ausgerichteten Medienwelt von unserer ökologischen Welt entfernen, desto weniger wissen wir von dieser: woher die Energie für unsere Tools kommt, welche Giftstoffe aus der Sneakerproduktion ins Abwasser gelangen, welche Seltenen Erden wir abschürfen und was wir dabei aufs Spiel setzen. Je mehr wir uns von dieser Welt entfernen, desto vehementer holt sie uns ein. Hierin liegt eine Grundspannung im Anthropozän, auf die Eva Horn hinweist: Wir haben einen Menschen, der zugleich kulturell, ökonomisch und technologisch differenziert ist und doch immer ein biologisches Gattungswesen bleibt, ein Lebewesen unter Lebewesen.[6] Teil der Schöpfung, nicht Krone der Schöpfung. Unsere Geschichte ist genauso Geschichte toller technologischer Fortschritte, wie sie eben auch Erdgeschichte ist. Unsere Arbeit hat eine Wirkung, die zugleich bewusst ausgeübte Macht, beispielsweise technologische Innovationskraft, ist, wie sie auch blinde geologische Kraft im Erdsystem ist.[7] Tools wie die VR-Headsets sind die ablenkenden Knüppel, um im Bild de Goyas zu bleiben, und die bröckelnde Erde – samt der Seltenen Erden – ist der Treibsand unter uns, den wir unter den Headsets (ein entlarvend toller Begriff!) nicht mehr erkennen. Bei all der Flucht ins Digitale mahnt Jenny Odell, dass in einer Zeit klimabedingter Katastrophen das, was uns Schutz bietet, wohl nicht unsere Metaverse-Freunde sind, sondern unsere direkte Umwelt ist – wenn wir es schaffen, das Headset abzunehmen.

Typ 2: Der romantische Kulturverwerter - Motivation als letzte Ressource

Neben der Techno-Utopistin, die stets von der Hoffnung getrieben ist, den Planeten gleichsam wegzuerfinden, gibt es noch denjenigen, der schon noch an gegebene Ressourcen denkt – vor allem an die Ressource Motivation. Wenn doch alle nur mehr mit dem Herzen dabei wären, jauchzt er, wäre das nicht schon das himmlische Jerusalem einer besseren Arbeitswelt?

Uns begegnet dieser romantische Denker, wenn Organisationen sich plötzlich Familie oder Tribe nennen. Wer Teil einer Familie ist, ist topmotiviert, und – auch ganz praktisch – Familien haben keinen Betriebsrat! Ein Stamm ist archaisch, extrem konservativ und hat einen Oberhoncho, auch das kann praktisch sein. Uns begegnet dieses Denken in der Managementfantasie, Mitarbeitenden ihren Sinn zu „geben", damit sie (das ist tatsächlich ein Vorstandszitat aus meiner Arbeit!) „endlich mal mehr Begeisterung für das erleben, was sie eh schon machen".

Uns begegnet diese zynische Romantik, wenn Achtsamkeitskurse angeboten werden, wo besser über die Frage nach geregelten Arbeitszeiten meditiert werden sollte. Oft geschieht dies auch mit Apps, als wäre innere Ruhe downloadbar – hier gibt der Romantiker der Techno-Utopistin die Hand. Und wenn die Achtsamkeitsübung nicht reicht, dann hast du dich doch einfach nicht genug angestrengt, oder? Arbeite doch mal gefälligst an deinem Mindset!

Diese Verarbeitung von Kultur-als-Ressource erinnert uns daran, dass im Arbeiten im Anthropozän nicht nur Seltene Erden, sauberes Wasser und grüne Wälder verzehrt werden, sondern es schon lange auch um die Abschürfung unserer persönlichen Ressourcen geht. Mit derselben Logik, mit der wir den Planeten abschürfen, kann auch die Motivation von Mitarbeitern abgeholzt werden und können selbst kulturelle Ressourcen wie „Familie“, „Tribe“, sogar „Revolution“[8] oder das große Thema „Sinn“ dafür verfügbar gemacht werden. Bis sie nicht mehr regenerierbar sind, weil sie nur noch ein müdes Zucken hervorrufen.

Diese Sehnsucht vom neuen, gebesserten Menschen mutet auch immer etwas kryptofaschistisch an.[9] Die entscheidenden Herausforderungen, vor denen Organisationen gemeinsam stehen – Verantwortung vor der Umwelt, Rücksicht auf Grenzen, Abkehr von toxischen Praktiken –, werden so auf banalste Weise psychologisiert und zur persönlichen Berufung erklärt, zu einer Frage ihres Sinnempfindens, ihrer Talente, ihres Charakters. Das Politische wird ins Private verlegt.

Faszinierend zu sehen, wie sich der romantische Kulturverwerter kultureller Konzepte bedient, die eigentlich durchaus dazu einladen würden, Dinge anders zu machen, aber diesen subversiven Stachel ganz elegant abknipst – um beim Business as usual zu bleiben. So wurde aus Yoga, einer eigentlich asketischen, marktfernen Bewegung, eine Ware in einem 80 Milliarden Dollar schweren Weltmarkt und ein Effektivitätstool für Manager.[10]

Bei all dem stellt sich die Frage, ob es sich um Techniken zur Maximierung der individuellen Leistungsfähigkeit handelt – und damit auch zur Aufrechterhaltung zerstörerischer, gesellschaftlicher oder systemischer Zusammenhänge –, oder ob es in Meditation, Sinnsuche und Familiarität tatsächlich darum geht, nach anderen Arten des In-der-Welt-Seins zu suchen. Versucht der romantische Kulturverwerter mit neuer Sprache, Symbolen und Praktiken, eine bessere Arbeitswelt zu erschaffen? Oder nutzt er eine umkämpfte Ressource, um auf alten Pfaden weiter Gas zu geben und sich auch noch gegen Kritik abzuschirmen?

Spätestens hier muss man an den oft verdrängten Vater des New-Work-Begriffs, den Sozialphilosophen Frithjof Bergmann, erinnern. Diesem ging es nie darum, mit Kickertisch, abendlichen Pizzarunden oder anderen Wohlfühlgimmicks die Arbeitswelt so zu gestalten, dass wir länger und härter arbeiten, so der Autor Patrick Breitenbach. Ihm ging es um eine Befreiung von all dem, so dass man das tun kann, was man wirklich will, und nicht das tut, was man muss.[11] Die Praktiken des romantischen Kulturverwerters sind eigentlich eher Old Work, weil für Bergmann New Work im eigentlichen Sinne vor allem Less Work war.

Typ 3: Die Innovationspraktikerin – weil mehr mehr ist

Dieser dritte Typ ist autobiografisch informiert. Ich bin ausgebildeter Design Thinker und halte die Methode auch für *einen* interessanten Zugang zu Organisationen. Doch genauso wie für Netflix-Serien, Schokoriegel und Religiosität gilt: Wenn du es zum Allheilmittel überhöhst, kann die Sache schnell unschön werden.

Die Innovationspraktikerin versteht, dass wir uns nicht aus der sozialen und biologischen Welt herausdigitalisieren können, und auch, dass kulturelles Begeisterungstheater allein keine Veränderungen bringt, die notwendig sind. Sie setzt auf Praktiken – genau wie dieses Buch übrigens. Doch sind die Praktiken für sie auf ein anderes Ziel ausgerichtet: eine grenzenlose Produktion neuer Bedürfnisse. Dass dies in weitestgehend saturierten Märkten wie den unsrigen gut ankommt, zeigt der anhaltende Hype um Design Thinking. Als ich vor fast zehn Jahren die Ausbildung gemacht habe, hätte ich nie gedacht, dass man heute noch so viel davon sprechen oder dass ein großer Teil meiner damaligen Klasse eine stabile Selbstständigkeit auf diesem ja durchaus begrenzten Methodenset aufbauen würde. Deren Zukunft der Arbeit ist zumindest gerettet.

Wenn es nach der Innovationspraktikerin geht, brauchen wir einfach mehr kreativen Output für die Rettung des Planeten, und zwar „Quantity over Quality“, wie es im Design Thinking ein Leitprinzip ist – ein Leitprinzip, das dem Grundprinzip der Extraktion aller Ressourcen nicht unähnlich ist: schnellere Ideen, alle Perspektiven einnehmen und verwerten, neue Produkte ohne viel Zaudern auf den Markt werfen, testen, wegwerfen, verbessern.

Ein zweites Leitprinzip ist die permanente Dringlichkeit. Wenn es im Design Thinking ein allgegenwärtiges Objekt gibt, dann ist dies die Stoppuhr: „Ihr habt noch zwei Minuten für alle Ideen zu dieser Frage – dann ist Schluss!“, „Noch 30 Sekunden, bis der Prototyp fertig sein muss!“, „Wir wollen mindestens 20 Ideen für den Einkaufswagen der Zukunft sehen!“ In „Hackathons“ und anderen Ideenfeuerwerken arbeiten sich die Menschen unter Anleitung der Innovationspraktikerin, gern in der Rolle der masochistischen „Timekeeperin“, in einen Rausch. Der Rhythmus der Industrieproduktion wird in die Kreativitätsarbeit eingeführt. Endlich wieder Fließbandarbeit!

Ich erinnere mich gut an ein Projekt in meiner Design-Thinking-Ausbildung, in dem die „Challenge“ darin bestand, Obdachlosen in Berlin zu helfen. Ein wichtiges und komplexes Unterfangen. Ich lernte einen Obdachlosen in der U-Bahn kennen, der Zeitschriften verkaufte. Auf die Frage, was er wirklich, wirklich will, antwortete er mir, dass es ihm viel bedeuten würde, wenn die Menschen ihm einfach ins Gesicht blicken und dann – wie zu jedem anderen Menschen – sagen würden: „Nein, vielen Dank für das Angebot, ich habe heute kein Interesse“, statt immer nur betreten wegzuschauen. In der Sprache des Design Thinking wäre dies ein „Insight“ zum Thema Würde, den ich mir seitdem versuche zu Herzen zu nehmen. In der Dringlichkeit und in der rauschhaften Produktion von maximal vielen Ideen ist diese etwas sperrige – weil schwer in ein Produkt zu fassende – Erkenntnis aber schnell im Rauschen untergegangen. Stattdessen ergab unsere „Innovation Journey“ etwas anderes: ein Obdachlosen-Coin, eine parallele Währung, ganz dem Hype um Bitcoin und Co. entsprechend, von der sich Obdachlose dann aber nur bestimmte Produkte kaufen können, wie Hygieneartikel oder Wasser. Für diese Idee gab es einen Markt, nicht wenige Menschen mit „Obdach“ begrüßten die Idee, was unser „User Testing“ ergab. Aber diese zum Glück nicht weiter verfolgte Idee würde Obdachlose in unserer Gesellschaft noch weiter entwürdigen. Was unsere Innovationspraktikerin nämlich nicht versteht: Nicht alles, was neu ist, ist besser, vor allem nicht, wenn man das Hamsterrad einfach noch mehr beschleunigt, statt aus ihm herauszutreten und mit Ruhe über komplexe Themen wie Würde nachzudenken. Ihre geistesfeindliche Verwertungslogik lässt nur vermarktbare Erkenntnisse zu. Erschütternd, aber wahr: Nicht alles in dieser Welt muss zu einem Produkt gemacht werden.

Der Ethnologe Tim Seitz beschreibt diese Leitprinzipien in seinen Forschungen zu Design Thinking und zeigt, wie durch die Inszenierung permanenter Dringlichkeit und eines reinen Verwertungsdrucks kritische Impulse in den Hintergrund rücken: „Ein nicht unmittelbar ergebnisorientiertes Denken erscheint als langsam und zeitraubend" – über Verantwortung nachzudenken, ist eine solche zeitintensive Angelegenheit.[12] Um einmal wirklich außerhalb der zerstörerischen Logiken unseres Arbeitens zu denken und damit zukunftsfähiger als das Gegebene zu sein, hilft uns keine Stoppuhr und kein Post-it-Feuerwerk.

Was die Innovationspraktikerin versteht, ist, dass wir über einen Wandel der Praktiken zu neuen Ergebnissen kommen können. Auch für eine bessere Arbeitswelt stellt sie die richtigen Fragen: Wie gehen wir im Arbeitsumfeld mit Herausforderungen, Kreativität, Lösungen, Bedürfnissen um? Aber leider spiegelt ihr Weg zu den Antworten selbst die Pathologien der Arbeitswelt wider. Tim Seitz spricht bei diesem Innovationsfeuerwerk in der Arbeitswelt deshalb auch von Kreativitätsreservaten. Oft haben Hackathons, Ideenwettbewerbe und Co. keine ermöglichende, sondern eine einhegende Wirkung auf Kreativität: Sie sind auf ein paar Momente begrenzt und inhaltlich stark zugeschnitten. „Ende August ist wieder dieser Design-Thinking-Workshop, und dann können wir mal richtig außerhalb der Box denken ..." Und danach: ab, ab, schnell zurück in deine Box, dort fühlst du dich dann gleich ein wenig wohler.

Wenn ich in Organisationen an Innovationen und Innovationsstrategien arbeite – ohne Frage ja ein wichtiges Thema –, ist deshalb die zentrale Frage, wie Kreativität in der gesamten Organisation und jederzeit gelebt werden kann – und vielleicht zwischen den Zeilen: ob das wirklich gewollt wird. Und ich füge stets Übungen zu Sinn und Werten hinzu. Manchmal reicht die einfache Frage: Kannst du einem sechsjährigen Kind plausibel erklären, warum diese Idee deine Arbeit wirklich besser macht?

Typ 4: Der maßnahmenlose Zieleformulierer – gut behauptet ist halb gewonnen!
Der vierte Typ kristallisiert sich gerade erst heraus, er ist sehr zeitgeistig. Der maßnahmenlose Zieleformulierer hat super Verbindungen zur Unternehmensführung (schon lange Freunde bei LinkedIn!), in die relevanten PR-Bereiche und hat eine große Social-Media-Community. Manch ein Zieleformulierer schafft es sogar in sein Mekka, das World Economic Forum in Davos. Dort und überall denkt er mit Begeisterung über die ganz großen Zukunftsfragen der Arbeit nach. Und mit „groß“ meint er „fern“: Flugtaxen, Vollautomatisierung, gelegentlich tatsächlich auch Umweltfragen. Aus der Auseinandersetzung mit diesen Fragen gelingt es ihm, wundervolle Fiktionen zu entwickeln und hinauszuposaunen: 2030 schon arbeiten wir komplett remote, 2040 haben wir eine ausgeglichene Geschlechterquote im Vorstand, und 2050 beginnt die Zukunft dann schon: Wir werden klimaneutral. Nur eines ist wichtig: Zu nah an die Gegenwart sollen all diese Ziele bitte nicht gehen. Manches würde sich als Green- oder Purposewashing herausstellen.

Der maßnahmenlose Zieleformulierer hat mit dem Romantiker gemeinsam, dass er sich vor allem mit Symbolen beschäftigt, doch wo der Romantiker in die Psyche der Mitarbeiter einsteigt, gibt er sich weltmännischer. In der Sprach- und Bildwelt eines Global Leaders kommuniziert er Commitments, Purpose Statements und andere großspurige Versprechen. Der Techno-Utopistin gleich, distanziert er sich von sozialen Problemen: Welche Entscheidungen sind tragbar, welche Spannungsfelder auszugleichen, wo werden Bedürfnisse und Machbarkeiten berücksichtigt? Das muss andere kümmern, nicht den großen Kommunikator! Was zählt, ist die Vision. Wo die Innovationspraktikerin sich nur um eine Form von Umsetzbarkeit kümmert, nämlich der in Produkt- und Sachlogiken, ist Typ 4 ganz bei der Big Message.

Er steht damit für ein klassisches Führungsverständnis der Großen Beschleunigung: dem Geniekult und dem eifrigen Warten auf das große, alles erlösende Signal von oben, von grenzenlos verehrten Leadership-Gurus (➤ Sinn). Dass die Realität aber komplexer und nicht allein nach göttlichen Zeichen formbar ist, lässt sich schnell sehen, wenn sich der Staub gelegt hat: Der Automobilvorstand muss seine Koffer packen, weil seine radikalen Ziele zur Elektromobilität für die Verbrennerkultur im Haus nicht verdaubar waren. Eine Personaldirektorin muss sich Vorwürfen stellen, weil sie über einschlägige soziale Netzwerke viel zu Corporate Social Responsibility (CSR) kommuniziert, aber das große Solarprojekt, das ihre Firma in der hypervisionären Zukunftsstadt eines Wüstenstaats bauen möchte, nur mit menschenrechtlich höchst fragwürdig behandelten Arbeitsmigranten möglich ist. Ein Berater berichtet auf dem World Economic Forum von seiner großen Vision der Arbeit, die komplett remote stattfindet, und denkt keine Sekunde daran, was das für Arbeitsschutz, Datensicherheit und Büroausstattung seiner Kunden und Mitarbeiter bedeuten würde. Diese Fantasien funktionieren in einem isolierten Denken, das sich Fragen nach Grenzen, Rechtfertigungen und generell möglicher Komplexität gar nicht erst zuwendet. Von oben wird ein Ziel eingegeben, und der Rest erübrigt sich, das scheint hier der Widerhall funktionalistischer Dogmen zu sein. Ziele, die sich nicht um Machbarkeit scheren. Aber gleichwie, die Story ist erzählt, die Likes sind kassiert. Wenn klar wird, dass die Rechnung nicht aufgeht und die Realität doch etwas tückischer war, ist der Zieleformulierer schon längst bei dem nächsten großen Hype.

Das Geniale am maßnahmenlosen Zieleformulierer liegt also in der Beobachtung, dass geäußerte Ziele ohnehin mehr Aufmerksamkeit bekommen als umgesetzte Maßnahmen. Hierzu passt eine Anekdote aus der politischen Arbeit, aus den Koalitionsverhandlungen im Rahmen der 2018 angestrebten Jamaika-Koalition auf Bundesebene: Mit großer Verblüffung stellten die Verhandlungsführer der Grünen fest, dass ihre Counterparts der CDU gar kein Problem mit der Formulierung ambitionierter Klimazielen im Koalitionsvertrag haben, solange nur nicht zu viele konkrete Maßnahmen beschlossen würden.[13]

Dasselbe bei Unternehmen: Eine Studie des Thinktanks Carbon Disclosure Project, die systematisch Klimaziele und -daten von Unternehmen analysierte, hat ergeben, dass zwar fast 50 Prozent aller Unternehmen in Europa Klimaschutzziele formuliert haben, die sich am Pariser Klimaabkommen orientieren, dass aber weniger als fünf Prozent dieser Unternehmen ein Maßnahmenpaket haben, wie sie diese Ziele erreichen wollen.[14] Große Ziele, null Plan.

Das alles funktioniert so gut, weil erstens in der Aufmerksamkeitsökonomie Storytelling und Behauptungen mehr denn je zählen, besonders in den von redaktioneller Kontrolle befreiten sogenannten sozialen Medien. Und weil es zweitens im Finanzkapitalismus ohnehin in erster Linie um die richtigen Signale für die Aktienmärkte geht, dort, wo letztlich Zukunftserwartungen gehandelt werden. Wohlgemerkt ist heute das Kapital, das im Finanzsektor gehandelt wird, fast viermal so groß wie das der realen Wirtschaft.[15] So manch ein Unternehmen, das ich kennengelernt habe, dachte bei der Formulierung von Purpose Statements vor allem an eine gute Investorenstory, nicht aber daran, ob diese Story mit der Realität in einem belastbaren Zusammenhang steht – was nicht nur zynisch ist, sondern auch den Instinkt der Investoren unterschätzt.

Oft sind diese Statements eher fromme Wünsche als Aussagen über die Organisation im Hier und Jetzt. Eine Studie[16] des Massachusetts Institute for Technology (MIT) hat untersucht, inwieweit Wertestatements von Unternehmen („Wir sind divers, innovativ und ohnehin die gerechtesten Wesen unter der Sonne") die wirkliche Arbeitswelt abbilden. Sie sahen, dass sie nichts sahen. Es gibt keine messbare Korrelation zwischen behaupteten Werten und erlebter Arbeitskultur. Bei drei Werten stellte sich der Zusammenhang sogar als ein negativer heraus: Wenn eine Firma behauptet, dass bei ihr Kundenorientierung, Zusammenarbeit und Vielfalt einen hohen Wert haben, gehört sie eher zu der Gruppe von Firmen, denen es genau daran mangelt. Wenn du diese Werte also in einem Bewerbungsgespräch hörst, dann geh zum Ausgang. Schnell. All das ist reines Wunschdenken oder sogar weniger als das, weil auch für die Wunscherfüllung nichts getan wird.[17]

Für den maßnahmenlosen Zieleformulierer gilt: Frisch behauptet ist halb gewonnen. Wer ein Ziel formuliert, hat schon was geleistet, und wen interessiert eigentlich der LinkedIn-Post vom letzten Jahr? Willkommen im Zeitalter des Verschwimmens von Imagination und realem Handeln. Das einzige Problem: Imagination rettet diesen Planeten nicht.

Die Zukunft ist auch nicht mehr das, was sie mal war

Das ist die fulminante Zukunft der Arbeit, vor der wir stehen: eine Weltflucht in digitale Metaversen. Eine intensivierte Verfügbarmachung aller Ressourcen, auch der spirituellen und persönlichen Sehnsüchte. Hohe Ziele, die sehr *inspirational* sind, aber leider nicht *practical*. Ein großes Kreativitätstheater am Arbeitsplatz durch gemeinsame Ideen-Retreats, Innovationsspielchen, Post-it-Schlachten und natürlich Tischtennisplatten. Denn ohne Tischtennisplatte kann es gar kein New Work geben!

Wenn das die Lösungen sind, um die Zukunft der Arbeit für uns zu gestalten, möchte ich mein Problem zurück. Das Problem ist die Zukunft unseres Planeten, das (Über-)Leben innerhalb planetarer Grenzen. Und ist die Krise unserer Umwelt nicht eine Krise unseres Tätigseins, unserer Arbeit in ihr?

Doch während es allerhand Substanzielles zu ändern gäbe an unserem Modus des grenzenlosen Abarbeitens auf einem begrenzten Planeten, hat sich an der Arbeit selbst bemerkenswert wenig getan – wenn wir von der Oberflächenkosmetik der vier dargestellten Typen absehen. Seit der Industrialisierung ist die instrumentell-rationale Logik, mit der wir unsere gemeinsame Mitwelt managebar und verwertbar machen, unangefochten.[18] Die Welt weicht zurück. Aber die Arbeit ist wohlauf. Und unsere Gegenwart wird derweil immer mehr zu der Zukunft, vor der die Umweltbewegung immer gewarnt hat.[19]

Drei grundsätzliche Missverständnisse, was die Zukunft angeht

Um die Zukunft der Arbeit und die Zukunft des Planeten endlich und radikal zusammenzubringen, müssen wir drei Missverständnisse überwinden.

Missverständnis Nr. 1: Die Klimakrise können nicht allein die „ganz oben" regeln

Wir kennen das Argument, die Klimakrise könne nicht auf der Ebene unserer Praktiken gelöst werden, schon gar nicht in der Arbeitswelt. Wir verweisen dann auf Bepreisungsmodelle, Gesetzesänderungen oder internationale Zusammenarbeit, das große (vor allem ferne!) diplomatische Parkett – und überhaupt: Solange „die Chinesen" noch richtig Gas geben, können wir eh nichts machen. Wir mögen das Argument, weil es so schön entlastet. Wir können dann weitermachen wie zuvor. Weitermachen in einer Unternehmenswelt, in der 2017 allein 100 Firmen für 71 Prozent unser globalen Emissionen verantwortlich waren.[20]

Ich arbeite seit vielen Jahren mit Unternehmenslenkern und auch mit Politikern an den Fragen, um die es hier geht. Eines ist dabei allen klar: Wenn die Menschen, die letztlich eine politisch erwünschte Verhaltensänderung umsetzen sollen, diese aber nicht wollen, dann bleibt alles „von oben" nur ein frommer Wunsch. Ein Fleischkonzern kann sich auf vegane Ernährung umstellen wollen, aber wenn die Nutzer überzeugte Fleischesser sind und an dieser Identität hängen, dann wird dieser Wunsch versanden. Ist ein radikal umstrukturiertes Steuersystem politisch nicht mehrheitsfähig, wird es als ein erfolgloser und undemokratischer Übergriffsversuch in die Geschichte eingehen und Politiker das Amt kosten. Es lässt sich nicht gegen Menschen transformieren, sondern nur mit Menschen – zumindest solange wir eine freiheitliche Gesellschaft behalten wollen. Die Organisation, die Gesellschaft, die Diplomatie sind keine Maschinen, die sich einstellen lassen, sondern Räume, in denen es um das Spiel des Gebens und Nehmens von Gründen geht.[21] Wir werden gemeinsam und aus Überzeugung unsere Praktiken ändern können – oder eben nicht.

Was uns im Anthropozän begegnet, sind Polykrisen (man denke nur an Klimawandel, Artensterben, Versauerung der Meere, soziale und ökologische Ungerechtigkeiten und zunehmende psychische Folgeerscheinungen). Die sehr lesenswerte Ökonomie-Nobelpreisträgerin Elinor Ostrom erkannte in Problemen wie dem

Klimawandel das kumulative Ergebnis zahlloser Einzelhandlungen auf verschiedenen, polyzentrischen Ebenen.[22] „Individuelles Konsumverhalten spielt ebenso eine Rolle wie Entscheidungen der Kommunalpolitik, der Unternehmen, der Regierungen und supranationaler und internationaler Organisationen", so liest Eva Horn Elinor Ostrom.[23] Das heißt, dass auf jeder Ebene unterschiedliche Widerstände und Anreize bestehen, die man überwinden bzw. nutzen muss, wenn Wandel erfolgreich sein soll. Häufig geht es dabei gar nicht in erster Linie um den Klimaschutz, sondern um positive Nebeneffekte oder grundsätzliche Gewohnheitsänderungen.[24]

Ein Beispiel: Wer mit dem Fahrrad zur Arbeit fährt, reduziert nicht nur seinen CO_2-Ausstoß, sondern spart Geld und tut etwas für seine Gesundheit.[25] „Vielfältiger Nutzen entsteht durch unterschiedliche Maßnahmen auf verschiedenen Ebenen", so Ostrom.[26] Wir alle müssen dafür auf der Ebene unseres täglichen Verhaltens fragen, ob diese im Anthropozän noch funktionieren, müssen entsprechend Gewohnheiten verlernen, neu lernen und umlernen. Diese polyzentrische Perspektive hat einen Vorteil gegenüber der Alternative des Zwangs: Wandel kann traumatisierend sein, besonders wenn er diktiert wird. Ihn praktisch und gemeinsam auf vielen Ebenen zu erproben, ist am wenigsten traumatisierend und am ehesten gemeinschaftlich und wohlstandserhaltend. Deswegen hilft kein Fingerzeig auf andere Akteure (auch wenn diese trotzdem gefragt sind!): Wir sind alle Teil dieses Spiels. Der Sozialpsychologe Harald Welzer bringt es auf den Punkt, wenn er sagt, dass das System, in das man hineinwächst, ja kein äußerliches ist, welches nur in Institutionen und Infrastrukturen zu finden sei, in Gesetzbüchern, Produkten, in gewählten oder nicht gewählten Machthabern. Wir finden es „in unseren Gewohnheiten, unseren Wahrnehmungen und Deutungen, in unserer Psyche, unserem Selbst".[27] Wir werden nicht nur gestaltet, sondern sind immer auch selbst Gestalter.

Dies heißt nicht, dass alles nur eine Frage des Mindsets ist (wie uns der Romantiker womöglich vermitteln möchte) oder dass es gar eine persönliche Schuld eines jeden Einzelnen ist, dass die Welt ist, wie sie ist. Es heißt lediglich, dass es sich lohnt, sich selbst an die Arbeit zu machen. Schon allein weil dies auch etwas mit uns macht: Individuelle Verantwortung für globale Herausforderungen übernehmen zu können, ermöglicht eine teilhabende Weltbeziehung,[28] einen Ausbruch aus dem „Ich mach hier nur meinen Job“ und dem „Was kann ich denn machen?“, der im besten Sinne empowernd ist.

Missverständnis Nr. 2: Es gibt keinen goldenen Hebel

Ein Nutzen unseres individuellen Wirkungsraums zusätzlich zu (nicht als Ersatz von!) der Klimapolitik auf den großen Parketten ist schon deshalb nötig, weil ein tatenloses Warten auf den einen großen Klimagipfeldurchbruch, die eine Megainnovation oder die eine politische Reform ein endloses Warten wäre. Die Polykrise kennt nicht die *eine* Hammer-Solution. Die Verantwortung für eine gemeinsame Zukunft des Planeten lässt sich also schon deshalb nicht in höhere Sphären delegieren, weil es nur ein gemeinsames Zusammenspiel gibt, ein mehrstimmiges, gut abgestimmtes Orchester des Neuanfangens, Hinterfragens, Andersmachens.

Dass es nicht die eine Silver Bullet gibt, die uns aus der Krise herausschießt, zeigt ein interaktives Modell vom MIT.[29] Auf der Homepage des Projekts ist eine große Schaltfläche mit einer Menge Reglern, an denen sich herumspielen lässt: Mit ihnen lässt sich das Bevölkerungswachstum minimieren, Atomenergie maximal subventionieren, Energieeffizienz in Gebäuden global auf das technologische Maximum bringen, Ölpreise maximal besteuern, Aufforstung bis ans Limit herbeizaubern. Wie ein moderner Gott kann man alle relevanten Faktoren für die Klimakrise im Handumdrehen hoch- und runterdrehen, lassen sich Stellschrauben anziehen, für die wir in der realen Welt Jahrzehnte brauchen würden, wenn es überhaupt möglich wäre. Auf der Ergebnisseite zeigt das Modell dann, was die jeweilige Einstellung mit der globalen Erwärmung macht. Enttäuscht stellt man fest, dass es eine Sache gibt, die man selbst als Klimagöttin nicht kann: mit nur einem Regler einen signifikanten Unterschied machen. Eine maximale Besteuerung von Öl würde etwa die Klimaerwärmung bis 2100 nur um 0,1 Grad senken – wenn alle anderen Faktoren unverändert blieben. Der Unterschied, den eine maximal steuerlich unterstützte Elektrifizierung der Mobilität ergeben würde, macht ebenfalls nur einen Unterschied von 0,2 Grad aus – wenn alle anderen Faktoren unverändert blieben. Das Gleiche gilt für Bevölkerungswachstum, Atomenergie, ja für alle Faktoren. Es gibt keine göttliche Einzellösung, keinen Deus ex Machina, auf die wir, die Hände in den Schoß gelegt, warten könnten. Dieses Wunschdenken von dem einen Hebel mag auch eine Denkfigur aus einem von Kontrollfantasien beherrschten Industriezeitalter und vom großen Zieleformulierer sein. Die Zukunft ist aber Zusammenarbeit und Zusammenspiel verschiedener Praktiken, auf verschiedenen Handlungsebenen, von verschiedenen Akteuren. Der Weg kann nur ein gemeinsamer sein.

Natürlich ist unser individueller Wirkungsraum sehr begrenzt, aber jeder andere ist es auch. Zumindest für sich genommen. Dies zu erkennen, ist kein Grund zur Verzweiflung, sondern zur Hoffnung. Das „Paradox der eigenen Wirkmächtigkeit" führt gerade zu einem realistischeren Selbst- und Weltbewusstsein, das uns erst wirksam werden lässt.[30] Ein Fokus auf unseren kleinen Beitrag etwa im besseren Umgang mit Stress, Wachstumsfantasien oder dem Körper trägt weiter als das zerknirschte Warten auf Megalösungen und leere Heilsversprechen. Sich einen kleinen machbaren Weltausschnitt einzukreisen und dort ins Machen zu kommen, darin liegt vielleicht auch die Magie von erfüllender Arbeit.

Missverständnis Nr. 3: Zukunft ist nicht in 15 Jahren, sondern in 15 Sekunden

Genauso wenig wie wir die Notwendigkeit von Wandel auf eine höhere Systemebene abschieben können oder bis zur Entdeckung eines Allheilmittels prokrastinieren können, sollten wir Zukunft selbst auch nicht in einem fernen Horizont verorten. Zukunft sind nicht wasserstoffbetriebene Flugtaxen, Fleisch aus dem Reagenzglas und vollautomatisierte Büros. Das sind Visionen, die meist nicht gut altern und uns währenddessen davon abhalten, unsere Mobilität, unseren Konsum und unsere Überarbeitung im Hier und Jetzt wirklich anzugehen.

Zukunft ist etwas viel Unmittelbareres. Dafür hilft ein Blick in die Hirnforschung: Unser Gehirn ist mithilfe des Nucleus suprachiasmaticus in der Lage, einen Zeitraum von 15 Sekunden wahrzunehmen.[31] Es ist diese Zeitspanne, die wir als einen „Moment" verarbeiten. Alles, was davor liegt, nehmen wir bereits als Vergangenheit wahr. Alles, was dahinter liegt – man ahnt es –, ist bereits Zukunft. Sie ist also nichts, was wir bloßen Visionären überlassen sollten, so bunt deren Bilder auch sind. Zukunft ist, was du als Nächstes machst – oder aufhörst zu machen! In genau 15 Sekunden. Es ist die nächste Handlung, die eine mögliche Zukunft realisiert und andere Zukünfte verhindert.

Zukunft ist keine ferne Fantasie, sondern besteht in der nächsten Entscheidung – um noch einmal auf das Bild von de Goya zu kommen –, ob wir weiterhin mit dem Knüppel ausholen oder uns gewahr werden, dass wir im Treibsand versinken und unser Verhalten ändern: Inwiefern respektieren wir in der Arbeit Wachstumsgrenzen? Wer darf unsere Strategie hinterfragen, und wer muss schweigen, weil die Person zu jung, zu weiblich, zu ungemütlich ist? Inwiefern nehmen wir Rücksicht auf die frischgebackenen Eltern in unserem Team und damit auch auf körperliche Grenzen? Die Antworten darauf sind nicht so fancy wie irgendwelche Flugtaxifantasien. Aber der Unterschied ist: Wenn wir wollen, fliegen sie schon heute. Zukunft ist handgemacht, und deswegen geht es im nächsten Kapitel um den Weg zu besseren Praktiken. So viel war nun von diesem ominösen Begriff die Rede, aber worin genau besteht eigentlich eine Praktik-Perspektive auf sozialen Wandel?

3 Praxistheorie für Praxiswandel
Ein kleiner Theorieteil, aber eigentlich geht's um Schokoriegel

„Tackling climate change is pitched to us as an engineering problem, but really it is a psychological one."
Richard Powers[1]

Stell dir mal vor, du hättest ein Knoppers-Problem. Okay, sagen wir, eine Knoppers-„Angewohnheit". Und sagen wir, du arbeitest in einem Gebäude in einer europäischen Stadt, vielleicht in einem Universitätsgebäude. Auf der gegenüberliegenden Straßenseite gibt es eine Cafeteria. Dort lauern dann die Knoppers. Eine ganze Menge. Strategisch positioniert, direkt an der Kasse. Da gehst du hin. Oft. Viel zu oft.

Um etwas dagegen zu unternehmen, hast du dir fest vorgenommen, nicht mehr zum Knoppers-Dealer zu kriechen. Zum neuen Jahr, zum neuen Semester, zum neuen Monat. Du hast dir gesagt, dass du ein willensstarker athletischer Mensch sein möchtest. Und kein Knoppers-Endlager.

Um etwas dagegen zu unternehmen, hast du auch einen Zettel an deinen Monitor im Büro geklebt, auf dem steht: „Kein Knoppers!" Aber du schaffst es doch jeden Nachmittag, diesen Zettel zu ignorieren, hinüberzugehen und dich am Knoppers zu laben.

Um etwas dagegen zu unternehmen, hast du dir auch ein Wunschgewicht überlegt. Mit dem einzigen Ergebnis, dass du nun verlässlich weißt, wie genau du dank Knoppers über diesem Gewicht liegst. 5,4 Kilo, um genau zu sein.

Und wenn ich du sage, dann meine ich eigentlich mich und mein Leben mit Knoppers. Ich bekomme übrigens kein Geld von Knoppers für diese Erwähnung. Aber wenn dies jemand Zuständiges liest: Du kriegst vom Verlag sicher meine Adresse, damit du mir eine großzügige Knoppers-Lieferung schicken kannst!

Sorry, Gehirn, aber unsere Welt ist eine Welt der Praktiken

Wie jedes wirklich existenzielle Drama teilt uns auch dieses Kaloriendrama etwas über die menschliche Natur mit – sie liefert einen entscheidenden Hinweis nicht nur auf die Frage, wie ich vom Knoppers runterkomme, sondern wir alle auch vom planetenzerstörenden Arbeiten.

Erstens zeigt dieses „Drama", dass wir die Welt nicht allein nach unserem Willen gestalten können: Hält mich der Wille, das reine Vorhaben ab, kein Knoppers mehr zu essen? Nicht ein bisschen. Genauso wenig ist unser Umgang mit der Welt allein durch etwas wie unser Mindset, unsere Denkweise gestaltbar: Halten mich das Ideal und die Vorstellung, jemand zu sein, der diszipliniert ist, vom Knoppers-Knuspern ab? Ganz offensichtlich nicht. Wir gestalten die Welt auch nicht allein durch das Verfolgen von Anreizen: Schreckt mich mein Wunschgewicht von der Knoppers-Völlerei ab? Niemals! Auch dass der Knoppers-Dealer in der Inflation die Preise erhöht hat, ist mir kaum aufgefallen. Und zuletzt ist unsere Welt auch nicht durch formulierte Prinzipien, Gesetze und Manifeste allein gestaltbar. Schreckt mich der warnende Zettel am Monitor ab? Absolut gar nicht. Ich grinse den Zettel noch Knoppers knabbernd an!

Wenn es um unser Handeln geht, sehen wir uns gern als Menschen, die ganz kopflastig von Wille, Vorstellung, Zielen und Prinzipien geleitet sind (wer sagt uns das? Unser Gehirn, ganz unbescheiden).

Das Knoppers-Drama zeigt aber, dass die Welt eher körper- als kopflastig von uns gestaltet wird. Dass unsere soziale Welt also eine Welt der Praktiken ist und wir Praxiswesen (vulgo: Gewohnheitstiere) sind. Eine Praktik ist eine Verhaltensroutine, die, wenn einmal erlernt, zu einem unsichtbaren Programm wird und uns so steuert – eine von uns als „normal" empfundene Verfahrensweise, um bestimmte Sachen zu erledigen, „wie man das eben bei uns macht". Ist eine bestimmte Praktik für ein bestimmtes Problem erst mal erlernt und eingewöhnt, sind wir nur noch die Trägerinnen einer Praktik. Eine Praktik ist beispielsweise die Art, ein Meeting zu organisieren, oder die Art, jemanden „auf Spur" zu bringen, der zu der Vertriebsstrategie zu viele Nachfragen stellt, die Art, Quartalszahlen zu besprechen, die Art, eine Nachtschicht für die nächste Beförderung in Kauf zu nehmen – oder eben ferngesteuert und rein körperlich vom nachmittäglichen Knoppers angezogen zu werden. Damit ist eine Praktik auch etwas anderes als eine „Praxis" – verwirrende Wortgeschwister! –, wobei Letzteres eher ein allgemeines, abstraktes Bündel von Tätigkeiten bezeichnet („ausreichend Praxis haben, um im Beruf gut zu sein") oder sogar deren Ort (die Zahnarztpraxis).

Praktiken üben wir nicht bewusst aus. Es würde uns komplett überfordern, alles immer neu zu beschließen und auszudiskutieren. Wir folgen einfach der erlernten Bewegungs- und Sprechabfolge, wir folgen dem Skript der Praktik. Es ist bequem, für gewohnte Probleme gewohnte Verfahren zu haben – zumindest solange wir aus dem Robotermodus aufwachen, wenn diese nicht mehr funktionieren.

Praktiken bestehen aus einem Bündel verschiedener Elemente, die sich an meiner Knoppers-Sucht leicht nachverfolgen lassen – zu irgendwas muss sie ja gut sein.[2] Eine Praktik besteht aus körperlichen Aktivitäten: Beim Knoppers-Kauf ist das eine ganze unwürdige Choreografie vom Aufstehen aus dem Bürostuhl über das Bezahlen an der Cafeteriakasse bis zum Verschlingen. Eine Praktik besteht aber auch aus mentalen Aktivitäten: Ich entscheide mich, nun eine Pause zu machen, und ich achte darauf, dass diese Pause ungefähr im zweiten Drittel des Arbeitstages eingelegt wird – dann sagt mir mein Instinkt bereits: Es ist Knoppers-Zeit! Die Praktik ist nicht nur in uns, sondern auch im Raum um uns, sie besteht aus „Dingen" und ihrer Verwendung: der Verwendung von Geld, dem Fußweg zur Cafeteria, dem Regal an der Kasse mit dem Knoppers. Zuletzt besteht eine Praktik noch aus Hintergrundwissen in drei Formen: Know-how bedeutet zu wissen, wo das Knoppers ist, wie ich in der Cafeteria bezahlen kann, wie ich es aus der Verpackung befreie etc. Erlernte Gefühlszustände bringen mich dazu, Knoppers-Käufe als Lust zu empfinden, viel mehr, als es der Aufenthalt im Park vor der Cafeteria oder ein Glas Leitungswasser bieten kann. Motivationales Wissen ist eng damit verknüpft und steht für die Haltung, dass ich Konsum für erstrebenswert halte und dass ich mich damit „belohnen" kann – eine erlernte Sehnsucht. Diese Gefühle speisen sich genau wie das Wissen aus kollektiven Wissensbeständen, die etwa in der Werbung und der Arbeitskultur vermittelt werden. Deshalb verbinde ich „Pause" mit „Konsum", aber es ist nicht erlernt, zumindest nicht in Westeuropa, in der Pause einfach ein Nickerchen zu machen. Vereinfacht gesagt, bestehen Praktiken also aus Dingen, Fähigkeiten und Ideen – aus Toolsets, Skillsets und Mindsets –, mit denen wir uns in Gesellschaft befinden, manchmal in guter und manchmal in schlechter.

Programme im Autopilot – was für den Praxiswandel nicht reicht

All diese verknüpften Ebenen bringen mich erst zum Handeln. Deshalb müssen wir für Veränderung auch all diese Ebenen neu ausrichten. Wer einen SUV fährt, lässt sich nur bedingt von Spritpreis und Steuern abhalten, er verbindet diese riesigen Stahleier mit einem motivationalen Wissen über Status und Freiheit – wie artifiziell dieser Freiheitsbegriff ist, sieht er spätestens bei der Parkplatzsuche. Der SUV-Fahrer hat gelernt, sich in diesem Panzer „sicherer" zu fühlen, ihn sogar „praktisch" zu finden und 250 Stundenkilometer auf der Autobahn nicht als Nahtoderfahrung mit Mitnahmeeffekt, sondern als „Fahrfreude" anzusehen. Er hat das Skillset, solch ein Gefährt zu lenken, verfügt über das Toolset einer in den meisten deutschen Regionen komplett auf Autos ausgerichteten Infrastruktur und über die nötigen psychischen und mentalen Eigenschaften, das Mindset, zu denen ich mich jetzt nicht äußere. An dieser Stelle sei etwas polemisch gesagt: Er verfügt auch über einen Körper, der den hohen Ein- und Ausstieg und die gute Übersicht bei

SUVs besonders angenehm findet. Denn wenn man ehrlich ist, ist das SUV ein Seniorenauto, das es geschafft hat, nicht auszusehen wie ein Seniorenauto. Innovation, die bewegt!

Fast unsere gesamte soziale Welt lässt sich aus erlernten Praktiken, die keinen Umweg über das Gehirn und den Modus eines bewussten Handelns brauchen, erklären. Erst wenn diese Programme des unbewussten Verhaltens irritiert werden und ins Stocken geraten, kann bewusstes Handeln einsetzen. Aber allzu oft ist die Irritation nicht groß genug, um Praktiken zu hinterfragen – dies gilt besonders für die Arbeitswelt, die per definitionem aufgrund etablierter, selbsterhaltender Routinen funktioniert. Routinen sind dem Neuen gegenüber unfreundlich, solange es für dieses Neue noch keine Routinen gibt. Deshalb sind wir sehr gut darin, leichte Irritationen unserer Verhaltensweisen auszublenden, damit die unsichtbaren Programme weiterlaufen können. Leichte Irritationen sind in der Arbeitswelt der großen Beschleunigung beispielsweise vermehrte Sinnkrisen in der Belegschaft und eine erhöhte Zahl psychischer Krankheiten, aber auch destabilisierte Lieferketten, stark volatile Ressourcenpreise, Energiekostenkrisen. Dies sind Risse, die sich an unserem Wirtschaftsverständnis abzeichnen, von denen wir uns aber nur allzu gern abwenden.

Es ist die Unsichtbarkeit der eingewöhnten Praktiken, die es ermöglicht, dass es fast immer Frauen sind, die sich in Meetings „wie von selbst“ für das freiwillige Verfassen einer Mitschrift anbieten, während Männer diese Mitschrift mit ihren Monologen füllen. Später wundern wir uns dann, warum unsere Frauenquote so schlecht ist. Es sind Praktiken, die uns auch in Sachen Karriere auf Autopilot steuern – natürlich möchten wir mehr Leute „unter uns“ haben, hören wir uns „wie von selbst“ sagen, ohne zu verstehen, dass das vor allem Stress bedeutet. Aber der Kopf ist eben nicht Herr im Haus. Und es sind eben auch Praktiken, die mich davon abhalten, mit dem massenhaften Verschlingen von Knoppers aufzuhören. Ich bin von Kopf bis Fuß auf Knoppers eingestellt.

Diese Programme steuern aber nicht nur unser Verhalten, sie schaffen damit auch erst den grundsätzlichen Zugang zu unserer

Welt: So sehe ich in der Cafeteria gar nicht mehr, dass es dort auch Äpfel gibt, die Wiese neben der Cafeteria ist einfach nur mein Walk of Shame zum Knoppers-Kauf und nicht etwa ein Ort zum Joggen oder zum Yoga im Schneidersitz. Praktiken reduzieren Komplexität, um Luhmanns Platte wieder einmal aufzulegen. Genauso blendet unser Wirtschaften als Summe von Praktiken vieles aus, was nicht in gängige Routinen passt, sieht keinen Wert in einem Baum, ehe dieser nicht abgeholzt ist (➤ Haltung), oder schafft es tatsächlich, Care-Arbeit aus unserem Arbeitsverständnis komplett herauszudefinieren (➤ Sichtbarkeit).

Die Praxistheorie (die eigentlich hätte Praktiktheorie heißen müssen, aber mich hat keiner gefragt) enthält für unseren Umgang mit dem Anthropozän eine zentrale Warnung: Weil unsere Welt eine der gelebten Verfahrensweisen ist und nicht von Wesen belebt wird, die ständig alles, was sie tun, vorher gründlich durchdiskutieren, durchdenken, abmessen, vergleichen und hinterfragen, reicht es nicht, nur zu sagen: Momentchen, hier stimmt etwas nicht![3]

Es reicht bei all dem nicht, beispielsweise verärgerte Twitter-Posts zu formulieren und so zu versuchen, an den Willen und die Vernunft der Menschen zu appellieren. Es reicht auch nicht, ambitionierte 1,5-Grad-Ziele als Kennzahlen festzulegen oder mit hochtrabenden Prinzipienformulierungen für eine bessere Welt ein diskursives „Wünsch dir was" zu spielen. Dies alles ist viel zu kopflastig. Wie wir im Anthropozän ja selbst erleben, werden viele Praktiken selbst um die Gefahr der Selbstzerstörung nicht verlassen. Das Programm läuft einfach weiter, wie bei einer wahnsinnig gewordenen Waschmaschine.

Hierzu eine persönliche Erfahrung: 2022 hatte ich die Aufgabe, mit einem Team der deutschen Gesellschaft des Club of Rome und des dortigen Think Tank 30 das 50-jährige Jubiläum der *Grenzen des Wachstums* zu organisieren, jener Studie, die die Nachhaltigkeitsdebatte zwar maßgeblich angestoßen hat, aber nicht den warnenden Effekt erzielen konnte, auf den viele, allen voran die Autoren, gehofft hatten. Selbst nach einem halben Jahrhundert nicht! Das machte unser Jubiläum nicht gerade zu einer rauschenden Party. Es führte uns, Wissenschaftlerinnen, Unternehmern, Politikern und Aktivistinnen, klar und frustrierend vor Augen, dass Wissen allein nicht reicht. „Science shows that showing people science doesn't work!", so brachte es unser Präsident, der Meteorologe Mojib Latif, auf den Punkt. Um Praktiken neu zu gestalten, müssen alle sozialen Ebenen berücksichtigt werden, nicht nur das Wissen: die Gestaltung der Orte, an denen diese Praktiken stattfinden sollen, die Bedürfnisse und Begehrlichkeiten, geweckt von Werbung und Kultur, das Hintergrundwissen, das eine neue Handlungschoreografie ermöglicht oder verhindert, die Körper, die diesen neuen Tanz lernen oder doch beim alten Tanz bleiben. Das Wissen ist ein für alle Mal an seine Grenzen gestoßen, wenn die *Grenzen des Wachstums* 50 Jahre alt werden und die Welt trotzdem so aussieht, wie sie es tut.

Die Perspektive der Praktiken – ein neuer Blick auf Körper und Mit-Körper

Einer der zentralen Orte für diese Programme – und für ihre Updates – ist dabei der Arbeitsplatz. Neben Schule und Familie ist dies der zentrale Ort, wo wir uns bestimmte Verhaltenschoreografien voneinander abschauen und uns bestimmte Programme herunterladen. Orte, an denen Menschen arbeiten, sind Orte, an denen Praktiken umgesetzt und weitergegeben werden. Deshalb ist es für mich so spannend, Organisationen zu erforschen und zu beraten – also nur wenn ich gerade kein Knoppers verschlinge –, denn die Arbeitswelt ist das entscheidende Glied zwischen Systemherausforderungen auf der Makroebene (Abwenden der Klimakatastrophe, neues Wachstumsverständnis, Erhalt der Artenvielfalt, sozialer Zusammenhalt) und dem benötigten Verhaltenswandel auf der Mikroebene (Suche nach Selbstverwirklichung, Ehrgeiz nach mehr, Streben nach Status). System trifft hier auf Subjekt.

Wer die Welt praxeologisch, also durch die Brille von Praktiken, sieht, kann diese unsichtbaren Programme wieder ins Bewusstsein heben. Das wiederum ist der erste Schritt für Veränderung. Bilden wir uns nicht weiter ein, allein durch Gedanken, Ziele und Wünsche zu handeln, dann rücken auch zwei vernachlässigte Erfahrungswelten wieder in den Fokus: unsere Körper und unsere Umwelt, gewissermaßen unsere Mit-Körper.

Letztendlich setzen wir Praktiken über den Körper um, auch wenn es nur der Mausklick mit dem Zeigefinger ist. Praktiken sind Choreografien des Alltags. Der Körper gibt der Welt des Sozialen seine sichtbare Ordnung – solange er denn mitspielt. Denn er ist nicht einfach Instrument meines Willens, er hat seinen eigenen Willen. Meine Stimme verändert sich ganz von selbst, wenn ich von jemandem Vertrauen bekommen möchte – oder wenn ich flunkere, was ich jedoch noch nie in meinem Leben gemacht habe! Es lässt sich das Souverän-auf-die-Bühne-Treten bei der Aktionärsversammlung beobachten und das Auf-die-Bühne-Schleichen, das jenseits aller Worte sagt: „Dies wird wohl mein letzter Arbeitstag." Und es gibt eine Arbeitswelt, die immer mehr auf Selbstmedikation durch Schmerzmittel, Alkohol und natürlich Kaffee angewiesen ist, um den Körper unter Kontrolle zu bringen, mit begrenztem Erfolg: Haben wir Rückenschmerzen, treffen wir andere Entscheidungen, fühlen wir uns übermüdet, machen wir mehr Fehler. Die Praxistheorie liefert die Einsicht, dass besseres Arbeiten deshalb auch einen besseren Umgang mit dem Körper bedeuten muss.

Doch geht es hier nicht nur um unseren Körper. Im Gegensatz zu anderen Theorien, die sich eine rein soziale Welt vorstellen, die nur aus Menschen besteht, die dann auch nur sprechende Köpfe sind, gibt die Praxistheorie auch der materiellen Welt, den Objekten, eine hohe Bedeutung. Sie sind Elemente von sozialen Praktiken und haben dort durchaus, wie der Körper, ein Eigenleben: Wenn man im Hotel einen Schlüssel bekommt, der an so einem unglaublich klobigen, schweren Schlüsselanhänger angebracht ist, dann wird mit diesem Objekt eine Praktik reorganisiert: Wir vergessen den Monsterschlüssel nicht in der Hosentasche, sondern geben ihn brav an der Rezeption ab.

Wir alle kennen das Foto von der Erde, das „Blaue Murmel"-Foto, das 1968 von der Apollo 8 aus geschossen hat. Entstanden auf einer Hasselblad-500-Kamera, Brennweite 250 mm, auf 70 mm Farbfilm während der vierten von zehn Mondumkreisungen, löste dieses Werk die Umweltbewegung maßgeblich aus. Nie war die einzigartige Schönheit der Erde, „unser blauer Planet", so klar und in Farbe zu sehen gewesen, nie auch die dunkle Umgebung um sie herum. Das Foto selbst ist eine einfache Angelegenheit, eine mit Emulsion beschichtete, transparente und dann belichtete Folie. Auch waren die Informationen auf dem Foto gar nicht neu. Aber dieses Plastikding hat trotzdem Geschichte geschrieben, einfach weil es da war und uns als Objekt ergriffen hat. Die Fledermaus in Wuhan, das extreme Unwetter, das den Bahnverkehr zum Erliegen bringt, oder eben eine Fotografie – diese Ding-Welt bestimmt unser soziales (Arbeits-)Leben massiv, ohne dass ein menschliches Gehirn dahintersteckt. Zukunftsfähiges Handeln darf sich nicht nur in der Beziehung zwischen Menschen zeigen, sondern auch zu Dingen, zur Natur, zur Verfasstheit eigener und anderer Körper. Gerade das lehrt ja das Anthropozän – die Abkehr von der allzu egoistischen Nutzenethik des Homo oeconomicus oder der allein auf Worte und Einstellungen schauenden Kopfmenschen ermöglicht die Praxistheorie.

Gleichzeitig entlastet sie uns: Der Fokus auf Praktiken macht Wandel gestaltbar, ohne den Menschen gestalten zu wollen und damit die Menschen zu spalten. Wir müssen „nicht an jede einzelne Person die Gretchenfrage herantragen ...: Auf welcher Seite stehst du?", so die Praxisphilosophin Eva von Redecker.[4] Wir wollen Praktiken reorganisieren. Menschen sind nur Träger dieser Praktiken, sie können genauso gut neue Praktiken tragen. Diese Unterscheidung ist nicht zu unterschätzen in einer Welt, in der eine urbane Avantgarde oft auch die Moral für sich beansprucht und damit den Klimakampf immer mehr zum Kulturkampf ausweitet. Das Problem sind stets Praktiken, nicht die Menschen dahinter. Doch was genau ändert Praktiken?

Was Praktiken ändert: Irritation

Oft sind es stockende Abläufe, ausgelöst durch widerspenstige Körper oder eine widerspenstige Mitwelt, die neue Praktiken und damit auch neue Strukturen schaffen. Ein Verhalten „geht einfach nicht mehr". Dieses Nicht-Gehen ist oft sowohl praktischer (das funktioniert nicht mehr) als auch moralischer Natur (das darf nicht mehr funktionieren).[5] Das Pendeln zur Arbeit wurde durch die Pandemie infrage gestellt, weil es zwischenzeitlich einfach unmöglich war. Nun, in der Ära des postpandemischen Hinterfragens, ist das tägliche Pendeln zwar praktisch wieder möglich, es erscheint uns aber als moralisch unmöglich: ungesund, unnötig und umweltschädigend. Gleichzeitig sehen wir, dass anderes überraschend gut geht: Remote Work. Das haben wir jetzt gelernt.

Ohne Frage wird so auch die Natur im Anthropozän zum lehrreichen Irritationsfaktor, hoffentlich rechtzeitig. Viele problematische Praktiken kommen erst ins Bewusstsein, kommen zur Sprache, weil sie ins Stocken geraten. Die Normalität wird durchbrochen, und wir fragen uns: „Warum machen wir das so?", fragen nach Normativität.[6] Denken wir an die „natürliche" Überzeugung, dass wir in der Hyperkonsumgesellschaft Erdbeeren im November kaufen wollen. Nur ein Stocken der Lieferketten zeigte uns, dass all das „Zeug in den Einkaufszentren nicht einfach da, sondern irgendwo hergekommen ist".[7] Mancher reibt sich nun verwundert die Augen über diese gigantische menschliche und planetare Arbeit für ein paar Erdbeeren, über die Wut des Bestellens.

Praktiken sind nicht frei von Normen, nur weil sie frei von bewusster Kommunikation sind. Bestimmte Glaubenssätze sind Teil des Hintergrundwissens und damit Leitplanken für unser Verhalten:[8] alles bestellen zu können, wann ich es will. (Mehr) Konsum macht (mehr) glücklich. Der Job zeigt den Wert einer Person. Diese Normen machen unsere Normalität aus. Normen regeln die Erwartung an unser Handeln: In bestimmten Situationen lassen sich bestimmte Aktionen als normales Verhalten erwarten, und dies ermöglicht Zusammenarbeit.

Eine solche praktikorientierende Norm ist auch die Vorstellung, dass man auf dem Arbeitsplatz grundsätzlich mehr leistet, als man vertraglich zugesichert hat. Die resultierenden Aktionen geschehen automatisch: Engagement zeigen, Aufgaben jenseits des Vertrags übernehmen, nicht zu einer bestimmten Uhrzeit den Stift fallen zu lassen. Damit tragen wir diese Norm still weiter. Wenn neue Kolleginnen mitbekommen, „wie man hier arbeitet", werden diese Praktiken wie ein Virus verteilt. Nun aber erleben jüngere Arbeitnehmer diese Norm als Irritation, sie haben unter anderem aus demografischen Gründen das Selbstbewusstsein, sie aufzukündigen. Damit entsteht bei vielen erst ein Bewusstsein für all die Stunden, Tage, Jahre des Extra-Mile-Laufens, die bis dato recht unhinterfragt verstrichen – wir stellen uns normative Warum-Fragen. Das Phänomen des Quiet Quitting und des chinesischen Pendants Bai Lan ist deshalb interessant. Hier werden Praktiken problematisiert, indem die zugrunde liegende Norm wieder sichtbar gemacht wird: Warum eigentlich mehr als vertraglich zugesichert arbeiten?

Das Gute ist, dass Praktiken, wenn sie erst mal neu organisiert sind, sehr zäh sind. Als bei uns die Küche neu gestrichen wurde und wir dort ein paar Tage nicht mit unserem kleinen Baby frühstücken konnten, haben wir ihm den morgendlichen Brei im Wohnzimmer serviert. So machen wir das noch heute, obwohl der Maler schon längst fort ist und unsere Tochter sich nun mit eigenen Händen ernähren kann (und dabei selbst zur Malerin wird). Die Praktiken wurden auf ein anderes Gleis gehoben und fahren nun wieder. Solche nachhaltigen Verschiebungen lassen sich auch auf größerer Ebene nachweisen: Urbane Mobilität veränderte sich in den härtesten Lockdownzeiten. Menschen besuchten seltener das Stadtzentrum, blieben in den eigenen Quartieren. Nun ist die Pandemie vorbei, aber der Sinn für Nachbarschaft ist geblieben. Mobilitätsforscher erkennen nun, dass sich die Bewegungsmuster in Städten verändert haben: von einer Sternform, in der sich alle strahlenförmig zum Zentrum der Stadt hinein- und abends wieder herausbewegen, zu einer Spinnennetzform, in der sich viele Bewegungsmuster quer zum Zentrum abspielen.[9]

Was Praktiken ändert: Sehnsüchte und Eitelkeiten

Nicht nur Irritationen bewegen uns zum Praxiswandel. Schauen wir in die Geschichte des sozialen Wandels, finden wir ganz viel Eitelkeit.

Zum Beispiel beim Wandel von Hygienepraktiken vom Spätmittelalter bis heute.[10] Das tägliche Leben im Spätmittelalter war eine überaus schmutzige Angelegenheit – nach heutigen Standards. Die Menschen aßen mit ungewaschenen Händen von gemeinsamen Tellern. Sie drängten sich zusammen in direkter Nähe zu Abfallbergen. In Häusern urinierten die Bewohner auf den Boden. Spucken war an der Tagesordnung, als wäre es ein Bundesligaspiel. Die Menschen schnäuzten direkt in ihre Hände.

Dass sich diese Praktiken änderten, lag faszinierenderweise nicht an der Sorge um Gesundheit oder Hygiene. Es lag an Mode und Eitelkeit. Plötzlich war es „in", sich von der ungewaschenen Masse unterscheiden zu wollen: Schafft es jemand, sich vornehm zurückzuziehen, statt vor dir ins Wohnzimmer zu urinieren, dann beeindruckt er mit seiner Besonderheit und seinem Stil – der feine Herr! Zunächst wurden die alten Praktiken unmodisch, später galten sie dann als eklig. Wir bauten uns eine Wand an unsichtbaren Affekten, erlernten also neue Gefühle.[11] Später verbreitete sich in Europa, wohl von Byzanz aus, auch die Verwendung von Gabeln. Abermals nicht, weil sie ein hygienischeres Mittel waren, als mit den Fingern zu essen. Sondern als Statussymbol der Oberschicht, mit der diese eine geschickte Handhabung zeigen konnte: Schaut her, wie raffiniert ich mit diesem Metallstab umgehe! Keiner musste von Keimtheorie auch nur ansatzweise eine Ahnung haben, um diese Hygienestandards in die Welt zu bringen, es reichten die Eitelkeit und die Mode.

In den nächsten Jahren wird es deshalb eine zentrale Aufgabe sein, den Kampf gegen den Klimawandel zu ästhetisieren und „schick zu machen". So wie in der Aufklärung Menschen durch Kunst, Musik und Poesie erst mit dem höchst abstrakten Konzept „Freiheit" vertraut gemacht wurden und auf den Geschmack kamen, muss dies auch mit „Enkeltauglichkeit" geschehen, mit „Klimagerechtigkeit" und mit „regenerativer Arbeit". So tragisch es klingt, aber wir müssen den Schutz unseres Planeten erst einmal sinnlich aufladen, müssen zeigen, wie aufregend schön ein Engagement dafür ist. Dies geschieht zu wenig, die *Reise in die Nachhaltigkeit* von Martin Häusler und Eckart von Hirschhausen ist da eine der wenigen Ausnahmen.[12] Stattdessen appellieren erhobene Zeigefinger an die Vernunft. Was für eine Vernunft eigentlich (➤ Körper)? Lasst uns lieber an Sehnsucht appellieren – und von mir aus auch an Eitelkeit. Gelingt es nicht, Umweltverantwortung mindestens so sinnlich aufzuladen wie den Besitz des allerneuesten Smartphones und den Flug ins Inselparadies, werden sich Praktiken nicht ändern.

Blicken wir auf die Arbeitswelt, so sehen wir viele „alte Praktiken", Praktiken aus der Großen Beschleunigung, die immer mehr irritieren und als unmodern wirken. Einen Ausweg aus diesen Schlüsselpraktiken zu finden, ist das Anliegen der folgenden Einzelkapitel.

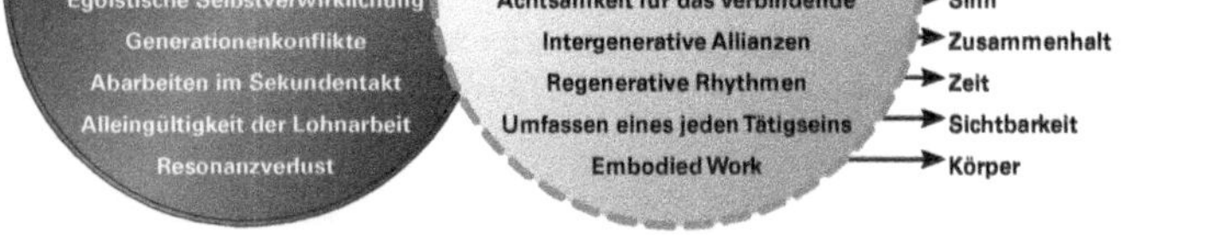

Working-Planet-Model II: Von toxischen zu enkeltauglichen Praktiken

Praxiswandel auf drei Bierdeckeln

Man kann sich den Praxiswandel als das Durchlaufen von drei Räumen vorstellen, je nach Tageszeit erkläre ich das auch mithilfe dreier Bierdeckel.[13]

Im ersten Raum herrscht Normalität, „unreflektiertes" Verhalten. Unreflektiert heißt nicht dumm, weil es effizient ist, nicht jede Bewegung durchdiskutieren zu müssen. Es heißt: Business as usual.

So lange, bis diese Verhaltensprogramme auf Irritationen treffen, Umweltkrisen, Sinnkrisen, Modetrends – manchmal dadurch, dass jemand das Abarbeiten stört und fragt: „Warum eigentlich?“ Ist die Irritation groß genug, kommen wir in den Raum der Normativität, wo wir „wach werden“ und uns bestimmte Praktiken nun als problematisch erscheinen. Wir versuchen, das Problem zu verstehen und Lösungen zu diskutieren, das machen wir mit einem großartigen Tool: Wir benutzen Argumente – unsere Reparatursoftware für problematische Praktiken (hier verorte ich auch dieses Buch). Wir probieren bewusstes Handeln aus, testen Lösungen. Wenn sie Erfolg haben und alle überzeugt haben, kommen wir in den dritten Raum, die neue Normalität. Hier hat die Diskutiererei ein Ende, und wir arbeiten wieder still mit neuen Praktiken – so lange, bis diese auf neue Irritationen treffen. Und ich ein neues Buch schreiben könnte.

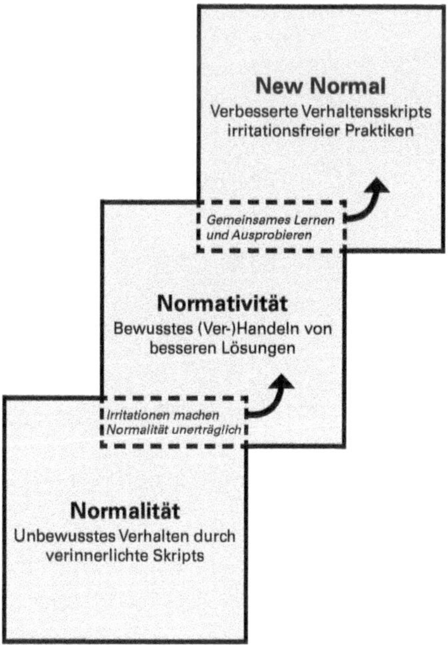

Der Prozess des Praktikwandels

Wie spezifisch ein Praktikwandel ist, zeigt ein letztes Beispiel:[14] Bei dem Versuch, Mitarbeiter dazu zu bringen, mit dem Fahrrad zum Büro zu fahren, kommen drei Ebenen ins Spiel. Es geht um eine Änderung vom Mindset, etwa darum, nicht nur Anzug und Kostüm als angemessene Arbeitskleidung zu sehen, weil das viele vom Radeln abhält. Stattdessen brauchen wir eine Arbeitswelt, die sogar den Anblick von MAMILs toleriert, Middle-Aged Men in Lycra. Es geht aber auch um eine Änderung vom Toolset: um eine Umkleidemöglichkeit im Büro, vielleicht einer Dusche oder um einem Fahrradparkplatz. Und es geht um die Änderung des Skillsets, um ein Lernen: etwa von guten Routen oder Fahrradreparatur.

Beispiel Gestaltung der Praktik „Zur Arbeit radeln"

Mit dieser Logik müsste ich dann auch meine Knoppers-Sucht angehen, müsste mit einer Bedeutungsveränderung andere Praktiken, etwa den Spaziergang mit Kolleginnen, aufwerten, um das Knoppers-Essen zu verdrängen, müsste in der Universitätskantine fragen, ob sie Knoppers aus dem Blickfeld entfernt, und müsste mir neue Fähigkeiten aneignen, etwa wie man ein gesundes Müsli anrührt. All das ist ein Wandel, für den ich andere brauche. Wandel geht eben nur gemeinsam.

Das Buch will mit Veränderungsdimensionen zum Verlernen, Umlernen und Neulernen anregen. Es gibt Bücher, die suggerieren, Lesen reiche schon aus, um die Welt zu verändern – wahrscheinlich Bücher von maßnahmenlosen Zieleformulierern. Dieses ist keines davon, sorry! Es mag aber ein Wegweiser sein – der Weg selbst entsteht dann durchs Gehen.

Die Veränderungs-dimensionen

1 Haltung
Vom Kreislauf der Konsumproduktion zu enkeltauglichen Unternehmungen

„Es gibt Leute, die, wenn sie am Meer stehen,
nur die Schiffe sehen, die darauf segeln,
und auf den Schiffen nur die Ware, die sie geladen haben."
Friedrich Hebbel[1]

Diese verdammten 1950er! Nun sollte es um die Zukunft der Arbeit gehen, und es ist die Zeit vor 70 Jahren, über die wir die ganze Zeit stolpern. Als die Zukunftskrise des Planeten begann. Als mit der Großen Beschleunigung unser Wirtschaften eine Richtung bekam, von der eine Arbeitswelt, die Zukunft haben will, nun weglenken muss. In den 1950er Jahren lassen sich die ersten Golden Spikes erkennen, die ersten Belege, dass der Mensch sich mit seinem Handeln in die Erdkruste einschreibt – und dass dies eine destabilisierende Wirkung auf das Erdsystem hat. In den 1950er Jahren kam ein Großteil der „Babyboomer" auf die Welt, Menschen also, die oft noch heute in Politik und Unternehmen an der Spitze stehen und diese über Jahrzehnte geprägt haben. Mehr als alle anderen entscheiden sie, ob wir unsere Grundlagen weiter zerstören oder doch effektiv schützen wollen. Das bringt uns zur Haltungsfrage.

Coffee and Cigarettes in Manhattan

Die 1950er Jahre sind aus einem weiteren Grund für uns interessant – in diesem Jahrzehnt treffen wir jemanden, der beantworten konnte, welchen Haltungswandel wir für enkeltaugliches Arbeiten brauchen. Begeben wir uns auf eine Zeitreise in das New York der 1950er – eine Heimat der Heimatlosen, eine von europäischen Emigranten elektrisierte Metropole. Dort treffen wir eine kettenrauchende Niedersächsin bei ihrem gewohnten schwarzen Kaffee. Im Gegensatz zu vielen ihrer Freunde konnte sie dem Morden der Nazis entkommen. Ihr Einleben in New York City verläuft etwas holprig, sie sei „vollkommen verwirrt", und obendrein sei die „Miete zu teuer", aber seit sie die Public Library von innen gesehen habe, fühle sie sich viel besser, berichtet sie.[2] Langsam komme sie endlich zur Arbeit an ihrem großen Schreib- und Denkprojekt. Uns sitzt eine Hannah Arendt gegenüber, die in New York ihr philosophisches Hauptwerk, die *Vita activa,* fertigstellen konnte.

Was sie zu diesem Werk motiviert, so erzählt sie bei Kaffee und Zigaretten, seien drei Eindrücke. Es sind, wie wir Zeitreisende überrascht feststellen, Eindrücke, die auch unsere Gegenwart der 2020er beherrschen.[3] Es sei erstens der in den USA grassierende Populismus: Wir befinden uns in der McCarthy-Ära, in der Politiker die Angst vor Kommunisten für ihren Machtgewinn nutzten, dabei die Gesellschaft spalteten und paranoide Verschwörungstheorien in die Öffentlichkeit trugen. Zweitens steht Arendt unter dem Eindruck des „Wettlaufs ins All" der Weltmächte USA und Sowjetunion. Im Gegensatz zum technikgläubigen Optimismus ihrer neuen amerikanischen Mitbürger war dies für Hannah Arendt eine Quelle der Besorgnis. Die Raumfahrtbegeisterung erschien ihr als Ausdruck einer verantwortungslosen Weltflucht. Drittens war sie schockiert von der plötzlichen Möglichkeit der atomaren Auslöschung der Menschheit. Die immer häufigeren und immer gigantischeren Atomtests ihrer Gegenwart wiesen in diese Richtung.

Hannah Arendts Motivation ragt aus den 1950er Jahren in unsere Gegenwart. Auch heute sind unsere Demokratien durch populistische Paranoia bedroht und unsere Gesellschaften gespalten – für manche ist die Mentalität in den heutigen USA sogar eine späte Ernte der McCarthy-Ära.[4] Auch heute erleben wir ein Aufkeimen interplanetarer Weltfluchtversuche, diesmal nicht nur im Interesse von Wissenschaft und nationaler Sicherheit, sondern angestoßen durch ein paar Milliardäre, denen es mittelfristig um Weltraumtourismus und langfristig um einen Notausgang geht – also genau das, was Arendt befürchtete. Unsere Welt ist durchgearbeitet, lasst uns neue Welten erschließen – und die auch kaputt machen! Die weniger Betuchten bekommen von den Tech-Milliardären digitale Traumwelten, das Infinite Scrolling in sozialen Medien und bald womöglich ein Umzug in das Metaverse bereitgestellt – als Weltflucht für Arme. All dies passiert, während unsere echte Welt auf diesem Planeten der Zerstörung entgegentaumelt. Und auch heute erleben wir mit der Klimakrise eine neue Gefahr der Auslöschung unserer Grundlagen – zusätzlich zur Angst vor dem Atomkrieg, die mit dem Angriffskrieg Russlands auf die Ukraine im Februar 2022 eine schreckliche Renaissance erlebt hat.

Hannah Arendts *Vita Activa* hat uns angesichts dieser Parallelen viel zu sagen, nicht nur über die problematischen Haltungen ihrer Zeit, sondern auch über den notwendigen Haltungswandel für unsere Gegenwart. Es ist bedauerlich, dass dieses (zugegebenermaßen etwas sperrige) Werk in den Debatten über die Zukunft der Arbeit kaum wahrgenommen wird. Also machen wir uns die Arbeit und stürzen uns in ihr Denken – wir sind ja nicht zum Spaß hier.

Die Krisen unserer Welt sind Krisen unserer Haltungen

„Haltung zeigen“, das ist eine Floskel, die immer bemüht wird, wenn wir hilflos sind, aber entschlossen wirken wollen: Haltung zeigen gegen Rassismus, Haltung zeigen für Umweltbewusstsein, Haltung zeigen für die Vielfalt. Oft fordern wir Unternehmen auf, Haltung zu zeigen. Aber welche Haltung? Nur irgendeine? Hauptsache, Haltung? Geschieht das Abarbeiten von Mensch und Natur nicht auch aus einer starken Haltung heraus?

Haltung ist auch so ein Konservenbegriff. Arendts Leistung ist es, hinter die Floskel zu blicken und hilfreiche von problematischen Haltungen zu unterscheiden. Mit bemerkenswerter Klarsicht, gerade für ihre Zeit, erkannte Arendt, dass wir mit den bisherigen Haltungen „nur noch als gigantische Wegwerfgesellschaft weitermachen können. ... Dieser vom unaufhörlichen Lärm der Werbeagenturen begleitete ‚Fortschritt' vollzog sich auf Kosten der Welt, in der wir leben, und auf Kosten der Dinge selbst, in die nun der Verschleiß eingebaut war und die wir ... zweckentfremden, missbrauchen und wegwerfen."[5]

Für Arendt sind die Krisen, in denen wir stehen, Krisen unseres Tätigseins. Krisen, die wir durch gefährliche Technologien, lärmende statt denkende Politik und weltentfremdende Projekte ausgelöst haben. Krisen, die wir nur durch radikal andere Praktiken aus der Welt schaffen.

Doch was machen wir eigentlich, wenn wir tätig sind? Arendt stellt drei grundsätzliche Haltungen vor. Haltungen, die bestimmen, wie wir die Welt wahrnehmen – ob man das Meer sieht oder nur Schiffe oder nur Waren. Haltungen, die andere Arten, die Welt wahrzunehmen, verdrängen. Denn wie wir auf die Welt schauen, so zeigt sie sich uns auch: ob wir sie als Arbeitsfläche für unsere Gerätschaften sehen. Als unendliches Lager von verzehrbaren Ressourcen. Oder als schützenswerte, gemeinsame Heimat, für die wir gesamtgesellschaftlich eintreten müssen.

Hannah Arendt unterscheidet also zwischen einer Haltung der „Weltbearbeitung" des Homo faber, des Herstellers, dem es um die Produktion von immer mehr Dingen geht, der „Weltverarbeitung" des Animal laborans, des Konsumenten, bei dem der unaufhörliche Verbrauch herrscht, und der „Welterarbeitung" des Zoon politikon, des Handelnden, der nicht nur im Eigensinne, sondern im Sinne eines gemeinschaftlichen (auch nichthumanen) Aufeinanderangewiesenseins tätig wird. Herstellen. Verbrauchen. Handeln. Das sind die drei Formen, auf dieser Welt tätig zu sein.

Arendts große Sorge war, dass die Arbeitsgesellschaft die letzte Haltung, das Handeln im Sinne der Gemeinschaft, zugunsten von Produktion und Konsum fast zum Verschwinden gebracht hat. Unser Menschenbild ist reduziert auf den Konsumenten, der kein Interesse an der Welt jenseits ihres Verbrauchens hat, und auf den Hersteller, der die Welt seiner Tüftelei unterwirft und sie allein als Werkstatt für seine Geräte betrachtet.[6] Wird die dritte Tätigkeitsform des Handelns auf Augenhöhe verlernt, wird damit auch jede Form der Verantwortung für die Mitwelt in unserer (Arbeits-) Welt verlernt. Das ist der wahre Grund, warum Hannah Arendt die populistische Spaltung, das Wettrennen ins Weltall und die Atombomben so fürchtete. Und das ist vielleicht auch der Grund, warum die vier Typen der Zukunft der Arbeit (➤ Arbeit) so sind, wie sie sind: gehetzte Produzentinnen oberflächlicher Ideenfeuerwerke, Technologen im blinden Vertrauen auf Apps, entmündigende Kulturmanipulatoren und messianische Laut-Sprecher, auf deren großsprecherisch verkündete Visionen leider nur wenig Maßnahmen folgen.

Arendt möchte zu dem gelangen, zu dem auch die Praxistheorie aufruft: angesichts der Krisen des unreflektierten Verhaltens zum bewussten Handeln gelangen. Das hätte auch Titel dieses Buches sein können – wäre aber nicht so catchy gewesen, oder?

Vom Lebensnetz Natur zur Cheap Nature

Mit der Perspektive der drei Haltungen und der Dominanz der Hersteller und Konsumenten lässt sich auch erklären, wie es uns gelingen konnte, in der Natur etwas von uns Getrenntes zu sehen, etwas Verkonsumierbares und Verarbeitbares. Und warum es so schwerfällt, uns innerhalb der Natur zu verorten. Erklärungsbedürftig ist es ja, dass es viel leichter fällt, an eine fremde, verwertbare Umwelt zu denken als an eine mich umgebende Mitwelt, dass ich intuitiv Automarken, sogar Automodelle, unterscheiden, aber mir nicht merken kann, welche Bäume bei uns im Innenhof wachsen. Dieses Nicht-Sehen-Können von Natur als dem Feld, aus dem alles Leben hervorgeht, fußt auf einem jahrhundertelangen Verlerntraining, das mit der Entwicklung unseres Wirtschaftssystems eng verknüpft ist.[7] Bereits im Frühkapitalismus entwickelte sich dafür ein raffiniertes System aus Werkzeugen, Methoden, Weltbildern und Machtverhältnissen. Durch kartografische, kategorisierende und quantifizierende Methoden wurde Natur zu etwas Externem, von der wir als Menschen mit unserer Arbeit, Verantwortung und Haltung nun „natürlicherweise“ getrennt waren. Wir verstehen uns nun, als wären wir die „Meister und Besitzer der Natur“ (René Descartes). Dies ermöglichte uns, von der Vorstellung des Lebensnetzes Natur zu einer Haltung zu gelangen, in der die Natur nur als passives, lukratives Lager funktioniert, das für seine Leistungen nicht bezahlt werden muss. Weder für die Rohstoffe, die sie uns gibt, noch für Abfälle, die sie von uns aufnimmt. Natur wurde Cheap Nature und so auf die Elemente Arbeitskraft, Nahrung, Energie und Rohstoffe reduziert. Andere Seiten der Natur wie Regeneration, Erfahrbarkeit, Grenzen und Vertrautheit stehen der Verwertbarkeit im Weg und wurden aus dem Blickfeld genommen. Es entstand ein beschnittenes Wirtschaftsverständnis, das uns auf vielen Seiten begegnen wird, etwa bei der Care-Arbeit, dem Körper, der Regeneration und der Intelligenz.

Homo faber: Warum es nicht reicht, eine gute Ingenieurin zu sein, um eine gute Ingenieurin zu sein

Charakteristisch zeigt sich hier der Homo faber. Er schiebt Apparate zwischen sich und die Welt. Sie erscheint ihm dann als eine Schnittstelle für seine Werkzeuge, der Baum für die Säge, der Sand für den Zementmischer, das Meer als Highway für Containerschiffe. Gegen diese Logik, für die Welt eine passende Welt aus Geräten zu erschaffen, ist erst einmal nichts zu sagen. Das Herstellen ist für unser Leben entscheidend: Der Homo faber macht aus der Erde erst die heutige Welt, mit Tischen, Mauern, Öfen. Für Hannah Arendt ist Herstellen deshalb auch die Voraussetzung für ein verantwortungsvolles Handeln: Der runde Tisch, an dem wir als gleichwertige Personen zusammenkommen, muss erst geschreinert werden. Wird das Herstellen aber zur dominierenden Haltung, mit der allein wir unsere Mitwelt nur noch verarbeiten können, wird es gefährlich – für Mensch und Natur gleichermaßen. Denn das, was und wie wir es herstellen, das prägt unser soziales Leben, die Dinge machen unsere Welt. Einem Zauberlehrling gleich bekommen die Gerätschaften ein Eigenleben und verhexen plötzlich uns. Der

Tisch kann rund sein für ein Gespräch unter Gleichen oder schmal und lang für den alles entscheidenden Boss an seinem Ende. Wir können das Tool eines ausgeklügelten Indikatorensystems einführen, um die Teamatmosphäre in der Firma zu messen, und plötzlich achten wir gar nicht mehr auf eine gute Teamatmosphäre selbst, um die es eigentlich ging, sondern um das Maximieren dieser Indikatoren. Das Gerät versperrt die Realität.

Der Homo faber kann ein Forum für einen gemeinsamen Blick auf die Welt schaffen, wie einen runden Tisch, oder eine immer größere Entfremdung der Welt schaffen. Jedes Gerät hat eine Eigenlogik. Seine Konstruktionen sind aber aus einer unpolitischen Homo-faber-Haltung nicht auf ihre sozialen Effekte hin unterscheidbar. Oder anders gesagt: Es reicht nicht, eine gute Ingenieurin zu sein, um eine gute Ingenieurin zu sein.

Ein Beispiel dafür, wie die Ding-Welt die soziale Welt prägt, liefert der Wirtschaftsethiker Michael Sandel anhand des Wandels von Baseballstadien seit – ja, genau! – den 1950er Jahren:[8] Sandel war da noch ein Kind, und der Preisunterschied zwischen dem billigsten und dem teuersten Baseballticket war minimal. Es war möglich, dass während des Spiels ein Tagelöhner neben einem Fabrikbesitzer saß, vielleicht ins Gespräch kam und mit ihm dasselbe Team anfeuerte. Heute tragen die meisten Stadien eine strahlende Krone an ihrer Spitze. Das ist der Ring der Luxuslounges für die Fabrikbesitzer von heute. Um dorthin zu kommen, braucht man ein Ticket, welches ein Hundertfaches, wenn nicht gar Tausendfaches des billigsten Tickets kostet. Die Käufer des billigsten und des teuersten Tickets begegnen sich nicht mehr. Sie sitzen nicht in einer gemeinsamen Reihe; sie haben oft nicht einmal den gleichen Parkplatz vor dem Stadion, denn VIPs bekommen privilegierte Parkplätze. Diese beiden Gruppen sehen einander auch nicht mehr auf dem gemeinsamen Gemüsemarkt, nicht in der Kirche, schauen nicht einmal mehr die gleichen Nachrichten. Sandel zeigt, wie die Konstruktion von Stadien, Preismodellen oder Parkplätzen zu einem Verlust des Gemeinwohls führt. Aus einer praxeologischen Sicht zeigt dies, wie Materielles soziale Praktiken prägt. In der Begeisterung für ständig neue, verfeinerte Lösungen zimmert sich der Homo faber nicht notwendigerweise eine gemeinsame Mitwelt, sondern viele kleine getrennte Scheinwelten, die von der Natur als lediglicher Umwelt abgetrennt sein können. In der Arbeitswelt gibt es das Büro am Ende des Ganges, wo der Chef vor seinem Kommandobrückenschreibtisch sitzt, oder sogar, wie ich es in einem Unternehmen erleben durfte, den Aufzug, den nur der Vorstand benutzen darf. Dieses Herstellen als Haltung verhindert das gemeinsame Handeln.

Solutionismus – der Homo faber im 21. Jahrhundert

Der Künstler Tino Sehgal beschreibt (ausgerechnet im Gespräch mit Kanye West)[9] die Tragödie des Homo faber im Anthropozän perfekt: Wir befinden uns in einer Art jugendlichem Rausch des Möglichen (Wir können dies bauen, wir können das erfinden) – einem Rausch, der uns bei der Innovationspraktikerin begegnet. Aber wozu? Was ist der wahre Preis? Dient das alles wirklich dem guten Leben? Ist „neu" immer „besser"? Im jahrhundertelangen Rausch des Möglichen wurde die Natur zum Rohstoffmarkt: Der Baum als Teil der Leben spendenden Natur wird auf die Ressource Holz reduziert.

Verharren wir im Modus des Homo faber, so wird der Ausweg aus den Krisen des Herstellens – etwa CO_2-Überschuss durch Abholzung – stets wieder in der Herstellung weiterer Tools gesucht. Die Klimakrise erscheint nicht als Haltungsproblem, sondern lediglich als unternehmerische Innovation Challenge. Die Haltung, die unsere Krisenbewältigung dann dominiert, nennt sich solutionistisch. Ein Wort, das die Sache auf den Punkt bringt, wenn man einmal gelernt hat, es auszusprechen. Was solutionistisch ist, zeigt Elon Musk, ein Solutionist par excellence, der eine 100-Millionen-Dollar-Prämie für das Konstruieren einer „Carbon Capture Technology" auslobte und zahlreiche freundliche Hinweise auf die Existenz von Bäumen erhielt.[10] Auch kaufte Musk für 44 Milliarden Dollar Twitter, um ingenieursgleich Free Speech zu „lösen". Er musste dann lernen, dass freie Meinungsäußerung keine Engineering Challenge ist, die man lösen kann, wenn nur genug Programmierer die ganze Nacht durcharbeiten.[11] Freie Meinungsäußerung ist ein politisches Problem, das ein ständiges Abwägen von verschiedenen, teils widersprüchlichen Bedürfnissen, Rechten und Pflichten erfordert, zum Beispiel von Meinungsfreiheit und Sicherheit. Eine Herausforderung, die sich nicht mit Geld und IT-Nerds lösen lässt. Ironischerweise ließ der Free-Speech-Apostel Musk den Twitteraccount, der Free Speech nutzte, um die aktuellen Geodaten von Musks Privatjet zu teilen, ganz schnell bannen.

Diese beiden Herangehensweisen zeigen die solutionistische „Tendenz[,] Probleme lösen zu wollen, ohne wirklich zu hinterfragen, was sie denn eigentlich problematisch macht", so der Digitaltheoretiker Evgeny Morozov.[12] Sie folgen einer „Logik des Hackings, in der der Umgang mit der Schöpfung kein politisches Problem ist, sondern sich auf Dinge bezieht, die sich neu einstellen lassen". Die Vorstellung, dass Technologie mit dem richtigen Code und Algorithmus alle Probleme der Menschheit lösen und das Leben tatsächlich „reibungslos" gestalten kann, prägt den digitalisierten Homo faber – hier begegnet uns der Typ der Techno-Utopistin wieder. Das Bestreben, Reibung auszumerzen und alles „effizient" zu machen, schließt andere, gemeinschaftlichere Wege des Fortschritts aus, weil Demokratie immer Reibung bedeutet. Dies kann zu einer algorithmusgesteuerten Welt führen, in der etwa das Silicon Valley und nicht gewählte Regierungen oder engagierte Gesellschaften unsere Zukunft bestimmen.[13]

Für eine Arbeitswelt, die geekige Milliardäre wie Elon Musk, Amazon-Gründer Jeff Bezos oder Investor Peter Thiel wie Heilige verehrt (➤ Sinn), ist die solutionistische Gefahr besonders groß. Die Vorstellung, dass Probleme in den Bereichen Gesundheit, Bildung oder Umwelt rein technisch-betriebswirtschaftlich mit der Technologie gelöst werden können, die gerade in Mode ist (derzeit also KI, bis vor Kurzem die Blockchain), hat sich bis jetzt verlässlich als naiv erwiesen. Wahrer Fortschritt funktioniert nicht durch eine „escape from politics" (Thiel), sondern erfordert die Zusammenarbeit mit der Gesellschaft, mit Regierungen, Rücksicht auf soziale und ökologische Ressourcen sowie ein Mitmachen durch den Wandel sozialer Praktiken. Das zu erkennen, fällt Techies schwer, die daran gewöhnt sind, Menschen als ahnungslos, die Gesellschaft als Schafherde und Politik als etwas zu betrachten, um das herum innoviert werden muss.

Sinnvolle Arbeit: kann man sich nicht nachbiegen

Nach Hannah Arendt muss das Denken in technischen Lösungen immer ein Denken vom Ende her sein, eben von der Solution her. Dies nennt sie apolitisch. Politisches Handeln hingegen sei stets von Unvorhersehbarkeiten geprägt, denn wenn Menschen vielfältig sind, sind es auch deren Ziele. Mit Hoffnung zu handeln, gemeinsam und sinnvoll zu handeln, heißt immer, ins Machen zu kommen, bevor man die Lösung kennt, und sich dabei kennenzulernen, zu verstehen und zu verständigen. Und muss unser Überleben im Anthropozän nicht gerade diese politische Form annehmen, in der sehr unterschiedliche Akteurinnen, Bürger, Arbeiterinnen und Politiker gemeinsam ihr Möglichstes geben, ohne die Gesamtlösung zu kennen? Ohne die Beiträge aller im Blick zu behalten, ohne sicher sein zu können, dass die Weltrettung überhaupt gelingt, geschweige denn marktfähig ist? Dieser Herausforderung wird der apolitische Raum des Herstellens allein nicht gerecht. Der Homo faber kann in seiner Logik des Lösens und Herstellens keinen Zugang zu gleichwertigen und gleichberechtigten Lebewesen entwickeln, sondern stets nur zu Dingen, ob dies nun Human oder Natural Resources sind. Doch Arendt zeigt auch, dass die Haltung des Homo faber nicht die einzige problematische Haltung ist – Double Trouble!

Darf's ein bisschen mehr sein? Das Animal laborans in der Arbeitswelt

Genauso wie der Homo faber als Grundhaltung durchaus eine wertvolle Rolle spielt, wenn sie nicht zum absoluten Standard erhoben wird, ist das Animal laborans im Kern zunächst auch ein wichtiger

Teil dessen, was uns zu Menschen macht. Wir finden den Konsumenten in allen biologischen Prozessen, die sich dadurch auszeichnen, „daß sie nichts objektiv Greifbares zurücklassen, daß das Resultat ihrer Mühe gleich wieder verzehrt wird und sie nur um ein sehr Geringes überdauert".[14] Mit dem Verzehr und der Verdauung unserer Nahrung überleben wir kurzfristig. Das ist Arbeit im physiologischsten Sinne. Diese Haltung auf alles Arbeiten zu übertragen, hieße aber, „eine verdunkelte, instinktive Existenz zu leben",[15] hieße, in einer Tätigkeit aufzugehen, die stets nur Verdauungsobjekte hervorbringt, einen ewigen Konsum – ein Zyklus des Unbeständigen. Es hieße, dass statt der Frage nach dem guten Leben nur mehr die Frage nach dem Überleben bliebe. Kleine Tierchen, die gierig herumkonsumieren.

Wenn die Haltung des Animal laborans vom Physiologischen in unsere soziale Welt übergreift, geraten wir in eine Gesellschaft, in der zwei letzte Religionen herrschen: die der Arbeit und die des Konsums – eine zerstörerische Zwillingsreligion, in der wir durch Konsum Arbeit schaffen und uns durch Arbeit Konsum leisten. Durch die Übertragung des physiologischen Kreislaufs von Anstrengung und Verbrauch auf soziale Prozesse entsteht ein Streben nach einem „Immer mehr" an verzehrbaren Konsumobjekten. Dieses Streben können wir uns mit der dynamischen Stabilisierung im Sinne Hartmut Rosas vorstellen: Konsum und Arbeiten beschleunigen sich gegenseitig.

Wir sehen das in der Fast Fashion der Modebranche oder an tonnenschweren SUVs mit den PS eines Formel-1-Wagens, die uns zum Supermarkt kutschieren, wo wir zwischen 50 Shampoos im Supermarktregal wählen können und müssen. Wir erkennen dieses fatale Prinzip auch an sinnlosen Wachstumszielen im Arbeitsprozess, die ohne Grund auskommen – genauso wie der Organismus ohne Grund arbeitet. Wir beobachten es auch an der Arbeitsbelastung selbst, die einem Selbstzweck gleich jeden möglichen Raum in unserer Gesellschaft verzehrt (➤ Zeit).

Von der Arbeitsgesellschaft zur Wegwerfgesellschaft

Im Jahr 1930 schrieb der große Ökonom John Maynard Keynes einen Brief an seine Enkelkinder. Er hatte gute Nachrichten. Er prophezeite, dass für deren Arbeitsleben der Punkt erreicht sein werde, an dem die Grundbedürfnisse erfüllt seien und die restliche Energie lieber anderweitig eingesetzt werde als für Arbeit. Keynes, wahrlich kein Mensch, der sich oft irrte, irrte sich hier gewaltig. Er machte die Rechnung ohne die unbegrenzte Verzehrenslust des Animal laborans. Diese Raupe Nimmersatt ist stets auf mehr Konsummöglichkeiten eingestellt und will von erfüllten Grundbedürfnissen nichts wissen: „Ein jeder Wunsch, wenn er erfüllt, kriegt automatisch Junge." (Wilhelm Busch) Eine zentrale Rolle spielt hier die Bedürfnisproduktion durch Medien, Werbeagenturen und digitale Öffentlichkeiten. Vermittelt wird in der Werbung doch die immergleiche Botschaft: So, wie du jetzt bist, bist du nicht gut genug. Ja, da muss mehr gehen, denken wir sodann. Wir denken es beim Blick auf unser Konto, unser Auto, in den Spiegel, aber auch beim Blick auf unsere Kinder und ihre Noten, beim Blick auf das Aussehen unseres Partners, beim Blick auf die Begrenztheit unseres Lebens. Das Konsumtierchen ist in unseren Köpfen, selbst in denen radikaler Kritiker. Hartmut Rosa: „Ich habe einen Studiengang, ich möchte, dass die Bewerberzahlen wachsen. Ich will vielleicht auch, dass mein Impact-Faktor wächst. Wir führen ein strukturell und kulturell verankertes Steigerungsspiel über parametrische Optimierung aller Lebensbereiche. Das geht mit dem Körper los. Es werden nicht mehr nur Blutdruck und Gewicht erfasst, sondern auch die Schrittzahlen und der Schlaf genau gemessen, und das jeden Tag. Im sozialen Bereich ist es das Gleiche: Wie viele Follower und Likes hat man?"[16]

Dieser weltzerstörerische Zyklus lässt keinen Raum für sinnvolle Arbeit. Keinen Raum für enkeltaugliches Handeln oder kritische Reflexion, vor allem nicht die Reflexion von Grenzen. Eine Organisation in den Fängen der Animal-laborans-Haltung erkennt man etwa daran, dass sie von Erfolg spricht, aber ihr Erfolgsbegriff komplett leer ist und auf Rückfragen keine Antwort bietet: Ach, ihr wollt wachsen, mehr Leute einstellen, mehr verkaufen – und warum? Stille.

Von der Arbeitsgesellschaft zur Konsumentengesellschaft zur Wegwerfgesellschaft. Der Mensch verzehrt damit nicht nur seine planetare Grundlage, er schafft sich im Sinne seiner charakteristischen Eigenschaften ebenfalls ab.[17] Für das Hinterfragen von Scheinbedürfnissen, für das Abstandnehmen vom impulsiven Reiz-Reaktion-Verhalten, für ein Arbeiten hin zu einem guten Leben auf diesem Planeten und nicht nur für ein persönliches Überleben und Mithalten im Konsumrausch – für all das fehlt dem Animal laborans der Geist. Dass wir uns eher ein Ende dieses Planeten vorstellen können als ein Ende des Konsums, wird dann daran deutlich, dass wir die Renaissance der Raumfahrt erleben – explizit ja mit dem Ziel der Ressourcenerschließung. Vordergründig, selbstgerecht und reflexionslos wird weiterverzehrt. Hannah Arendts Sorge über den Weltverlust, auch durch die Raumfahrt, traf den Punkt.

Bei all der Arbeit kommt man zu nichts

Dieser Zyklus des Konsums ist für den Erhalt der bestehenden Arbeitsverhältnisse sehr praktisch. Der Kulturwissenschaftler Lewis Mumford hat diese Arbeitswelt bereits 1967 als „Megamaschine" beschrieben.[18] Ganz allein durch Arbeit, ganz allein durch ständig drehende Zahnräder organisiert sich die Gesellschaft. Das Arbeiten lenkt ab von politischen Fragen und macht Mitglieder einer Gesellschaft damit gefügig. Wir haben deshalb in der Geschichte erlebt, dass kritische Impulse stets von jenen kommen, die (noch) nicht vollends ins klassische Arbeitsleben integriert sind: Studentinnen, Jugendlichen, Künstlerinnen, Aussteigern.

Man könnte heute hinzufügen: Die Megamaschine macht sich den ganzen Planeten gefügig. Zeit und Abstand von einer alleinigen Laborierhaltung zu haben, ist aber die Voraussetzung für eine bessere Welt, in der wir im Sinne des Gemeinwohls und nicht im Sinne von Konsummöglichkeiten handeln, in der es Regeneration gibt für humane und planetare Ressourcen. Vor lauter Arbeit gelangt die

Arbeitswelt nicht in einen anderen Modus, wo wir über das Animal laborans hinwegsehen könnten: Statt Mitwelt sehen wir nur Cheap Nature, statt Bewahrung nur Waren, statt Schöpfung nur Erschöpfung. Deswegen bleibt die Frage von Arendt aktueller denn je: Was wird aus einer Arbeitsgesellschaft, die sich auf nichts anderes mehr versteht als auf Arbeit?[19]

Zoon politikon – make your voice heard

Wer nur tätig ist, um Konsummöglichkeiten zu schaffen, der ist nach Arendt „auf sich selbst zurückgeworfen"[20] – und damit im antiken Sinne des Wortes ein „Idiot", ein sich Heraushaltender, der ein Ich-Denken nicht überschreiten kann. Wenn schon Idiot, dann wenigstens ein antiker Idiot! Die Welt jenseits des Konsums nicht kennen zu wollen, führt zu jener „eigentümlichen Verlassenheit",[21] in der die Zukunft der Arbeit so vollkommen entkoppelt ist von einer Frage nach der Zukunft des Planeten. Der ganze Anlass dieses Buches (➤ Arbeit) ist damit die Idiotie der New-Work-Debatten.

Die Haltung, die diese Debatten bräuchten, ist die des Zoon politikon, des gesellschaftlichen Wesens. Ein Handeln in dieser Haltung geschieht gemeinsam mit anderen und geschieht aus Sorge um eine gemeinsame Welt. Das Bilden von Gemeinschaften, Städten, Organisationen ist uns Menschen in die Wiege gelegt – und es beginnt mit dieser Haltung: „Dagegen sollten wir etwas unternehmen."[22] Die Initialzündung der Zusammenkünfte ist nie eine fertige Lösung oder eine Profit Opportunity, sondern geschieht erst mal in einem diffusen Problembewusstsein für etwas in unserem gemeinsamen Lebensraum. Wir kommen zusammen, ohne das Ergebnis zu kennen, und schauen, was sich machen lässt. Der Beginn kann bei einer Einzelnen und ihrer erlebten Irritation liegen, etwa bei einer Mitarbeiterin, die sich wundert, warum ihr Kollege zwar offiziell krank und zu Hause ist, aber von dort trotzdem weiterarbeiten muss. Für den Weg zur Veränderung einer Praktik ist die irritierte Mitarbeiterin aber auf das Mithandeln anderer angewiesen, auf gemeinsame Erkundungen des „Da muss es doch einen besseren Weg geben". Diese bringt sie mit dem Teilen ihrer kritischen Perspektive in Gang, „weil jeder Vorgang sofort andere Vorgänge veranlasst. Da Handeln immer auf zum Handeln begabte Wesen trifft, löst es niemals nur Re-aktionen aus, sondern ruft eigenständiges Handeln hervor", wie Arendt schreibt.[23]

In diesen Zusammenkünften hat ein jeder Mensch in seiner Einzigartigkeit eine Stimme, ein Argument, einen Blick auf die Welt: Wir starten ein Urban-Gardening-Projekt erst mal, weil wir sehen, dass der alte Parkplatz so verwildert ist, wir organisieren etwas in unserer Nachbarschaft, weil wir den neuen Geflüchteten irgendwie helfen wollen, wir kommen mit anderen Nerds zusammen, weil wir uns über die sozialen Folgen von künstlicher Intelligenz Sorgen machen. Wir haben ein Problem, und wir haben uns – in all dem Facettenreichtum, der uns ausmacht. Statt Quasimaschinen zu sein, ganz gepolt auf Konsum, oder reine Techniker, ist in dieser Haltung jeder Mensch in seiner Würde und seinem Ausdruck besonders: „Wir schlagen unseren Faden in ein Netz der Beziehungen. Was daraus wird, wissen wir nie", so Arendt in einem großartigen Fernsehinterview.[24]

Ein solches Handeln ist nicht zyklisch wie der Zyklus des Konsumierens und Produzierens beim Animal laborans, ist auch kein vom Ende gedachtes Lösungsgestell wie beim Homo faber. Es wird diskutiert, es wird unterschiedliche Meinungen geben, sogar Streit, was durchaus Sinn der Sache ist, und – das ist Arendt besonders wichtig – in all dem Meinungswirrwarr müssen wir stets einander auch vergeben können: Vergebung ist der Schlüssel zum Handeln und zur Freiheit. Dies ist ein Spiel mit hohem Einsatz, das mit einer gewissen Coolness gespielt werden muss. Es steht im schroffen Kontrast zu technokratischer Politik, die jeden Diskurs abschneidet, weil es keine Meinungen mehr gibt und nur ein korrekter, faktenbasierter Weg dominiert. Und es steht auch im Kontrast zu einer Welt des Nicht-vergeben-Könnens, in der eine andere Sicht auf die Welt schnell skandalisiert wird.[25]

Für Arendt ist diese Haltung der einzige Weg, unserer menschlichen Natur gerecht zu werden. Ist heute nicht ein Grund für die

Krise unserer Demokratien, dass wir einen Großteil der gelebten Zeit in Organisationen verbringen, in denen Demokratie keine Rolle mehr spielt? Fehlen uns in der Arbeitswelt nicht Praktiken, die der Sorge um die gemeinsame Welt Ausdruck verleihen können? Die nach wirklich gemeinsamen, und daher alle überzeugenden, Lösungen suchen? Wie können wir diese Haltung erproben?

Ausweg eins: Die Abschaffung der Arbeit – und damit vieler Chancen

Nun gäbe es für die Arbeitswelt grundsätzlich zwei Wege, um mehr Raum für die Fürsorge unserer Mitwelt zu schaffen. Der erste: Wir schaffen die Lohnarbeit ab. Wie in der Antike werden wir ganz dem Politischen zugewandte Bürgerinnen. Die neuen Sklaven, die dann die „idiotische" Zuarbeit machen, könnten dann die KI-Programme werden (➤ Intelligenzen).

Verschiedentlich ist zu hören, dass ein bedingungsloses Grundeinkommen der Weg ist, um einen Ausweg aus dem Konsumieren und Herstellen zu weisen und ebendiese neue Polis zu ermöglichen. Das bedingungslose Grundeinkommen ist eine große Vision, zu der ich eine gewisse Ambivalenz habe. Ganz abgesehen von Fragen einer Realisierung, die über bestehende lokal begrenzte Pilotprojekte hinausgehen muss (die deshalb ja nie wirklich *bedingungslos* sind), würde das bedingungslose Grundeinkommen in der Realität erst einmal beweisen müssen, dass uns dieses Szenario tatsächlich mehr zu politisch handelnden Menschen macht. Das Risiko sehe ich aber darin, dass sich die Megamaschine lediglich in eine Mega-Entertainment-Maschine verwandelt: „Die vollkommene Herrschaft ist jene, in der alle Menschen nur noch spielen", so der Philosoph Byung-Chul Han. Er weist darauf hin: „Mit dem Spruch Panem et Circenses (Brot und Spiele) bezeichnete Juvenal jene römische Gesellschaft, in der kein politisches Handeln mehr möglich ist. Menschen werden ruhiggestellt mit kostenloser Nahrung und spektakulären Spielen."[26] Für Byung-Chul Han wären Grundeinkommen und Computerspiele die moderne Version von Panem et

Circenses und damit ein noch mehr ausgeweiteter Raum des Animal laborans.

Damit würde eine solche Realität des Grundeinkommens auch ein großes Ende sein für all die Chancen und Versprechen, die Arbeit bieten kann: Arbeit ist seit jeher ein Reallabor für gesellschaftliches Handeln, wichtige Impulse für eine bessere Gesellschaft sind aus diesem Bereich gekommen, von der Sozialversicherung bis hin zu Diversity-Bemühungen. Arbeit ist das Feld, auf dem wir lernen, uns sinnvoll zu integrieren, und dafür Anerkennung erhalten. Das Feld schließlich, auf dem wir uns auf gemeinsame Ziele und Werte verständigen und sie dann umsetzen. Ist Arbeit nicht nur idiotische Plackerei, dann enthält sie den sozialen Kitt unserer Gesellschaft und damit die Grundlage für unser Handeln. Es ist der eben nicht bedingungslose Gehaltszettel, der uns das Zeichen gibt, dass diese Wirksamkeit auch Wert hat, dass unsere Existenz einen Unterschied macht. Auch Hartmut Rosa warnt, dass diese Verbindung zerstört werde, wenn eine Form der Sozialhilfe das Arbeitseinkommen ersetze.[27] Wir wären dann mit einer existenziellen Selbstunwirksamkeit konfrontiert. Deswegen hat auch eine allgemeine Abschaffung von Arbeit, die das Prinzip des bedingungslosen Grundeinkommens bewirken würde, ein grundsätzliches Risiko im Raum des Handelns. Polis setzt Agora voraus. Eine Abschaffung der Arbeit wäre damit auch eine Abschaffung des zentralen Feldes, um sich in der Klimakrise auf ein enkeltaugliches Tätigsein einzustellen. Wir transformieren die Welt, selbst wenn wir „nur“ in der Verwaltung einer Speditionsfirma tätig sind. Lieber also Arbeit besser machen, statt sie abzuschaffen!

Ausweg zwei: „Politik" muss wieder zum Adjektiv werden

Die Philosophin Lisa Herzog stellt dazu fest, dass ein bedingungsloses Grundeinkommen „Exit“ ermögliche, nicht aber „Voice“, eine Unterscheidung des Ökonomen Albert Hirschman. „Exit steht für die Abstimmung mit den Füßen, die Möglichkeit zu gehen, wenn einem an einer Institution etwas nicht passt.“ „Exit“ wäre auch die

Abschaffung der Arbeit. „Voice" dagegen bedeutet, mitreden zu können: aussprechen zu können, was einem an einer Institution nicht passt, und auch ein Mitspracherecht zu haben, wie die Sachen geändert werden könnten.[28] „Voice" wäre der zweite Weg: Wir schaffen die Arbeit nicht ab, vielmehr nutzen wir den Raum, den die Arbeit gibt, um diesen zu einem genuinen Ort des Handelns werden zu lassen. Wir erleben hier eine Normalität, die uns irritiert, aber statt Reißaus zu nehmen – nur um dann im nächsten Job das Gleiche zu erleben –, nutzen wir unsere Stimme und suchen nach normativ besseren Wegen. So schaffen wir es womöglich, ein Better Normal zu ermöglichen, das mit unserem Stillschweigen niemals in die Welt gekommen wäre.

In einer Zukunft der Arbeit kann es natürlich nicht darum gehen, dass wir aufhören, Lösungen zu produzieren oder Konsumprodukte herzustellen, und die ganze Unternehmenswelt in ein Politikseminar der 1970er verwandeln. Es geht vielmehr darum, die Gewichtung der drei Haltungen, die Hannah Arendt so treffend kategorisiert hat, zu korrigieren: des Herstellens, Konsumierens und Handelns. Ziel muss das gleichberechtigte Zusammenspiel der drei Haltungen sein. Das heißt, dass Arbeit in der Zukunft „politischer", also verantwortungsvoller, gemeinschaftlicher und zukunftsgerichteter, werden muss, ohne aber aus Arbeit konventionelle „Politik" zu machen, also mit Parlamenten, Ausschüssen und Abgeordneten.

Sehr treffend erklärt das französische Kollektiv Le Comité Invisible, dass „politisch" nie zu dem Substantiv „Politik" hätte gemacht werden dürfen.[29] Als Adjektiv beschreibt der Begriff „politisch" die Eigenschaft von Momenten: Es gibt Begegnungen, Kampagnen, Produkte, Meetings, die „politisch" sind, weil sie eine Beziehung zu der Welt und zu anderen Lebensformen herstellen, die jenseits des Verzehrens und Herstellens von Cheap Nature ist. „Politisch" bedeutet, was neue Handlungsräume ermöglicht, neue Wahrnehmungsweisen ins Spiel bringt, was zu einem „Besser" statt zu einem „Mehr" führt. Was Sinn, Intensität und Gemeinschaftlichkeit hervorruft. Bedauerlich ist es, dass wir heute nur von „der Politik" sprechen und damit von einem eigenständigen Bereich, der nur bedingt Intensität, Sinn und Gemeinschaftlichkeit schafft. „Die Politik“ ist eine separierte Sphäre, die die tatsächliche Welt von politischen Fragen befreit. Das ist letztlich: nicht besonders politisch.

Die Fähigkeit, als Individuum zu urteilen, zu argumentieren und letztendlich zu handeln, kann uns keine Staatspolitik abnehmen, auch nicht der Luxus eines bedingungslosen Grundeinkommens. Politischer muss deshalb die Arbeit selbst sein, wenn wir gemeinsam das Problem des Anthropozäns lösen wollen. Wenn wir ins gemeinsame Handeln kommen wollen. Für Arendt beginnt die Zerstörung der Welt dort, wo wir gehindert werden, als denkende, sprechende und handelnde Menschen zu agieren.[30] Dort, wo wir diese also nur als Arbeitende und Herstellende im Sinne einer Cheap Nature weiter abarbeiten. Und das ist mitten im Herz unserer Arbeitswelt. Hannah Arendt war dies klar, als alle anderen den Planeten noch für unzerstörbar hielten.

2 Organisationsverständnis
Von der isolierten Profitmaximierung zum eingebetteten Wertstiften

„Jeder Versuch, den Naturzwang zu brechen, indem Natur gebrochen wird, gerät nur umso tiefer in den Naturzwang hinein."
Max Horkheimer & Theodor W. Adorno[1]

Was ist der Unterschied zwischen einem Ferrari und einem Regenwald? Eine dumme Frage, oder? In einem Ferrari lässt sich die Midlife-Crisis besser aushalten, könnte man sagen. Das Erlebnis des Regenwalds, würden andere erwidern, ist aber doch die überwältigendere Erfahrung: die Fülle des Lebens, die unverfälschte, pulsierende und intensive Schönheit der Natur, die uns alle verbindet. Wobei ein Ferrari Daytona aus den 1970ern mit seinen geschwungenen Linien, die von der fließenden Front zu dem wunderschön abrupt endenden Heck reichen, auch ein umwerfender Sinneseindruck sein kann ... Okay, ich schweife ab.

Wenn es um eine Zukunft der Arbeit im Anthropozän geht, in der vielleicht sogar (Elektro-)Ferraris und Regenwälder koexistieren können, kommen wir nicht um das herum, was die zentrale ökonomische Einheit in unserer Wirtschaft ist: Organisationen. Und welches Bild wir uns von ihnen machen: mehr Ferrari oder mehr Regenwald? Wie sich unsere Praktiken gestalten und wie wir damit jeden Tag Zukunft machen und andere Zukünfte eben nicht zum Entfalten bringen, hängt nämlich von unserem Organisationsverständnis ab, davon eben, was „gut für die Firma" ist. Aber was ist eine Firma?

Fast alles um uns herum hat die Form einer Organisation. Denn in unserer Welt ist fast alles von Arbeitsorten durchdrungen. Du wirst in einem Krankenhaus geboren, kommst in den Kindergarten, später gehörst du, sagen wir, einem Sportverein oder einer Kirche an, gehst natürlich zur Arbeit, und in deiner Freizeit hast du mit Supermärkten, Banken, Mobiltelefonfirmen – was auch immer – zu tun.[2] Die meisten Organisationen sind wirtschaftlicher Natur, also Firmen, und diese haben unglaublichen Einfluss auf die (Dys-)Funktionalitäten unserer Systeme: In den Nachrichten hören wir, dass Unternehmerverbände besorgt sind, und sehen die Aktienwerte wichtiger Firmen; von Müttern, Auszubildenden oder gar Insektenpopulationen kriegen wir weniger alarmistische Updates – weil diese eben nicht als zentrale ökonomische Einheit gelten (➤ Sichtbarkeit).

In dieser Veränderungsdimension geht es darum, dass sich unser Verständnis von Organisationen massiv ändern muss, damit sich ihre umweltschädlichen Praktiken ändern können. Zwingend folgen daraus eine neue Perspektive auf die ökonomische Ausbildung und ein neues Vokabular, mit dem wir in Unternehmen aus der chaotischen Welt gemeinsamen Sinn machen. Und ja, im Kern hängt all dies davon ab zu verstehen, was der wirklich fundamentale Unterschied zwischen einem Ferrari und einem Regenwald ist.

Aber eines nach dem anderen.

Management im Anthropozän: eine Ent-Täuschung

Der Tatsache, dass Unternehmen sich in ihrem Selbst- und Weltverständnis ändern müssen, wird heute kaum jemand widersprechen. In meiner Arbeit mit Unternehmen, auf Managementmeetings und in der Lehre begegnet mir stets die gleiche aufgeschreckte Stimmung: Unternehmen sind herausgefordert wie nie zuvor. Unternehmen stehen vor ungeahntem Change. Unternehmen finden sich plötzlich in einer vollkommen anderen Welt wieder.

All dem möchte ich tatsächlich widersprechen. Wir stehen gar nicht vor „ungeahntem Change“. Wir sehen nur endlich klarer, was schon immer der Fall war. Sehen, dass wir uns ein falsches Bild gemacht haben. Wir stehen endlich vor Irritationen, die groß genug für einen Bedeutungswandel (➤ Theorie) sind. Groß genug, dass sie uns aus unseren Illusionen befreien können, in denen wir es uns lange gemütlich gemacht haben. Illusionen davon, was ein Unternehmen ist, und dementsprechend auch, was es in dieser Welt zu „unternehmen" hat.

Die Aufgeschreckten weisen schockiert darauf hin, dass unsere politische Weltordnung am Ende ist, was den Markt gefährdet und weshalb CEOs nun plötzlich politisch denken müssen. Dass auch unsere Gesellschaft sich wandelt, was plötzlich zu Diskussionen am Arbeitsplatz führt. Dass unsere Volkswirtschaft plötzlich durch unruhige Zeiten geht, weshalb wir nicht mehr so planen können wie bisher. Dass unsere Betriebswirtschaften plötzlich mit Knappheiten klarkommen müssen. Die Aufgeschreckten sind allesamt enttäuscht, dass die 2020er Jahre für Unternehmen so unangenehm aussehen.

Schauen wir doch genauer hin. Diese ganze Plötzlichkeit ist doch schon immer Teil unserer Welt gewesen, zumindest für all jene, die nicht weggeschaut haben. Für mich befinden wir uns gerade nicht in einer großen Enttäuschung, sondern in einer Ent-Täuschung: Wir haben die erhellende Chance, mit der Täuschung aufzuräumen, dass Unternehmen von politischen, gesellschaftlichen und biologischen Systemen nichts wissen müssten und dass Überlaufeffekte aus diesen Systemen grundsätzlich eine unerhörte Anomalie sind. Der Krieg in der Ukraine beeinflusst unsere Produktionskapazitäten genauso, wie der demografische Wandel Einfluss auf den Arbeitsmarkt ausübt und Wetterextreme unsere Lieferketten unterbrechen – alles keine klassischen Unternehmenskategorien, alles verdammt unternehmensrelevant.

Doch haben wir es dabei wirklich mit einer plötzlichen Weltunordnung zu tun? Eine stabile geopolitische Ordnung, die etwa am 24. Februar 2022 mit dem russischen Angriffskrieg auf die Ukraine zerbrach oder nun durch die Systemkonkurrenz mit China beendet wird, hat es doch eigentlich nie gegeben. Die stabile Ordnung war immer eine Konstruktion, wie etwa der amerikanisch-indische Sicherheitsexperte Parag Khanna klarstellt.[3] Die Souveränität von

Staaten, die wir uns gern als Ergebnis des Westfälischen Friedens von 1648 vorstellen, ist stets eine eurozentrische Illusion gewesen, weil sich dann der Kolonialismus erst richtig ausbreitete. Und weil dies nebenbei auch die Geburt der ersten globalen Konzerne bedeutete, wie etwa der britischen East India Company. Auch die Kolonialreiche waren wiederum nicht stabil: Das Vereinigte Königreich sah Aufstände von Irland bis Indien. Nach dem Mauerfall – in den angeblich so ruhigen 1990er Jahren – gab es auch keine stabile Weltordnung, sondern Balkankriege, Völkermord in Ruanda, indische und pakistanische Atomtests. Diese geopolitische Komplexität haben wir nie an unsere unternehmerische Realität herangelassen – profitiert haben wir von ihr aber seit dem ersten Tag.

Plötzlicher gesellschaftlicher Wandel? Um auf die aktuellen gesellschaftlichen Probleme hinzuweisen, vergleichen wir diese gern mit einer großen Nachkriegsstabilität.[4] Und blenden aus, was unsere Gesellschaften damals durchgeschüttelt hat: Atomangst, RAF-Terror (und in vielen Kreisen -Sympathie), Frauenbewegung, Migration, „Pillenknick". Gesellschaften sind in einer Demokratie stets Vehikel, um kollektive Spannungen auszuhandeln. Der Wandel ist ihre einzige Konstante. Wenn wir uns heute die Augen reiben, weil sich junge Menschen vor Werkstoren festkleben, weil Fragen rund um Gehaltsgerechtigkeit das Unternehmen erschüttern, weil CEOs sich zu gesellschaftlichen Fragen positionieren müssen, dann liegt das nur daran, dass wir uns sehr lange eingebildet haben, dass Unternehmen eigentlich eine eigene Parallelwelt betreiben dürfen und die Gesellschaft als der Ort, wo die Arbeiter herkommen, keine Rolle spielen darf.

Plötzlich ökonomische Disruptionen? Selbst aus harten ökonomischen Systemen haben wir uns mit unserer Unternehmensillusion herausgeträumt: Wenn der ehemalige Volkswagen-CEO Herbert Diess sagt, dass seine Branche vor der größten Revolution seit dem Übergang von der Kutsche zum Auto stehe, dann ist das Wörtchen „seit" nicht unwichtig. Unser Wirtschaftswachstum baut per Definition auf einer Kette von Disruptionen auf, Altes wird durch Neues ersetzt. Der Konjunkturzyklus des zentralen Produkts, auf dem die Bundesrepublik ihren Wohlstand aufbaut, ist aber schon ein gutes Jahrhundert alt: Beim Automobil hat sich am Antriebs- und Gebrauchsprinzip, also Erdöl verbrennender Individualverkehr, in den letzten 100 Jahren nichts verändert. Genauso wenig hat sich etwas an der Tatsache geändert, dass unsere (Welt-)Wirtschaft ganz massiv von Öl abhängt – natürlich nicht nur in der Automobilindustrie, sondern in jeder Industrie. Es ist nicht erst seit gestern damit zu rechnen, dass diese Wirtschaftslogiken bei sinkenden Ölvorkommen, steigenden Preisen und neuen Technologien *ripe for disruption* sind.

Diese Zyklen der Erneuerung sollten keineswegs ein unerwarteter Schock sein, gerade nicht für Wirtschaftsmenschen: Das Schumpeter'sche Prinzip der schöpferischen Zerstörung[5] macht unser ökonomisches System ja erst so resilient, man könnte sogar sagen: anti-fragil. Gerade weil es ständig auf Schocks reagieren und ständig ein Zerbrechen abwenden muss, erlernt es neue Antworten und damit Flexibilität und Stärke. Eine Stärke, die eine Planwirtschaft mit einem radikalen Fokus auf Vorhersehbarkeit und Stabilität niemals hat. Wer als Unternehmer aber ein Recht auf Stabilität erwartet, der denkt planwirtschaftlich und somit alles andere als unternehmerisch.

Plötzlich betriebswirtschaftliche Knappheiten? Auch aus einer betriebswirtschaftlichen Perspektive, deren Schlüsselkompetenz darin besteht, Knappheiten zu kalkulieren, dürfte man sich eigentlich nicht wundern. Die derzeitige Nichtverfügbarkeit wichtiger industrieller Güter sagt mehr aus über die Ausweitung der Verfügbarkeit, die ihr vorwegging. Die Verletzbarkeit von Lieferketten ist die logische Folge eines Systems, das die ganze Erde verfügbar machen will. Eines Systems, das im norddeutschen Husum etwa täglich LKWs mit 20 Tonnen frisch gefangenen Krabben belädt und sie auf eine lange Fahrt nach Marokko schickt, um sie dort pulen zu lassen, und sie dann gepult wieder zurückkarrt, zum Beispiel in einen Husumer Supermarkt.[6] Wen wundert es dann, dass wir hierbei mit politischen, gesellschaftlichen, ökologischen und ökonomischen Schmetterlingseffekten rechnen müssen? Wir haben ein

System maximal ausgereizt und alle anderen Systeme ignoriert. In einer Kleinkinderlogik haben wir geglaubt, dass all das nicht existiert, wenn wir nur unsere Augen davor verschließen. Nun blinzeln wir und sind verschreckt.

Der Abschied vom naiven Zeitalter: Das Unternehmen ist kein Ferrari

Der eigentliche Schock ist also, dass unsere spürbare Welt so wenig zu dem Bild passt, das wir uns von Unternehmen gemacht haben. Es wäre ratsam, von nun an unser Bild zu ändern, statt weiterhin die Weltsicht zu manipulieren. All das beginnt mit dem Verstehen, dass ein Unternehmen eben kein Ferrari ist – oder eine Maschine irgendeiner Art.

Was ist ein Ferrari? Da stellen wir uns mal ganz dumm und sagen: Ein Ferrari ist ein „kompliziertes System", wie die Systemtheoretiker David Snowden und Mary Boone beschreiben.[7] Der Wagen hat viele Teile, die sich auseinander- und wieder zusammenbauen lassen. Wenn ich ein Problem mit dem Ferrari habe, ist es stets ein technisches Problem (und dann ganz schnell auch ein finanzielles). Beim genannten Daytona passiert es beispielsweise gern, dass er plötzlich ganz bestialisch zu schlingern anfängt. Eine kompetente Mechanikerin weiß dann, dass es eine gewisse Zahl an Known unkowns gibt, an Fehlerursachen, die es bei einem Problem zu überprüfen gibt: Ist alles okay mit Ventiltrieb, Zylinderdichtung, Fahrwerkaufhängung? Wenn er schlingert, ist vermutlich die Fahrwerkaufhängung ausgeschlagen. In einem komplizierten System ist ein Problem damit lokalisierbar und direkt beeinflussbar. Der Effekt von einem gezielten Eingriff, also einer Reparatur, ist vorhersehbar und klar umrissen: Wenn ich das Fahrwerk wieder einhänge, zieht der Daytona wieder wie eine Eins durch die Kurven. Für ein kompliziertes System gilt auch: Lösungen sind übertragbar. One Solution Fits All. Ist bei einem anderen Daytona die Fahrwerkaufhängung ausgeschlagen, kann ich ihn genauso reparieren. Obendrein ist in einem solchen System das Ganze stets die Summe seiner Teile, es ist eine isolierte Maschine und hängt nicht von anderen Systemen ab: Dem Daytona selbst kümmert es nicht, welche Partei an der Regierung ist, wie viel Schiffsverkehr im Suezkanal herrscht oder ob die Weizenernte in der Ukraine gefährdet ist. Der Ferrari hat – auch wenn es ein italienisches Auto ist – keine eigene Meinung. Ein kompliziertes System ist wertneutral und nichtreflexiv.

Diese Maschinenlogik prägt unser Unternehmensverständnis: Wir glauben, dass wir Unternehmen beliebig auseinander- und wieder zusammenbauen können – und wundern uns dann, warum ein durch Hedgefonds kaputtgespartes Unternehmen langfristig nicht innovativ genug für den Markt ist. Oder warum die Bayer- und Monsanto-Leute nach ihrem Merger doch gar nicht so gern miteinander arbeiten, obwohl die Synergien in den Excel-Tabellen doch so hervorragend aussahen. Wir glauben, dass wir Probleme stets ingenieursgleich lösen können, sie also immer technische Probleme sind: Der Treibstoff ist meist Geld. Wir glauben, dass wir damit die richtigen Leute und so die richtige Kultur und so die richtigen Ergebnisse erzielen können – und wenn das nicht hinhaut: mehr Geld! Wir wundern uns, dass viele Talente sich lieber von einem Start-up mit einer spannenden Idee unterbezahlen lassen, als uns in die Arme zu fallen, auch wenn wir sie mit Geld bewerfen. Wir glauben, dass alle Unternehmen gleich funktionieren und sich gleich reparieren lassen: Wir lieben Case Studies von anderen Unternehmen, die Fabeln des 21. Jahrhunderts. Wir zahlen sehr viel Geld, um in MBA-Programmen die ganze Zeit Cases anderer Unternehmen zu hören, und verlieren das Gefühl für unsere spezifischen Kulturen, Zeitpunkte, Einbettung in Verantwortungszusammenhänge, auch für unsere Mitarbeiter. Wir glauben, dass ein Unternehmen eine statische Konstruktion ist, die nur ab und zu mal in die Werkstatt muss: Deswegen reden wir von Change Management, kurzen Programmen, damit danach das Gerät wieder so läuft wie gehabt – dabei bildet der Doppelbegriff Change Management eigentlich einen Widerspruch in sich. Und wir glauben vor allem, dass ein Unternehmen wie ein Ferrari eine für sich funktionierende isolierte Maschine ist, und zwar eine Renditemaximierungsmaschine:[8] ein isolierter Apparat, den wir dahingehend optimieren können, dass er die höchstmögliche kurzfristige Rendite für Aktionäre ausspuckt. Man muss nur am richtigen Rädchen drehen. Organisationen haben mit menschlichen Qualitäten (Vertrauen, Legitimität, Attraktivität) erst mal nichts zu tun, sie sind lediglich Extraktionsapparate, die Ressourcen in kurzfristige Rendite transformieren. Und wenn menschliche Faktoren ins Spiel kommen, dann müssen die sich doch auch abstellen lassen können (Geld!), abschätzig nennen wir sie „softe Faktoren", als wäre beispielsweise eine Korruptionskrise nicht verdammt hart. Wir glauben, dass Unternehmen losgelöst von anderen Systemen behandelt werden können: „The Business of Business is Business", sagt die Doktrin auf der anderen Seite des Atlantiks,[9] während wir hierzulande gern sämtliche Systemverantwortung mit einem Hinweis auf eine „Arbeitsteilung zwischen Politik und Gesellschaft" abwiegeln.[10] Der alleinige Unternehmensauftrag bestehe in der Schaffung von Profiten, woraus Arbeitsplätze und Steuern entstehen, und natürlich im Einhalten von Regeln, die zum einen von Regierungen kommen und zum anderen die Moralvorstellung einer Gesellschaft vorgibt. Der Schutz der Umwelt, der Menschenrechte, der regelbasierten und legitimierten Wirtschaft, der Demokratie etc. seien deshalb allein Zuständigkeiten der Politik oder gar der Konsumenten. Unsere Unternehmensmaschinen können da leider nichts machen.

Willkommen im postnaiven Zeitalter, endlich!

Diese Erzählung hat uns die Unternehmenswelt sehr einfach gemacht, zu einfach. Weshalb wir nun so überrumpelt sind. Tatsächlich aber sind Unternehmen keine komplizierten, sondern komplexe Systeme. Eben wie ein Regenwald.

Der Regenwald ist ein komplexes adaptives System und gleichzeitig eingebetteter Teil größerer ähnlicher Systeme.[11] In diesem System kaskadieren sich scheinbar kleine lokale Vorkommnisse hoch und können ein ganzes System verändern: beispielsweise wenn eine invasive Spezies die Nahrungskette durcheinanderbringt oder die Mutation eines Bakteriums. Das Gleiche gilt für Unternehmen: Scheinbar kleine Dinge am anderen Ende der Welt können morgen schon alles über den Haufen werfen. Denken wir an eine Hitzephase, die in Indien einen Ernteausfall auslöst, oder an einen Antisemitismusskandal bei unserem amerikanischen Werbegesicht. Oder denken wir an eine Fledermaus in China.

Als Teil dieser Systeme ist das Schicksal von Unternehmen eben nie völlig kontrollierbar oder vorhersehbar, sondern stets Teil von chaotischer Evolution innerhalb von anderen Systemen. Und selbstverständlich ist das Unternehmen in sich selbst auch wieder ein komplexes System, wo beispielsweise ein paar Zeilen Code aus einer Softwareabteilung zu etwas wie dem Dieselskandal führten, der Volkswagen 32 Milliarden Euro gekostet hat.

Unser hergebrachtes auf Command and Control basierendes Unternehmensverständnis ist nicht in der Lage, solche Effekte zu sehen, und deshalb auch gar nicht imstande, Herausforderungen aus den Bereichen Klimawandel, Social Justice oder Global Health an sich heranzulassen, geschweige denn darauf Antworten zu finden, die ihrer Komplextiät angemessen sind.

Komplexe Systeme sind in einem steten Wandel, Bedeutungen ändern sich, Stimmungen ändern sich, Märkte ändern sich – so wie sich im Regenwald das Klima ändert und alles anders macht. Deshalb ist bei einem Unternehmen das Ganze mehr als die Summe seiner Teile, es ist eingebettet und im ständigen Austausch mit seiner sozialen und biologischen Umwelt.[12] Dieser Wandel ruft ständig Unknown unknowns hervor, also Probleme, die nicht von einer existierenden Liste von Problemen kommen, sondern deren Liste sich ständig ändert.

Dabei folgen Unternehmen auch nicht alle der gleichen Logik, sondern sind höchst idiosynkratisch: Als soziale Systeme sind sie eben nicht eine Apparatur, sondern der Fluss von Ereignissen in einer spezifischen Zeit an einem spezifischen Ort. In Unternehmen laufen ständige Selbstgespräche und -befragungen, Unternehmen können traumatisiert sein, verspielt, übermütig, hanseatisch sachlich. Sie haben eine Vorgeschichte, die von unterschiedlichen Akteuren unterschiedlich gelesen werden, woraus sich dann auch unterschiedliche Optionen für die Zukunft ableiten. Man kann eine Firma wie einen Roman lesen und so viel lernen.[13]

Deswegen kann es für Unternehmen auch keine klar abgegrenzte Arbeitsteilung zwischen Politik und Wirtschaft geben – es wäre schon allein aus einer rein an Erfolg interessierten Unternehmerperspektive ein Fehler. Es gibt keinen politikfreien Raum, wie der Wirtschaftsethiker Markus Scholz klarstellt.[14] Das Verhältnis von Unternehmen zu Politik ist nicht einseitig – wo Letztere für Erstere den Weg freihalten –, sondern interdependent. Die Politik schafft Infrastrukturen aus, praxeologisch gesprochen, Material (wie Autobahnen, Häfen, finanziellen Subventionen), Fähigkeiten (wie Absolventen von Hochschulen und Ausbildungsgängen) und Bedeutungen (vor allem durch Gesetze und Steuersysteme). Beide Seiten haben ein Interesse daran, dass diese Infrastrukturen ideal passen, der Erfolg der Unternehmen hängt davon ab. Deshalb ist es per se nicht problematisch, sondern wichtig, dass Unternehmen sich an Prozessen der Gestaltung, Bewertung und Verbesserung von diesen Infrastrukturen beteiligen. Ein Unternehmen, das stattdessen nur „aufs Business" konzentriert ist, würde schnell die Voraussetzung dafür bedroht sehen. Wer immer von einem „Nachtwächterstaat" träumte, der Unternehmen einfach machen lässt, versteht nicht, dass das selbst im unternehmerischen Sinne nicht gewollt sein kann. In meiner Beratungsarbeit erlebe ich, wie die Unternehmen immer mehr die Herausforderungen aller angrenzenden Systeme spüren. Sie wachen aus ihrer Naivität auf.

Die Chance: ein Unternehmensverständnis fürs Anthropozän

In der Vergangenheit mag das naive Bild vom Unternehmen als Maschine in Zeiten relativ hoher Stabilität und vordergründig niedriger Komplexität kurzfristig funktioniert haben. Eine Situation, in der wir uns in unseren Breitengraden eine Zeit lang einbilden konnten, dass alles in Ordnung sei. Dieser Blick hat stets Effekte höherer

Ordnung ignoriert, ausgelöst etwa durch gesellschaftlichen Wertewandel, Ressourcenknappheiten oder globale Risiken. Er hat damit auch jegliches Lernen unterdrückt, weil Abweichungen von der vorgegebenen Maschinenlogik stets ausgeblendet wurden. Wertvolle Irritationen wurden unterdrückt. Unternehmen brachten sich damit in eine Art Umwelt- und Selbst-Entfremdung.

Dieses naive Management ist nun im Anthropozän, in dem die globale Klimakrise, ein verstärkter Wettbewerb über Marktgrenzen hinaus und der rasante technologische Fortschritt die Wirtschaft komplexer und weniger vorhersehbar machen, völlig fehl am Platz. Nicht als seelenlose Maschinen, die sich in den Griff kriegen lassen müssen, die nach festen Logiken steuerbar sind und deren Umwelt einzig Hintergrundfolie (und Müllhalde) ist, müssen wir Unternehmen verstehen. Sondern als eingebettete Organismen, die aus Prozessen und Gesprächen und nicht nur aus Dingen bestehen. Bei deren Kräften, Bindungen und Potenzialen nur eines sicher ist: dass nichts bleibt, wie es ist. Erst wenn sich dieses Verständnis durchsetzt, ließe sich eine postnaive Welt des Wirtschaftens einläuten, die eben nicht von den ökologischen und sozialen Effekten überrumpelt wird, sondern diese sehen kann und verantwortungsvoll mitgestaltet. Nur wie kommen wir dahin?

Frisch von der Uni und nichts gelernt

Ein entscheidendes Fundament für einen Weg in das postnaive Wirtschaften muss – wie es mit Fundamenten eben so ist – direkt zu Beginn einer Managementkarriere gelegt werden: in der Ausbildung. Dass uns die derzeitige wirtschaftswissenschaftliche Ausbildung nicht auf verantwortungsvolles Wirtschaften vorbereitet, wäre, nun ja, eine ziemliche Untertreibung. Eine ganze Forschungstradition an Studien zeigt, dass wir nach einem BWL-, VWL- oder MBA-Abschluss nachweisbar weniger verantwortungsvolle Menschen sind als davor.[15] Marylin Sargent fand heraus, dass Wirtschaftsstudenten bei Tests zur moralischen Reflexionsfähigkeit durchgehend schlechter abschnitten als alle anderen Studenten und dass Nichtwirtschaftsstudenten im Laufe ihres Studiums in diesen Moraltests sogar besser wurden – man könnte das Bildung nennen –, während sich Wirtschaftsstudenten aufteilten in eine Gruppe, die sich nicht weiterentwickelte, und eine, die sogar noch schlechter wurde.[16] Robert Frank fand heraus, dass der Anteil der Wirtschaftsprofessoren, die nichts für wohltätige Zwecke spenden, mehr als doppelt so hoch ist wie bei Professoren aller anderen Disziplinen.[17] Und Robert Williams kam zu dem Schluss, dass ein höherer Anteil an Wirtschaftsabsolventen in einer Geschäftsführung die Wahrscheinlichkeit eines Verstoßes gegen Sicherheits- und Gesundheitsvorschriften erhöht.[18] Darf's noch mehr sein? Es hat sich auch gezeigt, dass Studierende der Wirtschaftswissenschaften im Vergleich zu Studierenden anderer Fachrichtungen häufiger schummeln,[19] weniger bereit waren, einen Teil des Gewinns aus einem Spiel mit anderen zu teilen,[20] und stärker dazu tendierten, als Verantwortliche eines studentischen Filmclubs Bestechungsgelder anzunehmen.[21]

In all diesen Studien zu adversen Effekten ökonomischer Bildung geht man von zwei zusammenhängenden Effekten aus:[22] einem etwas stärkeren Selbstselektionseffekt, mit dem Menschen sich zu diesem Studium hingezogen fühlen, die auf Verhaltensebene ohnehin schon moralische Defizite haben, um das mal nett zu sagen. Und einem nachgelagerten Indoktrinationseffekt, mit dem diese Defizite im Studium noch verstärkt werden.

Für mich, der selbst Wirtschaftswissenschaften studiert hat, sind solche Effekte von „Bildung" schockierend. Aber man kann dieses ganze Schlamassel auch ins Positive wenden: Für ein enkeltaugliches Wirtschaften scheint die Reform von ökonomischer Bildung ein sehr naheliegender und ziemlich großer Hebel zu sein. Oder wie jemand mit MBA sagen würde: Low Hanging Fruits! Beide Effekte müssen in Angriff genommen werden: Es müssen sich mehr „moralisch engagierte Menschen" von diesem Studium angesprochen fühlen, und ein Verständnis für Werte und soziale Verantwortung darf dann im Studium nicht systematisch ausgetrieben werden. Wenn man bedenkt, dass Wirtschaften im

Kern Fürsorge ist (➤ Sichtbarkeit), und wenn man bedenkt, dass die meisten oben genannten Studien ja auch von reflektierten Ökonomen durchgeführt wurden, ist es durchaus möglich, schon das Grundstudium entsprechend zu modernisieren. Denn mit dem Grundstudium verlassen die Entscheiderinnen oft schon wieder die Universität und gehen in die problematische Praxis.

In der Tat machen sich mittlerweile viele Universitäten auf den Weg, entwerfen wie etwa die Universität Bayreuth Programme, die schon im Bachelor Philosophie und Wirtschaftswissenschaften kombinieren, oder bieten ein auf Transformationsfragen ausgerichtetes Ökonomikstudium an, wie die Hochschule für Gesellschaftsgestaltung in Koblenz. Vielleicht wird dann die Anekdote eines Freundes bald der Vergangenheit angehören. Dieser teilte als aufgeregter BWL-Erstsemester seinem Controlling-Professor mit, dass er sich für Werte in Unternehmen interessiere. Der Professor nickte angeregt und lud das scheinbare Controlling-Nachwuchstalent zu seiner Sprechstunde ein. Dort ergab sich dann recht schnell die ernüchternde Erkenntnis, dass die beiden einem Missverständnis über den Begriff „Werte“ aufgesessen waren.

Erstens Bildungswandel: Master of Business Reformation

Bildung für ein postnaives Wirtschaften würde vieles anders machen, vom Menschenbild zum Freiheitsbegriff zum Wachstumsverständnis, alles Themen, die locker ein zweites Buch füllen würden und wozu schon viel Kluges geschrieben wurde.[23] Sie müsste damit beginnen, die Ökonomik wieder als Teil der Sozialwissenschaften zu begreifen, damit die echte Ökonomie dann eben auch sozialer wird. Die sozialwissenschaftlichen Theorien sind immer etwas unordentlicher als die schönen, cleanen Modelle der Physik, derer sich die Standardökonomik immer bedient hat. Schauen wir uns nur die reibungslosen Gleichgewichtsmodelle der Makroökonomik an – jede Studentin der Wirtschaft erinnert sich an das Kurvenverschieben. Soziale Fragen sind unordentlicher, weil es nicht nur um eine Verzifferung der Welt geht, wie Ernst Jünger es nannte, sondern um den Anspruch, diese Welt im Sinne einer wertvollen Verbesserung für Menschen, Gemeinschaften und Gesellschaften zu untersuchen.[24] Unordentlicher, weil es ja eben um komplexe und nicht nur komplizierte Systeme geht.

Auch in Zukunft können wir unser Denken nicht an Hilfsmittel (auch nicht an KI) delegieren, denn die Suche nach einer besseren Zukunft wird immer wertebasiertes Denken voraussetzen, wie die Arbeitsforscherin Antoinette Weibel betont.[25] Die Wirtschaftswissenschaft hat uns mit ihrem Anspruch in die Irre geführt, dass nur auf „harte Daten" gestützte Beweise zählen und ideologische Annahmen nicht zu hinterfragen sind, selbst wenn es sich dabei um den unrealistischen Egoismus des Homo oeconomicus handelt.

Interessanterweise sind die Menschen, die es an die Spitze von Unternehmen schaffen, heute schon jene, die sich bemerkenswert wenig von den Inhalten ihres Studiums haben beeindrucken lassen. Den Homo oeconomicus verinnerlicht schien mir vor allem das mittlere Management zu haben, während ich in der direkten Arbeit mit DAX-Vorständen davon überrascht wurde, dass einige von ihnen beispielsweise verstanden haben, dass man nicht nur managen kann, was sich messen lässt. Oder dass es sich mit einem Automobilvorstand ganz vortrefflich über die Nikomachische Ethik diskutieren lässt. Was nicht nur an den jeweiligen Personen liegt, sondern daran, welche Praktiken an welchem Ort der Organisation als angemessen gelten.

Der Organisationsforscher Robert Quinn macht eine Grundtragik für Manager deutlich: Wenn du die Logik deiner Ausbildung anwendest, betrachtest du deine Mitarbeiterinnen als eigennützige Akteure und gestaltest die Organisationspraktiken und -kultur entsprechend.[26] Alles dreht sich um Konkurrenz von Mitarbeitern, die mit möglichst wenig Einsatz möglichst viel Geld gewinnen wollen. Alles dreht sich um schnelle quantifizierbare Ergebnisse. Du merkst irgendwann, dass dies paradoxerweise gar nicht zu Erfolg führt. Du erlebst Irritationen, die deine Managementpraktiken zu hinterfragen drohen. Du stehst nun vor der Wahl: Du kannst diesen Ansatz mit doppelter Intensität weiterverfolgen in der Annahme, dass du nur nicht genug Druck gemacht hast. Oder du könntest versuchen, die Organisation mehr mit ihrer Umwelt in Einklang zu bringen, mit Mitarbeitern gemeinsam eine Strategie überlegen, die nach einer geteilten Wertschöpfung für Umwelt und Geschäftsinteressen sucht und Mitarbeiterinnen damit auch zu selbstbestimmten Entscheidungen motiviert. Wenn dir Letzteres gelingt, könnten Mitarbeiter neue Dinge ausprobieren, selbstbestimmt in die Tiefe gehen, Risiken eingehen und überraschende Beiträge leisten. Aber der Anreiz ist groß, die zweite Option nicht zu wählen und lieber doppelt Druck zu machen und nach den etablierten Regeln zu spielen. Weil die zweite Option ja eben all dem widerspricht, was du in der Business School gelernt hast und was deine ganzen Managementkollegen empfehlen würden: dass Arbeit grundsätzlich vertraglich geregelt ist und die Mitarbeiter maschinengleich versuchen werden, die persönlichen Kosten und den Aufwand zu minimieren. Dass Unternehmen nur überleben, wenn sie an ihr Eigeninteresse denken, obwohl genau das Gegenteil der Fall ist.

Der zweite Weg ist so schwer, weil uns dafür ein anderes Bild, Unternehmen zu denken – und eben zu lenken –, fehlt. Weil wir nicht warten können, bis in 20 bis 30 Jahren mehr solche „erleuchteten" CEOs aus neuen Studiengängen bereitstehen, müssen Unternehmen heute schon selbst einen Bedeutungswandel anstreben. Dafür hilft uns im Repertoire der Praktiken vor allem die Sprache.

Zweitens Bedeutungswandel: sich einen neuen Begriff machen

Wer seine Angestellten „Familie" nennt, darf sich nicht wundern, wenn sie sich wie Kinder verhalten. Dass Sprachbilder Realitäten schaffen, sieht man schon daran, dass man beim Lernen einer neuen Sprache auch neue Gefühle lernt: Mit dem Englischen kommt die wundervolle *awkwardness* ins Gefühlsrepertoire, wer Deutsch lernt, lernt „Fernweh" kennen, und meine mittelmäßigen Hebräisch-Erkundungen haben mir zumindest *Balagan* beschert: Das ist eine Art glückliches Chaos. Israelische Unternehmer, sagt man, zeichnen sich durch ein ausgeprägtes Balaganistentum aus. Ein besseres Unternehmensverständnis kann sich also nur in eine Richtung entwickeln, für die die Sprache und die Geschichten, die wir uns erzählen, bereits heute einen Weg angelegt haben. Genauso wie wir nur Fernweh fühlen können, wenn wir uns davon einen Begriff gemacht haben.

Gerade in einer sich verändernden Wirtschaftswelt wird es für Unternehmen immer entscheidender, eine sinnvolle Geschichte fortzuschreiben, ein Narrativ am Laufen zu halten, das uns Halt und Richtung im Wandel gibt: Die Geschichten etwa, dass Konsum glücklich macht, dass unbegrenztes Wachstum möglich ist, dass Märkte sich selbst regulieren und Unternehmen nur auf Aktionärsrendite blicken müssen, führt in keine lebenswerte Richtung. Stattdessen brauchen wir Geschichten, von denen wir sagen können, dass wir mit ihnen den Weg sehen, der eine erstrebenswerte Zukunft mit unseren Praktiken im Hier und Jetzt verbindet. So dass wir wissen, wo es langgeht.

In unserer Leistungsgesellschaft glauben wir, alles werden zu können. Aber tatsächlich können wir nur zu dem werden, für das wir bereits eine Begriffswelt geschaffen haben, dessen Geschichte wir deshalb bereits erzählen und in der Welt ausleben können, so der Psychiater Gianpiero Petriglieri.[27] Für Petriglieri ist deshalb die Fähigkeit, an unsere begrifflichen Fantasien zu glauben, ein wertvolles Geschenk. Er sagt, dass ein anderes Wort für diese Fähigkeit „Macht" ist. Deswegen ist das Entscheidende für einen Begriffs- und Erzählungswandel nicht, ob die neuen Begriffe und Geschichten Illusionen sind (streng genommen sind sie es immer), sondern was diese Begriffe leisten können, welches Handeln und welches Selbstbild sie ermöglichen. Kommen wir dann darauf zurück, dass eine passende Metapher für Unternehmen der Regenwald und nicht der Ferrari ist, dann können wir daraus verschiedene Elemente einer Geschichte ableiten – die ganze Geschichte bleibt in einer Welt, in der Unternehmen eben nicht alle nach dem gleichen Prinzip funktionierende Maschinen sind, natürlich eine Frage des jeweiligen Unternehmens.

Dies hieße, einen neuen Blick auf den Begriff von sich selbst, von „Unternehmen" zu werfen. Hierin schlummert ja noch das Verb

„etwas unternehmen", das eine Wiederbelebung vertragen könnte. „Unternehmen" kommt von „Unternehmungen": „Wenn man etwas unternimmt, dann geht es ganz grundsätzlich darum, ‚sich aufzumachen', etwas zu wagen, aus Freude und Unternehmungslust oder aus dezidierter Ablehnung – à la ‚dagegen werden wir etwas unternehmen'", so der Transformationsforscher Björn Müller.[28] Eine Rückbesinnung darauf könnte für viele Organisationen der Startpunkt für eine neue Geschichte sein: Wofür/wogegen wollen wir etwas unternehmen? Was ist eigentlich die ursprüngliche Unternehmung, die unsere Organisation ins Leben gerufen hat? Denn am Anfang stand immer ein echtes soziales Problem, das eine Gründerin eben dazu brachte, etwas zu unternehmen. Ein Purpose ist immer auch Rückbesinnung. Für Unternehmungstum statt weiterem Unterlassungstum![29]

Ähnlich könnte man dann auch den Begriff der Ergebnisse, der Güter, auf seine Wortherkunft zurückführen und darauf eingehen, welche „Schlechts" denn mit diesen Gütern gelöst werden sollen, denn daher kommt ursprünglich ja das Gut.

Und natürlich geht es um den Begriff der Umgebung: Fast alle größeren Unternehmen haben heute eine Abteilung für Nachhaltigkeit, sie geben dem Thema an sich also bereits eine Bedeutung, doch dort bleibt meist die Logik von Natur als nachgeordneter und eben doch von der Maschine isolierter Welt, von Umwelt eben, bestehen. Mal ist der Nachhaltigkeitsbereich sogar Teil der PR-Abteilung, die Natur ist hier ein Storyelement, das man seinem Publikum nach Belieben vorsetzen und dies stets mit einem Gestus der Wohltätigkeit verbinden kann. Umweltverantwortung steht neben dem Sponsoring des lokalen Tischtennisvereins.

Das Bedeutungsbild hängt also schief. Tatsächlich ist Umweltschutz für Unternehmen weder irgendeine Ökofolklore noch fernes Ende einer Wirkungskette wie ein Schrottplatz in Castrop-Rauxel. Es ist Selbstschutz. Wir müssen also die Aufgabe von Unternehmen so verstehen, dass sie sich nicht um selbstlose Wohltaten für die Umwelt kümmern, sondern um eine Überlebensstrategie in einer Mitwelt, in die sie zutiefst eingebettet sind. Dass wir „die Natur retten" wollen, ist letztendlich auch nur ein Ausdruck narzisstischer Isolation. Die Natur kommt auch ohne uns klar, nur für uns wird es dabei womöglich zu heiß.

Wir brauchen ein Verständnis davon, dass es nur alles auf einmal gibt, die Biosphäre als Ganzes, uns eingeschlossen – ein Regenwaldverständnis eben und kein Ferrariverständnis. Der Philosoph Timothy Morton führt dafür den Begriff einer Ökologie ohne Natur ein, denn „die Natur" gibt es nicht, zumindest nicht in diesem von uns losgelösten Sinne.[30] Das Management muss sich nicht um die biologische Welt kümmern, es muss zum biologischen Management werden.[31] Es muss die Eigenschaften komplexer adaptiver Systeme in der Umwelt nachahmen und als Teil dieser Systeme selbst so handeln. Dies hieße dann, dass wir nicht mehr Planungsillusionen aus einem imaginären Maschinenraum nachhängen, sondern vom Planen und Projizieren zum Erspüren und Mitgestalten kommen müssen: Ich habe Vorstandsunterlagen gesehen, in denen die Marktsituation in fünf Jahren detailliert abgeleitet wurde; das traf niemals so ein, aber macht ja nichts! Statt wilder Vorhersagen auf PowerPoint-Slides sollten wir offene Fragen für die Zukunft formulieren und diesen nachgehen: „Was sollten wir jetzt unternehmen?"

Wir können deshalb auch im Unternehmen nur bedingt Mitarbeiter mit Kontrolle im Griff halten. Mikromanagement ist höchst kontraproduktiv und Gift für jede Verantwortung. Wir müssen zu einem Managementverständnis des Ermöglichens kommen. Dafür sollten wir der Tatsache Bedeutung schenken, dass wir nie Macht über etwas haben, die Natur, die Mitarbeiter, die Erwartungen an uns, sondern stets nur geteilte Macht mit diesen Systemen. Deswegen ergibt ein Alle-gegen-alle-Denken in Nullsummen und Trade-offs langfristig keinen Sinn. Wir sollten auf Synergien setzen, wenn es zum Beispiel darum geht, mit Konkurrenten aus der Automobilindustrie Ladeinfrastrukturen für Elektromobilität zu schaffen oder mit Konkurrenten aus der Modeindustrie Plattformen für bessere Arbeitsbedingungen ins Leben zu rufen.

Dass wir die Isolation der naiven Maschinenlogik sogar noch zu einem Beweis für besonders große Unabhängigkeit aufgewertet haben (der Chef, der sich nichts sagen lässt, die Firma, die sich nicht aus der traditionsreichen Bahn bringen lässt, die Aktienkurse, die so stabil sind – obwohl Daten ja immer nur die Vergangenheit abbilden konnten), hat uns paradoxerweise sehr abhängig gemacht: von Ereignissen, die dadurch für uns von ganz weit draußen zu kommen scheinen und uns dann ganz plötzlich überrumpeln. Souveränität wächst, wenn sie geteilt wird. Deshalb brauchen wir auch einen Bedeutungswandel von der großen Unabhängigkeit zu einer Verbundenheit mit uns, anderen und der Mitwelt.

Mit diesem Verständnis von sich selbst und der umgebenden Welt können Unternehmen dann aus sich heraus eine Richtung entwickeln, die sie im Anthropozän sinnvoller und damit auch langfristig erfolgreicher wirtschaften lässt. Die Kälte der Maschinen weicht einer Lebendigkeit von innen. Mitarbeiterinnen werden eingeladen „zuzuhören und zu verstehen, was die Organisation im gegebenen System werden will und welchem Sinn sie dienen möchte".[32] Dieser Bedeutungswandel kann dann im Großen wie im Kleinen zu Durchbrüchen in Form konkreter alltäglicher Praktiken kommen, die – manchmal subtil, manchmal radikal – von traditionell akzeptierten, an Universitäten größtenteils noch gelehrten Managementmethoden abweichen. Die übrigen Veränderungsdimensionen des Buches wollen dafür Inspiration sein.

Wir brauchen die Unternehmen, um das Klima zu retten

Unternehmen sind überall – auch im Fortschritt. Die Tatsache, dass eine einzige Organisationsform so viele verschiedene Funktionen erfüllen kann – vom Ein-Mann-Betrieb über den Tante-Emma-Laden bis hin zum Mischkonzern, vom sozialen Unternehmen über das verarbeitende Gewerbe bis hin zur öffentlichen Infrastruktur, vom No-Tech- über den Low-Tech- bis hin zum High-Tech-Betrieb –, ist einfach bemerkenswert.[33] Die Tatsache, dass Unternehmen das Wachstum von Nationen und das Scheitern anderer Nationen auf der ganzen Welt erklären können, zeigt ihre Bedeutung.[34] Eben auch für die Herkulesaufgabe einer Bekämpfung der Klimakrise. Die Tatsache, dass die wandelnden Selbstverständnisse eines Unternehmens (Unternehmung, Maschine, Organismus) nicht nur mit Missständen, sondern eben auch mit sozialen Fortschritten in Verbindung gebracht werden können, legt nahe, dass wir für eine neue Form des sinnvollen Arbeitens im Anthropozän auf postnaive Unternehmen als Treiber angewiesen sind. Unternehmen können nicht nur unerträgliche Normalitäten abspielen, sondern als Vehikel des Fortschritts auch den Raum bieten, um normative Höhenentwicklungen zu ermöglichen und damit zu einem besseren New Normal zu kommen.

So gesehen waren Unternehmen schon immer „lebendig“ und nie „maschinenartig“, sie bestanden immer aus unvorhersehbaren, voneinander abhängigen, sich entwickelnden menschlichen und planetaren Beziehungen, selbst in den fließbandartigsten Zeiten der Industrialisierung. Indem wir unsere Begriffswelt verändern, beginnen wir lediglich, Unternehmen so zu sehen, wie sie wirklich sind – weniger als ein Ferrari, mehr als ein Regenwald.

3 Anerkennung
Von der Arroganz der Wissensarbeit zum Respekt für jede Arbeit

„Marktsysteme rechtfertigen sich nicht durch Effizienz und Profite, sondern weil Menschen zuallererst soziale Wesen sind, denen Märkte eine gleichgesinnte Gemeinschaft für den Austausch bieten können."
Robert C. Solomon[1]

Der Fokus dieses Buches liegt auf der sogenannten Wissensarbeit. Wir alle kennen diesen Begriff, übersehen aber in der Regel die mit ihm verbundene Arroganz. Muss die Bäckerin nicht die seit Jahrhunderten überlieferte Fertigkeit des Brotbackens beherrschen? Ist sie keine Wissensarbeiterin? Der Erzieher im Kindergarten, der eine ungeheure Komplexität an Bedürfnissen jonglieren muss, die ganz und gar nicht versprachlicht werden – kein Wissensarbeiter? Die Taxifahrerin, die uns nachts durch eine labyrinthartige Metropole navigieren kann, die alle Baustellen, Staustraßen und vor allem Abkürzungen kennt – auch keine Wissensarbeiterin? Doch natürlich sind sie das. Das zeigt, wie eng der Begriff der „Wissensarbeit" gefasst ist. Es zeigt aber auch, dass die selbsternannten „Wissensarbeitenden" mit dieser engen Fassung einige Erkenntnischancen verpassen, die ihre Arbeit besser und enkeltauglicher machen könnten und die es in den Arbeitspraktiken jenseits der Computerarbeit zu entdecken gibt: über den wahren Sinn in der Arbeit (➤ Sinn), über vielfältigere Formen des Wissens (➤ Intelligenzen) oder über die Resonanz mit der Mitwelt (➤ Körper).

Genau wegen dieser Erkenntnischancen ist das Buch an Menschen gerichtet, die ihre eigene Arbeit stets als „Wissensarbeit" bezeichnen, manchmal – wie gesagt – auch in Abgrenzung vom Rest der Arbeitswelt. Diese Wissensarbeitenden sind oft Chefinnen von Menschen, die dem Begriff zufolge etwas anderes als Wissensarbeit machen. So ist die wissensarbeitende Personalmanagerin eines Krankenhauses in einer Machtposition über dem Care-arbeitenden Pflegepersonal. Mit einem gewissen Recht begreifen sich die sogenannten Wissensarbeiter also als Verantwortungsträger für die gesamte Arbeitswelt, denn in ihren Rollen gestalten sie eine Arbeitswelt, die weit über ihre eigene Wissensarbeit hinausgeht. Wird diese Verantwortung wahrgenommen? Kann sich die Wissensarbeit mit ihrem Einfluss vor anderen Formen der Arbeit verantworten? Angesichts einer Arbeitswelt, die ganz dramatisch in „Wissensarbeit und der Rest" gespalten ist und sich durch eine höchst einseitige Verteilung von monetärer, betrieblicher und gesellschaftlicher Anerkennung auszeichnet, scheint man diese Fragen mit Nein beantworten zu müssen.

Eine gespaltene Arbeitswelt wird den Planeten nicht retten können

In dieser Veränderungsdimension muss es deshalb um die sozialen Voraussetzungen für die gesellschaftsverträgliche Bewältigung der Klimakrise gehen, um den notwendigen Zusammenklang zwischen verschiedenen Formen und Arten, an der Zukunft zu arbeiten – pathetisch gesprochen, mit Kopf, Händen oder Herz. Vielleicht liegt es an dem Thema „Anerkennung", dass uns hierbei ganze drei Mal der Bürgerrechtler Martin Luther King begegnen wird.

Der vertikale Zusammenhalt zwischen Generationen innerhalb einer Organisation wird im Kapitel ➤ Zusammenhalt beschrieben. Hier soll es um den horizontalen Zusammenhalt zwischen verschiedenen Arbeitsfeldern gehen, um eine Form des Zusammenhaltens, die auf der Würde jeder Arbeit basiert (und nicht auf Doktortiteln, Gehaltsangaben oder Home-Office-Privilegien): Zusammenhalt zwischen jenen mit weißem Kragen und mit blauem Kragen in einem Werk. Oder zwischen jenen, die morgens um drei Uhr mit der

S-Bahn zur Bäckerei fahren, und jenen, die sechs Stunden später vom Frühstückstisch aus an einem Zoom-Call über die Zukunft der Arbeit teilnehmen. Oder zwischen jenen, die englisch sprechend durch die Büroräume flitzen, und jenen, die dafür sorgen, dass diese Gänge stets sauber sind – ganz ohne wissen zu müssen, was etwa ASAP bedeutet.

Die Arbeitsbereiche der abstrakten Kopf-Arbeit haben sich in den letzten Jahrzehnten immer weiter von der restlichen Arbeitswelt isoliert – Akademisierung, Pandemie, Digitalisierung sind, wie wir sehen werden, die maßgeblichen Triebkräfte dieser Entwicklung. Im Ergebnis kann gar nicht mehr von *einer* Arbeitswelt gesprochen werden, und bald vielleicht auch gar nicht mehr von einer Gesellschaft?

Eine Welt, die wir nicht mehr gemeinsam wahrnehmen, werden wir auch nicht gemeinsam retten können. Der gesellschaftliche Kitt eines gewissen Grundzusammenhalts ist essenziell für eine gemeinsame, demokratische Meinungs- und Willensbildung. Diese wiederum ist essenziell für ein gemeinsames Umlernen im Anthropozän. In einer gespaltenen Arbeitswelt rückt eine demokratiekompatible und nichttraumatische Antwort auf die Klimakrise in die Ferne. Stattdessen wird das Projekt einer enkeltauglichen Wirtschaft nun immer mehr zum Auslöser von Kulturkämpfen und gegenseitigen Ressentiments zwischen den Fronten. Wir haben eine Rangordnung der Arbeitsformen geschaffen und eine erbarmungslose Leistungsgesellschaft entwickelt, welche die Arbeitswelt in Gewinner und Verlierer teilt, statt sie als das *eine* gesellschaftliche Forum für Anerkennung vor Spaltung zu bewahren. Die Würde in der Arbeit kommt ja nicht nur über das Gehalt zustande: In der Arbeit erkenne ich mich in dem, was ich mache, die Arbeit wird zu einem stützenden Teil meiner Identität, die Arbeit baut eine Beziehung zwischen mir und der Welt auf, die mir das Gefühl gibt, nicht grundlos zu existieren. Dieser Prozess gelingt aber nur, wenn ich von meiner sozialen Umwelt für das anerkannt werde, was ich in der Arbeit schaffe. Die anderen halten mir den Spiegel, in dem ich mich erkennen kann. Ist dieses Spiegelbild ein positives, gewinnt man Selbstachtung, gewinnt man einen Platz in der Gesellschaft, gewinnt man Würde. Arbeit – und damit meine ich weit mehr als nur Lohnarbeit (➤ Sichtbarkeit) – sorgt dafür, dass ich mich nicht mit leeren Händen in die Gesellschaft zu integrieren versuche. Bei Hannah Arendt ist deshalb auch der Marktplatz die Voraussetzung für das politische Forum. Deshalb sind Anerkennung und Würde in der Arbeitswelt nicht nur wichtig für die Arbeitswelt allein.

Die Arbeit mit Kopf, Hand oder Herzen

Fragen wir grundsätzlich nach den Fähigkeiten, mit denen sich ein Mensch in der Arbeitswelt einbringen kann, dann ließen sich diese gemäß der Auffassung des britischen Autors David Goodhart grob in drei Grundformen einteilen:[2] Ich kann mich mit meinen Händen einbringen. Hier geht es um eine manuelle Intelligenz, um Geschick, um ein Talent für Materialien, eine gewisse praktische Kreativität. Das kann mich zum Handwerk führen. Ich kann mich aber auch überwiegend mit meinem Herzen einbringen, mittels emotionaler Intelligenz, mit Geduld, sozialer Kreativität und Empathie. Das wäre etwa die Vorausetzung für die Ausübung von Pflegeberufen (warum diese Arbeitsform das Fundament der Ökonomie bildet, sehen wir im Kapitel zu ➤ Sichtbarkeit). Und schließlich kann ich mich mit meinem Kopf einbringen, meine kognitiv-analytische Intelligenz nutzen, abstrakte Kreativität ins Spiel bringen, diese Eigenschaften für Wissensarbeit nutzen und etwa ein Buch über die Zukunft der Arbeit schreiben, eine Personalabteilung leiten oder US-Präsidentin sein. Was klar werden soll: Es geht in allen Bereichen um Wissen und Intelligenz, jedoch in unterschiedlichen Formen.

Diese Unterscheidung in drei Grundformen ist natürlich nie ganz trennscharf, die Bereiche überlappen sich an vielen Stellen. Die Bäckerin hantiert nicht nur mit Teig, sie muss auch Einkäufe planen, der Pfleger hat nicht nur ein Herz, sondern auch einen Körper, den er in diesem System sehr stark belasten muss – viel administrative Arbeit kommt hinzu. Auch ist das Ganze nur die eine Art, Arbeit zu unterscheiden, eben auf Basis der Fähigkeiten, eine andere für unsere Zukunft wichtige Unterscheidung geschieht durch Haltungen (➤ Haltung).

Aber für Reflexionen über eine mehr auf Anerkennung ausgerichtete Arbeitswelt ist die Aufteilung von David Goodhart in Kopf-Hand-Herz hilfreich, und zwar weil sie uns zu verstehen hilft, woran es der Arbeitswelt fehlt, warum und wie sehr wir Kopfarbeit über alles stellen, so dass die Kopfarbeiter mit ihren Werten, ihrem Status und ihrem Einfluss über allen anderen thronen. Manchmal scheint es mir, als würden wir nur Kopfarbeit als wirklich tolle Arbeit ansehen, und die, die mit Hand oder Herz arbeiten, wären einfach nur solche Menschen, bei denen es vom Kopf her nicht gereicht hat. Wir verdrängen – wenn nicht gerade Pandemie ist –, wie aufgeschmissen wir ohne sie wären. Betreiben also Wissensvermeidungsarbeit.

Kluge Menschen sind zu mächtig geworden

Ein kluger Kopf zu sein, ist zum „Goldstandard menschlicher Wertschätzung" geworden, viel mehr Goldstandard, als etwa ein guter Mensch zu sein, so David Goodhart, dessen Ururgroßvater Mayer Lehmann kurioserweise einer der Gründer der Bank Lehman Brothers war.[3] Jene Bank, die sich in den Nullerjahren so massiv mit Immobilien verzockte, dass unser globales Finanzsystem um ein Haar daran zugrunde gegangen wäre (merke: Man kann bei der Auswahl seiner Verwandtschaft nicht vorsichtig genug sein!).

Unsere Arbeitswelt ist ganz massiv darauf ausgelegt, Menschen für Kopfarbeit zu begeistern und die dafür notwendigen Fähigkeiten zu fördern – etwa so „smart" mit Zahlen umzugehen wie die Lehman Brothers. Diejenigen mit anderen Formen der Intelligenz dürfen sich bereits in der Schule als Versager fühlen.

Dass handwerkliche Berufe aber ebenso lohnend sein können, was Sinn, Zufriedenheit und auch Einkommen angeht, wurde beispielsweise in den Berufsorientierungsangeboten meiner Schule gar nicht erwähnt.[4] Berufsorientierung war stets Orientierung zur

Wissensarbeit, meist über den Weg der Universität. Nur wer in diesem allein auf analytische Intelligenz ausgerichteten Bildungssystem brilliert, hat die Chance, an Machtpositionen zu kommen, die eben allein nach dem Kopfkriterium verteilt werden. Dies hat zur Folge, dass moralische Einstellungen, die keine Frage der Intelligenz sind, von der Gesellschaft abgewertet werden – so die Überlegung von Goodhart. Unsere Gesellschaft hat hier eine moralische Schwachstelle. Die Folgen sind Ehrfurcht und Respekt für Oxford-Absolventen, aber weniger für Menschen, die sich durch Zivilcourage oder Großzügigkeit auszeichnen. Menschen von hoher kognitiver Intelligenz werden grundsätzlich für die Fähigsten gehalten. Für alle Anwendungsfragen.

Die Überbewertung von Kopfarbeit auf Kosten aller anderen Arbeitsformen beschert uns auch technologische und personelle Schwachstellen: Weil unsere Arbeitswelt so radikal die eine Form von Intelligenz bevorzugt, die die abstrakte Informationen verarbeitende Wissensarbeit ausmacht, haben wir uns ironischerweise eine Situation geschaffen, in der lukrative Teile der Arbeit nun besonders leicht von den Algorithmen der KI übernommen werden können (➤ Intelligenzen) und in der wir gleichzeitig in allen anderen Bereichen einen Fachkräftemangel haben.

Diese eiskalte Bevorzugung der Wissensarbeit führt im Verlauf dazu, dass die hoch bezahlten Kopfarbeiter zu mächtig werden, wie Goodhart es auf den Punkt bringt. Das führt auch zu einer politischen Schwachstelle. Schauen wir auf unser Parlament, sind die Zahlen eklatant: Im Bundestaghaben 81,3 Prozent der Abgeordneten das Abitur, und nur 2,7 Prozent besitzen einen Hauptschulabschluss. [5] Ganze 16 Prozent der Bundestagsabgeordneten sind sogar promoviert – zum Anteil der Plagiate bei diesen Promotionen habe ich keine aktuellen Zahlen. Eine wahnsinnige Machtverzerrung für eine repräsentative Demokratie. Denn in der Gesamtbevölkerung beläuft sich der Promoviertenanteil auf nur 1,2 Prozent, sie sind also im Bundestag um ein Dreizehnfaches überrepräsentiert.[6] In der Gesamtbevölkerung sind Hauptschulabschlüsse mit 25,3 Prozent fast zehnmal so häufig vertreten wie im Parlament, und in der Gesamtbevölkerung ist das Abitur mit 35,7 Prozent weniger als halb so stark vertreten wie im Bundestag. Die Politik ist vor allem die Politik der Wissensarbeiter.

Nun könnte man einwerfen, das sei immer schon so gewesen: Schlaue, ambitioniertere Menschen erreichten halt mehr, und deswegen führten überdurchschnittlich intelligente Menschen auch eher Unternehmen oder Staaten an. Was Politik und Unternehmen ja zuträglich sei. Das stimmt zwar grundsätzlich, so Goodhart, aber was heute als Überdurchschnittlichkeit zählt, wird allein über formale Bildung definiert.[7] Überdurchschnittliche Bildung ist der einzige Treiber für soziale Unterschiede geworden. Nicht überdurchschnittliches Engagement, Fleiß oder gar Charakter. Natürlich waren in der Vergangenheit auch viele kognitiv intelligente Menschen in Unternehmen, Parlamenten und wichtigen Organisationen vertreten, doch das Verhältnis war bei Weitem nicht so extrem wie heute – 1990 noch hatte zumindest jeder Zehnte im Bundestag einen Hauptschulabschluss und nicht wie heute nur jeder Siebenunddreißigste (auch wenn man einschieben muss, dass damals der Anteil der Hauptschulabsolventen in der Gesamtgesellschaft ebenfalls höher war).[8] Andere Fähigkeiten und Qualitäten jenseits von kognitiver Intelligenz wurden, so Goodhart, in der Vergangenheit auch nicht auf die Weise verdrängt, wie das heute der Fall ist: Fleiß, Empathie, Anstand, Geschick, Mut und Lebenserfahrung wurden nicht von einem MBA oder einem Dr. in den Schatten gestellt. Hat man ein Handwerk gelernt, „gedient“, sich karitativ engagiert? Hat man sich womöglich sogar vom Fließband in die Vorstandsetage hochgearbeitet? Heute aber heißt es – wieder nach Goodhart – immer mehr: „Die Klügsten übertrumpfen die Anständigen und Fleißigen“, und Erstere gestalten die Gesellschaft, die Gesetze, die Arbeitswelt der Letzteren.[9]

Dass dies eine Gefahr für die Solidarität in unserer Gesellschaft darstellt, lässt sich mit einer einfachen mathematischen Wahrheit erklären: Wenn es allein auf überdurchschnittliche hohe kognitive Intelligenz ankommt, dann wird der Großteil der Gesellschaft, der ja per Definition den Durchschnitt bildet, gesellschaftlich abgehängt. Nicht jeder Mensch kann überdurchschnittlich intelligent sein. Das verstehe sogar ich mit meinem NRW-Abitur.

Aber Leistung muss sich doch lohnen?!

In unserer Gesellschaft ist das große Gegenargument zu diesen Ausführungen klar: Wo ist das Problem mit kognitiver Leistung, wenn nur jeder, unabhängig vom sozialen oder wirtschaftlichen Hintergrund, eine faire Chance bekommt, an diesem Wettbewerb teilzunehmen? Solange etwa an den Universitäten Diversität gewährleistet ist, sehen wir doch, dass jeder einen *fair shot at life* hat, oder?

Zunächst ist dies natürlich nur ein frommer Wunsch: An vielen Elitehochschulen, darunter Yale und Princeton, gibt es mehr Studenten aus dem obersten einen Prozent als aus den gesamten unteren 60 Prozent der Bevölkerung.[10] In Deutschland zeigt der aktuelle „Bildungstrichter" genannte Hochschulbildungsreport, dass von 100 Kindern aus Familien ohne akademischen Hintergrund nur 23 den Sprung an die Hochschule schaffen (bei Akademikerkindern sind es 77).[11]

Aber vielleicht wichtiger noch ist die Frage, ob wir überhaupt wollen, dass dieser Wunsch in Erfüllung geht. Hat eine Gesellschaft, die sich allein aufgrund von kognitivem Erfolg sortiert, nicht sogar ein größeres Problem als fehlende Diversity? Denn selbst wenn jeder eine faire Chance besäße, eine hoch prämierte Kopfarbeiterin zu werden – was derzeit nicht der Fall ist –, ist diese gesellschaftliche Leistungsfixierung ein Problem für den Zusammenhalt. Es wird in dieser Logik der Herrschaft der Überflieger immer der Fall sein, dass wenige Gewinner und sehr viele Verlierer produziert werden – ganz egal, von wo der Überflieger seinen Flug gestartet hat.

Diese Logik des ständigen Wettbewerbs schadet dem unbedingten Respekt, den eine (Arbeits-)Gesellschaft aber als ihre Grundlage braucht, Respekt für die Person, die mit anpackt. Respekt für alle Menschen, die eine für uns als Gesellschaft unverzichtbare Aufgabe wie Müllabfuhr oder Altenpflege erledigen. Respekt für alle, die versuchen, sich einzubringen, auch wenn deren Fähigkeiten nicht im Kognitiv-Analytischen liegt. Respekt für Menschen, die eben ihren

Job machen. Genau das meint das lateinische „re-spicere“, aus dem wir das Wort Respekt ableiten, das ist das „Noch-mal-Hinschauen“ jenseits von Labels, die auf den ersten Blick schnell die Sicht versperren können.

Wir feiern die Gewinner in unserer Gesellschaft: die schnellste Start-up-Millionärin, die obendrein noch vier Kinder und eine NGO ins Leben gerufen hat, die Rolex-Uhren an Obdachlose verteilt, der kolossale Topmanager mit der größten Sammlung von Porsches und Depressionen, der jüngste Physikabsolvent, der die Quantenmechanik durchblickt, aber nicht weiß, wie man ein Spiegelei brät. Aber wir sehen davon ab, dass wir dabei viele Verlierer produzieren, die nicht mit solchen Superlativen auftrumpfen können. Und das Schlimmste: Sie sind ja gar keine Verlierer. Sie machen wichtige, oft vielleicht sogar wichtigere Arbeit für uns alle, aber wir sprechen ihnen immer weniger Status zu.

Natürlich ist es wichtig und gut, dass es Aussortiersysteme für anspruchsvolle Jobs gibt. Ich erwarte, dass meine Zahnärztin einen Abschluss in der Zahnmedizin geschafft hat – und nicht eigentlich Landschaftsgärtnerin ist. Es beruhigt mich zu wissen, dass der Mathelehrer in der Stadtteilschule die Grundrechenarten beherrscht. Dass die IT-Expertin weiß, was sie tut, und nicht einen „Maustreiber“ für eine Katze hält. Es ist aber unbedingt zu vermeiden, dass wir zu einer Aussortiergesellschaft werden, in der es außerhalb der Wissensarbeit keinen Status zu erlangen gibt. Praxistheoretisch gesehen haben wir bestimmte Infrastrukturen für Qualifizierung mit einer Bedeutung aufgeladen, die über reine Fachqualifizierung hinausgeht (➤ Theorie). Die Folgen dieses Bedeutungswandels hat Michael Sandel, einer der schärfsten Kritiker an dieser Leistungsgesellschaft, ausgerechnet an der Universität Harvard erforscht.

Die Anerkennungskrise unserer Erfolgsgesellschaft

Sandel beginnt mit der Feststellung, dass es bei dem populistischen Groll, der unsere Gesellschaften so sehr vor die Zerreißprobe stellt, bemerkenswert oft um Arbeit geht:[12] Man schimpft auf Montagsmahnwachen, in Chatgruppen und auch an Stammtischen über die „da oben", meint damit Politiker und angemaßte Eliten, „Berufspolitiker" ist dort schon zum Schimpfwort geworden. Man wirft ihnen oft dabei vor, sie würden gar nicht arbeiten, sondern faulenzen – als jemand mit Arbeitserfahrungen im „politischen Berlin" kann ich sagen: Ich habe dort kaum Leute getroffen, die nicht ihre Gesundheit durch Überarbeitung in Gefahr gebracht haben. Eine Bundestagsumfrage der *Süddeutschen Zeitung* von 2018 kann dies belegen: „Die große Mehrheit der Bürger hat eine 40-Stunden-Woche oder weniger. Bei den Parlamentariern ist es genau umgekehrt: Mehr als 90 Prozent der Parlamentarier arbeiten 55 und mehr Stunden, fast die Hälfte mehr als 70 Stunden pro Woche."[13] Die Frage ist also eher, ob sie nicht zu überarbeitet sind, um Verantwortung wahrzunehmen (➤ Zeit).

Viel Groll drückt sich interessanterweise dann oft auch in dem Vorwurf aus, dass die „da oben" gar keine wirklichen Universitätsabschlüsse besitzen und deshalb in ihrem Tun Aufschneider sind. Man schimpft bei den Populisten auch „nach unten" auf Migranten und andere Gruppen, die Arbeitsplätze wegnehmen würden, oder wahlweise und ironischerweise oft auch zeitgleich: die zu faul zum Arbeiten seien und es sich bequem machen würden. Bei all diesem Geraune geht es stets um Arbeit, ihre Qualifikation, ihren Fleiß und ihre Anerkennung. Wer mir nicht glaubt, möge seinen Facebook-Account reaktivieren und sich in die Untiefen des Internetgeraunes wagen!

Wie konnte es passieren, dass „Arbeit" diesen Groll auf sich zieht? Seit den 1980er Jahren, so Sandel, entfalteten in der Arbeitswelt Konzepte wie Eigenverantwortung, Anreize und Chancengleichheit ihre Dominanz. Dies geschah durchaus mit großem Wohlwollen, wir erlebten eine akademische Expansion, durch die immer mehr Menschen studieren konnten (mit den Auswirkungen für Nichtstudierte, die Goodhart beschrieben hat). Die Politik lockte mit Aufstiegsversprechen und zog sich zugleich zurück: Sie baute in vielen Ländern entsprechend den Sozialstaat ab.[14] Denn ist ja alles in *meiner* Hand.

Diese Dominanz der „erfolgreichen Leistungsträger" hat nach Sandel die Würde der normalen Arbeit infrage gestellt, wo eine jede leistet, was sie kann, wo es vielleicht gar eine Karriereleiter gibt – genauso wie der kognitive Wettbewerb, den Goodhart analysiert, die Frage verdrängt hat, was uns außer dem IQ noch zum Mitwirken an dieser Gesellschaft qualifiziert. Die Verehrung derer, die die richtigen Prüfungen an den richtigen Universitäten bestehen, entwertet all jene ohne solche Meriten, legt ihnen nahe, dass sie weniger zum Gemeinwohl beitragen, kurz: dass ihre Arbeit weniger wert ist.

Eine gemeinsame Arbeitswelt, in der zusammengearbeitet und somit auch zusammen umgedacht werden kann, muss diese Abwertungen und Vorurteile abschütteln. Die Würde der Arbeit und die Bedeutung jeder Arbeit für das Gemeinwohl müssen im Zentrum stehen. Martin Luther King Jr. berief sich darauf, als er 1968 zu streikenden Müllarbeitern sprach – nur wenige Stunden bevor er ermordet wurde. „Derjenige, der unseren Müll aufsammelt, ist letztlich genauso wichtig wie der Arzt", sagte King, „denn wenn er seine Arbeit nicht macht, grassieren Krankheiten. Jede Arbeit hat Würde."

Wie Arbeitswelt in Arbeitswelten zerfällt

Wie eine Welt aussieht, in der gesellschaftlicher Nutzen und gesellschaftliche Anerkennung weit auseinanderklaffen, können wir derzeit miterleben: Die Kopfarbeiter gelten zwar als erfolgreicher, aber stecken oft in der Falle von „Bullshit Jobs", die der Anthropologe David Graeber beschreibt.[15] Sie beneiden – trotz ihrer Privilegien – insgeheim Menschen, die wirklich nützliche Arbeit leisten, die vor ihren Augen haben, was sie geschaffen haben, und mit ihren Händen etwas verändern können, wie etwa die Töpferin Anna Rubincam (➤ Körper). Diejenigen aber, die im Bereich der manuellen oder fürsorgenden Arbeit Nützliches leisten, aber dafür unterbezahlt und nicht genug respektiert werden, beneiden diejenigen, die ein Monopol auf die Tätigkeiten besitzen, die Geld und Anerkennung bringen – auch wenn deren Berufsbezeichnungen so rätselhaft klingen wie Key Performance Enabler und man einen Abschluss in Advanced Communication Management vorlegen muss. Und *beide* Gruppen blicken auf jene herab, die Schwierigkeiten damit haben, überhaupt einen Job zu finden, die sich in diese Arbeitswelt nur schwer integrieren können, die nicht wissen, was sie „mal werden" sollen in dieser merkwürdigen Frontalstellung der Unglücklichen, in der man scheinbar nur verlieren kann.

Oft geht diese Spaltung auch mitten durch einzelne Unternehmen, etwa in der Industrie, wo eine Klasse von Kopfarbeitern über einer Klasse von Handarbeitern thront. Weil der Kopf alles sein soll, lässt sich nachweisen, dass die Bürokratie in Unternehmen in den letzten Jahren massiv angewachsen ist – die anderen sagen dann, dass der „Fisch vom Kopf stinkt". Die Zahl der Manager, Vorgesetzten und Verwaltungsangestellten ist in den USA seit 1983 um mehr als 100 Prozent gestiegen, während die Zahl der Beschäftigten in allen anderen Bereichen dagegen nur um 44 Prozent zugenommen hat.[16] In einer Umfrage der *Harvard Business Review* gaben fast zwei Drittel der Befragten an, dass ihre Unternehmen in den letzten Jahren bürokratischer geworden seien. Das liegt nicht daran, dass Bürokratie für Erfolg so entscheidend ist, denn das Produktivitätswachstum sinkt seit Jahrzehnten, sondern an der Unterbewertung von Aufgaben, die keinen Paper Trail hinter sich herziehen. Mitarbeiter an der „Basis" sind bei globalen Unternehmen unter acht bis neun Managementebenen begraben.[17]

Die Pandemie als erneuter Treiber der Spaltungen

Die Trennung zwischen den Arbeitswelten hat sich in der Pandemie noch verstärkt: „Gute Jobs" waren die, die von zuhause aus erledigt werden konnten, also die der Kopfarbeiter. Die mit der besten Bildung waren also jene, die gesund und geschützt von zuhause aus weiterarbeiten konnten. Deren Jobs waren sicherer, ohnehin besser bezahlt und plötzlich noch flexibler: Sie konnten sich um Kinder kümmern, Erledigungen anstellen oder noch andere Dinge unternehmen. Das war gewiss nicht entspannt, vor allem nicht in der Zeit der geschlossenen Schulen und Kindergärten, aber definitiv besser, als im Krankenhaus gearbeitet oder seinen Job verloren zu haben. Interessanterweise ließ sich deshalb in der Pandemie ein historisch nie gesehener Babyboom erforschen – nie gesehen, weil er lediglich auf Akademiker zutraf.[18] Denn die saßen plötzlich gemeinsam zuhause am Tisch oder gar schon auf der Couch im „Home Office" (ich erspare euch die Kalauer!).

Praxistheoretisch war die Pandemie ein exogener Schock, der zu neuen, in diesem Problemfeld jedoch noch weniger dienlichen Verhaltensformen führte (➤ Theorie). Die alte Normalität war fast schlagartig passé, sie wurde verboten oder wurde lebensgefährlich, ein großer normativer Orientierungsprozess kam in Gang, mit Expertengruppen, hitzigen gesellschaftlichen Debatten und vielen großen und kleinen „Warum-Fragen". Ein neues pandemiekompatibles Normal entstand, das im Hinblick auf die Übertragungsrate besser war, in vielen anderen Bereichen aber gewiss nicht – eine schwere moralische Abwägung. Ein negativer Effekt war, dass die Schere zwischen Kopfarbeitern im Home Office und jenen, die etwa im Gesundheitsbereich oder der Logistik arbeiteten und die daher als „systemrelevant" bezeichnet wurden, weil sie letztendlich die Welt in der Pandemie am Laufen hielten, immer weiter geöffnet wurde: Wir begegneten der letzteren Gruppe höchstens, wenn wir die Tür öffneten, um eine Essenslieferung entgegenzunehmen oder einen PCR-Abstrich machen zu lassen.

Seit der Pandemie ist mithin auch eine der wenigen Arbeitserfahrungen, die diese Gruppen noch verband – die gemeinsame Erfahrung nämlich, jeden Tag früh aufzustehen, um sich auf einen oft langen und schweißtreibenden Weg zur Arbeit zu machen –, für viele Kopfarbeiter ebenfalls optional geworden. Bei all der Freude über die verbesserten Arbeitsbedingungen in Zeiten von Work-from-Home in den Kreisen der Kopfarbeiter ließe sich, nun zum zweiten Mal, mit Martin Luther King sagen: „Ungerechtigkeit an irgendeinem Ort bedroht die Gerechtigkeit an jedem anderen."

Just do what you love, honey!

Privilegien wird es in einer Welt, solange in ihr Freiheit ein hohes Gut bleibt, immer geben. Die Frage ist aber, wie sehr diese Privilegien uns bewusst sind, damit wir solidarisch gute Arbeitsbedingungen auch für andere einfordern können.

Die Kopfarbeitenden auf der Gewinnerseite sind aber ganz in der Idee verfangen, dass wir es bei der Spaltung der Arbeitswelt nicht mit einem strukturellen Problem zu tun haben, sondern eher mit einer Mindsetfrage. So wird aus Privilegien Arroganz. Es dominieren Erzählungen davon, dass die Menschen „einfach machen sollen, was sie lieben", oder einen Job finden sollen, den sie lieben, denn „dann müssten sie keinen einzigen Tag in ihrem Leben wirklich arbeiten". Eine wohltuende Erzählung für jene, die mit ihrer selbstbezogenen Jagd nach Erfolg in dieser Leistungsgesellschaft Glück hatten. Und die anderen? Jammern doch nur herum, weil ihnen das Mindset fehlt. Diese arrogante Vorstellung von „Arbeit, die man nur lieben muss", verdrängt, dass gute Arbeit durchaus harte Arbeit sein kann und vor allem Arbeit am Gemeinwohl ist und nicht einfach nur etwas, bei dem eine Einzelperson eine Menge Fun hat.

Wenn jeder an sich denkt, ist an alle gedacht, so die Logik dieser Erzählung, die natürlich nicht funktionieren kann. Die Arbeitshistorikerin Miya Tokumitsu hat sich diese „Do What You Love"-Erzählung vorgenommen.[19] Sie findet, dass dieses Mantra jede Arbeit degradiert, die nicht aus Liebe gemacht wird. Das Mantra erhöht den Sinndruck (➤ Sinn): Ich muss meine Arbeit nicht einfach machen, ich muss sie auch noch lieben. Das Mantra entpolitisiert Missstände in der Arbeitswelt, weil es das Problem bei der Einstellung des Einzelnen sucht: Warum kann ich nicht lieben, was ich mache? Was ist falsch mit mir? Aber vor allem exkludiert sie die so wichtige Arbeit jenseits der Kopfarbeit: Wie sehr lieben Menschen die Schichtarbeit? Lieben es, nachts in die U-Bahn zu steigen? Lieben es, morgens die Reeperbahn zu reinigen oder einen pflegebedürftigen Alten zu duschen? Wie sehr müssen wir Arbeit überhaupt lieben? Diese „Arbeit, die du liebst"-Vorstellung der Kopfarbeit verdrängt andere Einstellungen, die wir zur Arbeit haben können: Einstellungen, die gerade der Herz- und Handarbeit ihre Würde wieder zurückgeben können.

Die drei Dimensionen einer zusammenhaltenden Arbeitswelt

Gordon Marino, ein amerikanischer Professor und damit Kopfarbeiter par excellence, war auch jemand, der dieser Vorstellung anhing, er schließlich liebt seinen Job.[20] Doch er engagiert sich auch als Berufsberater für Teenager aus ökonomisch herausgeforderten Familien. Und dort lernte er, wie sehr die „Tu, was du liebst"-Erzählung davon ablenkt, welchen Wert Arbeit wirklich hat – jenseits einer mega nicen Zeit für den Arbeitenden. Nicht weil ich sie liebe, verdient die Arbeit Anerkennung, sondern weil sie drei Dimensionen hat. Marino erinnerte sich bei seiner Berufsberatung an die Worte von Martin Luther King – nun zum Dritten –, wonach jedes tätige Leben durch die Dimensionen Breite, Höhe und Länge gekennzeichnet sei.

Die Breite eines Jobs bezieht sich auf die Gemeinschaft, die von diesem Tun einen Nutzen hat: Der Nutzen für andere kann darin liegen, dass ein mRNA-Impfstoff entwickelt wird, der viele Menschenleben rettet. Der Nutzen für andere kann aber auch einfach sein, dass damit Angehörige finanziell über Wasser gehalten werden.

Die Höhe bezieht sich auf einen höheren Wert, für den ich Leidenschaft empfinde und den eine Arbeit erfüllen kann. Der Wert der Chancengerechtigkeit etwa bringt Marino zu seinem Amt als ehrenamtlicher Berufsberater. Für mich selbst waren die Werte der Menschenwürde und der Versöhnung Ausgangspunkte für meinen Zivildienst als Altenpfleger in einem Heim für Holocaustüberlebende in Tel Aviv. Der Wert der Hilfsbereitschaft kann mich als Klempnerin dazu bringen, nachts den Wasserrohrbruch zu reparieren. Nein, das ist alles nicht *fun and games*, das deutsche Wort „Leidenschaft" zeigt es viel besser: Es ist etwas, für das ich zu leiden bereit bin.

Und die dritte Dimension, die Länge, bezieht sich auf die Ausdauer, die uns dazu bringt, ein Berufsleben lang durchzuhalten –

denn natürlich sollte man sich bei all dem nicht selbst verleugnen. Es sollte also eine bejahende Haltung zu den Tätigkeiten geben, die man noch lange nicht „Liebe" nennen muss, die uns aber dazu bringt, auch Freude an dem Tun zu empfinden. Diese dreidimensionale Vorstellung von Arbeit ist viel inklusiver und respektvoller als die Idee, dass gute Arbeit ausschließlich von smarten Menschen gemacht wird, die einfach am meisten lieben, was sie tun.

Liebe als alleinige Dimension führt in die Irre, schon allein weil Liebe so unzuverlässig ist. Ich liebe es zum Beispiel, Knoppers zu essen (➤ Theorie), aber wenn mein „höheres Ziel" in, sagen wir, der Gerechtigkeit für zukünftige Generationen besteht, dann schaffe ich es eben schon, einige von den vielen Stunden, die ich Knoppers essend verbringe, besser zu nutzen, etwa für mein Engagement gegen die Klimakrise. Unsere Wünsche sollten also nicht die endgültige Entscheidung über unsere Berufung sein, so schreibt Marino ganz richtig. Neben einer grundsätzlichen, möglichst lang anhaltenden Sympathie für das, was wir tun, stehen die Höhe unerlässlicher Werte und die Breite des praktischen Nutzens.

Wenn wir verstehen, dass eine zusammenhaltende Arbeitsgesellschaft an diesen drei Dimensionen orientiert sein muss, dann schaffen wir es auch, die Spaltung zwischen Kopf-, Hand- und Herzarbeit zu überwinden, weil wir dann bessere Kriterien an der Hand haben, um diese zu bewerten. So schaffen wir auch, uns auf das eine gemeinsame Projekt zu konzentrieren: die Möglichkeiten eines Zusammenlebens jetzt und in Zukunft. Ohne den horizontalen Zusammenhalt werden wir ein gemeinsames Umlernen nicht hinbekommen. Krankenhäuser und Pflegeeinrichtungen gehören zu den größten Müllproduzenten in Deutschland, und auch das Handwerk muss eine entscheidende Rolle bei der Umsetzung der Klimawende spielen, beispielsweise beim Ausbau erneuerbarer Energien.

Wird der Kampf gegen das Klima als eine Marotte privilegierter Laptop-Arbeiter gesehen, werden in der Hand- und der Herz-Arbeit gar keine Freiräume für ein Einüben anderer Wege geschaffen, dann wird die Klimakrise zum Kulturkampf. Menschen kaufen dann nicht „trotz, sondern wegen Greta" ein SUV, wie ich letztens auf einer Veranstaltung hören durfte – oder sehen in der Ölheizung ein politisches Trotz-Statement.

Anerkennung verbindet aber auf einer noch viel grundsätzlicheren Ebene Arbeitswelt und Umwelt: Genau wie Ökosysteme nämlich ist auch unsere Arbeitswelt auf den Erhalt von Diversität angewiesen.

Soziodiversität: so wichtig wie Biodiversität

Dafür schauen wir zunächst mal von der Welt der Arbeit auf die Welt der Ökologie: Warum ist Biodiversität für unseren Planeten so wichtig? Dafür gibt es drei Argumente: Das praktische Argument besagt, dass die Evolution der Arten ein hochkomplexes System der Arbeitsteilung entwickelt hat, in der jedes Tier und jede Pflanze einen unersetzlichen Beitrag für das Wohlergehen des Ganzen leistet. Die Biodiversität liefert mit ihrer genetischen Vielfalt wiederum auch die Grundlage für eine Resilienz, die dies auch in Zukunft ermöglicht. Das moralische Argument betont, dass jede Art das gleiche Recht auf Leben und Entfaltung haben sollte. Dafür heißt es zu bewahren, was ist: Lebewesen auf der Erde sind das Ergebnis einer Millionen Jahre alten Evolution von unzähligen Vorgängerorganismen. Und zuletzt gibt es noch das kulturelle Argument: Die Beziehung zur Natur ist ein wesentlicher Faktor für das, was es bedeutet, Mensch zu sein. Wir entdecken uns selbst und unsere Beziehung zur Welt in der Erforschung der Natur, wir kommen zur Ruhe, indem wir uns in die vielfältige Natur begeben. Das Aussterben einer Art entspräche dem Verlust eines großen Kunstwerks.[21]

Für unsere (Arbeits-)Gesellschaft ist die Soziodiversität einer facettenreichen und gemeinsam gedeihenden Arbeitswelt genauso wichtig wie Biodiversität für die Natur, wie eine Gruppe renommierter Forscher im *Scientific American* herausarbeitete.[22] Wieder gibt es praktische, moralische und kulturelle Argumente: Praktisch gesprochen fördert Soziodiversität nicht nur kollektive Intelligenz und Innovation, sondern auch die Widerstandsfähigkeit – die Fähigkeit unserer Gesellschaft, mit unerwarteten Schocks fertigzuwerden. Wir sehen das an der Ukraine, wo auf den russischen Überfall IT-Expertinnen, aber auch Pfleger und Baggerfahrer auf Zusammenarbeit angewiesen waren, um Resilienz aufzubauen. Eine Resilienz, die stark davon profitierte, dass es eben nicht nur IT-Expertinnen oder nur Pfleger oder nur Baggerfahrer gab. Es war die Vielfalt der der Gesellschaft zur Verfügung stehenden Praktiken, die in diesem Kriegsfall neu zusammengebracht werden konnte und sie somit widerstandsfähig machte. Eine geringe Soziodiversität ist aber auch in Friedenszeiten eine Gefahr. Wenn wir alle nur Kopfarbeit machen oder alle nur Handarbeit, dann können wir in einer dynamischen Wirtschaftswelt nicht lange bestehen, die etwa bestimmte Arbeitsformen plötzlich automatisiert (➤ Intelligenz). Dann haben wir alle Eier in einen Korb gelegt. Wir brauchen einen breiten Horizont der Tätigkeiten und die Bereitschaft, voneinander zu lernen. Pluralismus und Partizipation, also der Austausch zwischen diesen verschiedenen Arbeitsformen, sind funktionale Voraussetzungen für prosperierende, weltschonende, moderne Gesellschaften.

Aber es gibt eben auch hier moralische Gründe für Soziodiversität: Für uns ist es ein hohes Gut, dass jeder Mensch seine Talente so ausleben kann, dass diese ihm und anderen ein menschenwürdiges Leben ermöglichen. Dass Menschen auch in ihrer Arbeit würdevoll behandelt werden und sie deshalb gern in dieser Arbeit bleiben, ist für eine resiliente Gesellschaft nicht nur praktisch, das ist für uns auch ein Grundrecht. Dass die Würde des Menschen auch in seiner Arbeit unantastbar ist, das erscheint uns etwa im Pflegebereich mehr als Mahnung denn als gesichertes Recht, wenn die Arbeitsbedingungen oft dazu führen, dass sowohl Pflegende als auch Gepflegte unter ihrer Würde handeln müssen.

Und nicht zuletzt hat Soziodiversität in der Arbeitswelt auch kulturelle Gründe: In einer Stadt zu leben, die nur von Bankern bewohnt wird, wäre nicht einmal für Banker attraktiv. In Wohlstandsghettos wie in Dubai oder Central London, wo ich einmal in einem winzigen Schuhkarton für eine riesige Miete gelebt habe, wird sich deshalb um fast jeden Preis die Mühe gemacht, Authentizität herzustellen. Und dies geschieht, indem man sich andere Arbeitsformen aneignet: So entstehen zwischen Wolkenkratzern auf einmal Parzellen für Urban Gardening.

Wenn sich die Lebensläufe in einem Unternehmen kaum unterscheiden lassen, dann fehlt diesen Klonkriegern ganz praktisch gesehen die nötige Diversität, um auf wandelnde Herausforderungen vorbereitet zu sein. Und dann fehlt ihnen kulturell auch die Fähigkeit, Menschen mit anderen Perspektiven anzuziehen, ein Teufelskreis, in dem nicht wenige deutsche Unternehmen stecken.

Diese Argumente für Soziodiversität, für Zusammenhalt, Respekt und Harmonie klingen vielleicht mehr nach evangelischem Kirchentag als nötig. Die Rede für eine facettenreiche und damit resiliente, also regenerationsfähige Arbeitswelt könnte aber auch mit Argumenten aus der Thermodynamik vorgebracht werden. Gemäß der Thermodynamik steigt mit der Komplexität eines Systems auch seine Stabilität. Je einfacher, also einseitiger, ein System ist, desto mehr muss Energie von außen zugeführt werden, um Stabilität zu erhalten. Als ein solches System kann eine Wirtschaftswelt interpretiert werden, die massiv vom alleinigen Faktor der Energie aus fossilen Ressourcen abhängt, wie ich vom Klimaforscher Daniel Dahm lernen durfte. Eine vergleichbare Abhängigkeit gilt aber auch für unsere Arbeitswelt. Diese befördert die Dominanz der konventionell verstandenen Wissensarbeit und verringert Soziodiversität, was wir daran sehen können, dass eine Viertelmillion Arbeitskräfte im Handwerk fehlt. Laut Bundeswirtschaftsministerium gibt es aktuell bei 44 Prozent aller Berufsgruppen einen Fachkräftemangel.[23] Das System unserer Arbeitswelt braucht dann externe Energiezufuhr: Wir werben Arbeitskräfte aus dem Ausland ab, die dann dort fehlen und hier nicht gerade auf eine ausgeprägte Willkommenskultur stoßen. Oder wir bringen die Arbeit ins Ausland, wenn etwa Husumer Krabben in Marokko gepult werden (➤ Organisationsverständnis), was auch viel fossile Energiezufuhr benötigt. Alles kein Ausdruck eines stabilen Systems.

Erwachsenendenken

Wenn wir Soziodiversität schützen, schaffen wir auch die Voraussetzung für den Schutz der Biodiversität und allgemein unseres Planeten. Beides beruht auf der Fähigkeit, unser Leben als etwas Überpersönliches zu begreifen, als etwas, das nicht von uns allein, sondern nur gemeinsam gestaltet werden kann, egal, wie viele erfolgreiche Abschlüsse uns auszeichnen. Es schafft einen großen normativen Raum mit vielen unterschiedlichen Stimmen, der uns von einer alten Normalität zu einem besseren New Normal bringen kann. Dass dieser Raum derzeit nicht alle mitmeint, zeigt sich ja daran, dass viele meinen, das Home Office hätte „die ganze Arbeitswelt" revolutioniert. Die Zukunft der Arbeit, genau wie die des Planeten, ist eine gemeinschaftliche Gestaltungsaufgabe, für die wir jeden gewinnen müssen, jeder Respekt zollen müssen. Nicht nur Laptop-Larrys. Dieser Prozess gelingt nur, so der Philosoph Peter Bieri – den manche auch als Pascal Mercier kennen –, wenn ein jeder von uns den Schritt des Erwachsenswerdens vollzieht, der beinhaltet, dass man „die historische Zufälligkeit seiner kulturellen und moralischen Identität kennt und anerkennt".[24] Wenn ein jeder versteht, dass er oder sie auch eine andere sein könnte, eben auch in einem anderen Arbeitsfeld. Wenn ein jeder auch versteht, dass er eben nicht alles aus sich selbst mit eigener Superpower erschaffen hat (➤ Sinn). Solch ein Denken wäre nämlich das eines Vierjährigen. Erwachsenendenken wäre, Bieri folgend, zu verstehen, dass wir alle in einem Netz aus Beziehungen und unterschiedlicher, aber eben doch gemeinsamer und vor allem gleichwertiger Arbeit aufeinander angewiesen sind. Dass wir es einmal mit Erwachsenen zu tun haben werden, könnte für eine Wissensarbeit, die es mit diesem Begriff ernst meint, das Schlechteste nicht sein.

4 Intelligenz(en)
Vom Denkverbot in der Arbeit zum Zusammenspiel von KI, MI und ÖI

„Die Gefahr, dass der Computer so wird wie der Mensch, ist nicht so groß wie die Gefahr, dass der Mensch so wird wie der Computer."
Konrad Zuse[1]

In den Tagen, an denen ich diese Zeilen verfasse, ist der Chatbot ChatGPT *all the hype*, ein textbasiertes Dialogsystem, das auf maschinellem Lernen beruht. Beeindruckt und auch ein bisschen verängstigt sehen wir, wie diese künstliche Intelligenz (KI) uns in Sekunden ein Kartoffelbreirezept zusammenstellt, einen Essay zur Geschichte der Kartoffel schreibt oder einen Witz über Kartoffeln erzählt (wie nennt man besonders herzliche Kartoffeln? Süßkartoffeln – haha). Wenige Monate davor starrten wir beeindruckt und ängstlich auf Dall-E, ein Programm, das ebenfalls auf Basis von generativem maschinellen Lernen Inhalte erstellen kann. Bei Dall-E sind es Bilder. Die Chance ist sehr hoch, dass beim Lesen dieses Buches bereits ein neues Programm aus dem Bereich der künstlichen Intelligenz einen neuen Hype ausgelöst hat – vielleicht ein Programm, das Musik oder Stimmen generieren kann? So ist er, der Fortschritt.

Künstliche Intelligenz dringt immer mehr in Arbeitsbereiche vor, die bislang von Menschen mit hoher Qualifikation – mit hoher spezifischer Intelligenz also – besetzt wurden: Juristinnen, Bibliothekare, Journalistinnen, Ärzte. Schon heute verlassen wir uns auf Übersetzungsprogramme und Navigationssysteme, die maschinelles Lernen nutzen. Automatisierungstechnologien haben eine lange Geschichte, in der sie uns stets mühselige Arbeit abgenommen haben. Denken wir etwa an die Windmühle, die sich selbst „intelligent" in den Wind dreht, das Fließband oder den Geldautomaten. Der entscheidende Unterschied: Auf der Basis von generativem maschinellen Lernen wird uns nicht die Mühsal abgenommen, sondern das Denken selbst.

In diesem Kapitel geht es nicht um große Ängste, sondern um große Chancen. Chancen für unser Denken und, wie wir sehen werden, für einen neuen Einklang aller Intelligenzen auf diesem Planeten – für eine Zukunft des Verstehens. Dabei begeben wir uns ganze drei Mal nach Paris und lassen uns – wie soll es anders sein? – von großer Kunst berühren.

Dumme Frage, aber: Was ist Intelligenz?

Wer von Intelligenz redet, sollte intelligent genug sein, um sich folgende Frage zu stellen: Was ist Intelligenz? Die Antwort darauf hat sich im Laufe der Jahrhunderte verändert und Maschinen spielten dabei immer eine Rolle, wie der Soziologe Christoph Kucklick erklärt.[2] Die praktische Intelligenz, ein Feuer zu machen oder ein Huhn auszunehmen, haben heute nur die wenigsten – auch die emotionale „Intelligenz", ein Huhn zu töten, ist trotz munteren Fleischkonsums nicht breit gestreut. Die Gedächtnisintelligenz, ein Sonett von Shakespeare auswendig zu lernen, ist für uns heute eine wahnsinnige Leistung. In überwiegend mündlichen und noch nicht alphabetisierten Kulturen, so Kucklick, war das Speichern solcher Datenmengen Grundvoraussetzung für ein funktionierendes (Arbeits-)Leben, auch wenn es sich bei den Daten nicht unbedingt um Shakespeare, sondern eher um Wegrouten, Gebete und Verbindlichkeiten handelte.[3] Dass wir heute in der Schule noch viel auswendig lernen, mag zeigen, wie unser Bildungssystem der modernen Entwicklung hinterherhinkt. Heute wäre es wichtig, Kontextintelligenz herauszubilden, das Wissen darum, wo und wie wir fremdgespeichertes Wissen abrufen können, wann wir diesem Wissen vertrauen können und wie es mit anderen Wissensformen und -quellen zusammenhängt. In mancher Hinsicht mögen wir viel intelligenter sein als unsere Vorfahren (und vermutlich auch als unsere auf Fake News hereinfallenden Lehrer), in mancher Hinsicht sind wir aber viel „dümmer" geworden in dem Sinne, dass wir Fähigkeiten verlernt haben.

Intelligenz hat keinen Zahlenwert, sagt Kucklick deshalb, obwohl es der IQ suggeriert. Intelligenz hat eine Form. Wenn sich die Zeit ändert, dann ändert sich diese Form – oder sie hat zumindest die Chance dazu. Sonst gehört man ganz schnell zu den Dummen.

In solch einem Formwandel befinden wir uns heute, speziell in einer Arbeitswelt, die sich für den Einsatz künstlicher Intelligenz bereitmacht. Man verspricht sich Wachstum für eine Arbeitswelt, die zuletzt keine nennenswerten Produktivitätszuwächse mehr zu verzeichnen hatte und in vielen Branchen unter Fachkräftemangel leidet. Auch ich bin überzeugt davon, dass die KI ein großes Versprechen für unsere Arbeitswelt bietet, aber ich meine moralisches Wachstum: eine bessere, verantwortungsvollere und menschlichere Arbeitswelt. Wir befinden uns nämlich an einem Zeitpunkt, den ich einen Daguerre'schen Moment nenne. Einen Moment, in dem eine technologische Innovation zunächst als Bedrohung für unsere Arbeit erscheint, eine Irritation des Normalen also, aber dann zu einer wahren Entfesselung beiträgt, einem besseren New Normal.

Doch was hat ausgerechnet der Pariser Pionier der Fotografie Louis Daguerre, ein Mann des 19. Jahrhunderts, damit zu tun? Um unsere Zukunft zu verstehen, müssen wir die Geschichte kennen. Wer sie nicht kennt, dem kann alles, was kommen wird, nur Angst machen. Folge mir deswegen in das Paris des 19. Jahrhunderts (hier musst du dir jetzt ein Zeitmaschinen-Surren vorstellen).

Das erste Pariser Bild: von der Plackerei, ein Maler des Realismus zu sein

Es ist das Jahr 1857, und Jean-François Millet, ein ernster Mann aus der Normandie, hat gerade ein großes Ölbild fertiggestellt. Mit triumphierender Geste enthüllt es der Malerfürst im Salon de Paris, dem Zentrum des französischen Kunstbetriebs. *Die Ährenleserinnen*, so der Name, ist ein bedeutendes Gemälde im damals dominierenden Stil des Realismus. Drei Bäuerinnen suchen ein abgeerntetes Feld mühsam nach Weizenstielen ab. Ebenso mühsam muss es für Millet gewesen sein, dieses Bild zu malen. Denn im 19. Jahrhundert verpflichteten sich die meisten Maler dazu, mit Ölfarben absolut realistische Bilder zu malen. Also nur das zu malen, was sie sahen und wie sie es sahen, wie Maschinen.

Jean-François Millet, Die Ährenleserinnen, 1857

Die *Ährenleserinnen*, für das vorher zahlreiche Skizzen angefertigt wurden, sind meisterhaft, was Licht, Konturen und Schattenfall betrifft. Heute würde man sagen: „Sieht aus wie ein Foto." Und dann wahrscheinlich hinzufügen: „Etwas langweilig sieht's auch aus." Jean-François Millet, der während der Arbeit daran seinem Pariser Studio den Rücken kehren musste, weil dort eine Choleraepidemie herrschte, und der dann rund um die Uhr in einem Vorort an dem komplexen Ölgemälde schuftete, würde uns entgegnen: „Hab gefälligst Respekt, so ein realistisches Gemälde ist verdammt viel Arbeit." Malte er deshalb immer hart arbeitende Menschen? Gab ihm das Trost bei seiner Augen schindenden, wegen der Ölfarben auch durchaus toxischen und extrem langwierigen Malarbeit?

Das zweite Pariser Bild: Ein anderer betritt die Bühne – und bedroht die Malerei

Entscheidend für unseren heutigen Blick auf künstliche Intelligenz ist, was parallel zu der Enthüllung dieser so akkuraten wie durchaus auch etwas langweiligen Gemälde passierte. Wir wissen heute nicht, ob dieser andere Pariser Maler einfach keine Lust auf penible Fleißarbeiten hatte – Faulheit ist ja ein großer Innovationstreiber – oder eher von einer neuen, realistischen Ästhetik träumte. Wir wissen aber, dass er die Fotografie erfand.

Es ist der große Auftritt des Louis Daguerre! Der etwas verschmitzt aussehende kleine Mann malte Theaterkulissen und experimentierte nebenbei – inspiriert von der Beleuchtungstechnik der Theater – in seinem Pariser Apartment mit Lochkameras, Silberkörnchen und Kupferplatten. Dabei entstanden die später so bezeichneten Daguerreotypien, nicht fotorealistische Gemälde, sondern echte Fotos. Daguerres Pariser Straßenansicht von 1839 gilt als die älteste Fotografie eines Menschen. Und was treibt dieser Mensch? Er arbeitet! Wir sehen einen Schuhputzer an einer Straßenecke, unten links auf der Fotografie.

Louis Daguerre, Pariser Straßenansicht (Boulevard du Temple), 1838

Diese Pionierleistung der Fotografie war aus Perspektive der Malerei nichts anderes als eine Automatisierungstechnologie, die Kamera hat so gesehen eine „Intelligenz", weil sie erkennen und festhalten konnte, was man ihr zeigte. Zu gern würde ich in diese Zeit reisen. Vielleicht in das Studio von Millet. Gewiss dachte der ernste Mann über die Zukunft seiner Arbeit nach, als er von Daguerre erfuhr. Über seinen Status und über die Zukunft der Malerei. Was wird ihm durch den Kopf gegangen sein, als er zum ersten Mal eine Fotografie sah? Ahnte er, dass seine in jahrelanger Arbeit erworbene Technik des fotorealistischen Malens nun durch eine Maschine ersetzt würde, die damit auch seine Machtposition infrage stellte? Konnte er sich freuen, dass diese Plackerei schon bald nicht mehr nötig sein würde? Oder redete er sich ein, dass Maschinen das *niemals* so können würden, wie er und seine Kollegen es konnten? Wollte er die Maschinen verbieten und Politiker für sich einspannen, weil Daguerre und seine Komplizen den Pariser Standortvorteil der Malerei bedrohten? Brachte er vielleicht sogar das Datenschutzargument vor, weil Fotografien ja Persönlichkeitsrechte berühren? Nun, das wohl nicht ...

Aber all diese Fragen tauchen heute wieder auf, all diese Argumente werden heute wieder vorgebracht, wenn wir über künstliche Intelligenz nachdenken und fragen, welche Arbeit uns bleibt. Kritisieren wir die Entwicklungen aus ernsthafter Sorge oder aus Sorge um die eigene Position? Deswegen ist es entscheidend zu verstehen, wie es mit der Malerei in Zeiten der Fotografie weiterging. Sie wurde nicht abgeschafft, nein, sie wurde befreit!

Das dritte Pariser Bild: Aus Bedrohung wird Befreiung

Wie eine Explosion schlug *Der Hausengel oder der Triumph des Surrealismus* ein – und mit ihm viele andere Bilder des Surrealismus. Max Ernst malte das Gemälde 1937 – ebenfalls in Paris. Das Ergebnis ist ein bisschen spannender als die zu dem Zeitpunkt achtzigjährigen *Ährenleserinnen*. Wie so viele Bilder aus der Epoche von Max Ernst zeigt es, wie die Fotografie zur Entfesselung der Malerei führte:

Die surrealistischen Künstler konnten plötzlich Ideen, Erfahrungen und Gefühle mit völlig neuen Methoden ausdrücken. Sur-real meinte auch nicht un-realistisch, sondern über-realistisch, realer als ein banales Abbild, weil es eben auch die emotionale Erfahrung des Menschen miteinfließen lässt. Nun ging es nicht mehr um die maschinenhafte Illusion eines realen Abbildes – das konnte die Fotografie ja viel besser –, es ging um das Sehen mit allen Sinnen.

Max Ernst, Der Hausengel oder der Triumph des Surrealismus, 1937

Dieser Entfesselungsprozess begann bereits zu Millets Lebzeiten, aber ich will keine kunsthistorische Vorlesung halten. Entscheidend ist: Für die neue Generation der Maler war der Daguerre'sche Moment, war die Automatisierungstechnologie der Fotografie nicht Bedrohung, sondern Befreiung. Sie nahmen diese dankend an. Entscheidend ist ferner: Für die Maler des Realismus war es hingegen schwer, sich aus alten Denk- und Malweisen herauszuarbeiten.

Die neue Malerei aber blühte auf. Bilder zeigten Gefühle, Träume, neue Schönheit, radikale Energie. Auch der Prozess des Malens wurde zum Ereignis, wenn wir an spätere Action Painter wie

Jackson Pollock denken. Man kann festhalten, dass Arbeitsprozesse und -ergebnisse durch die scheinbar bedrohliche Automatisierungstechnologie radikal vermenschlicht wurden.

Unsicherheit, Widerstand, Lähmung, Anpassung, Akzeptanz – technologischer Wandel läuft stets nach diesem Muster ab. Er macht uns Angst und fordert gerade jene heraus, die ihre Machtpositionen auf nunmehr veralteten Fähigkeiten aufbauen. Plötzlich ist man von gestern. Doch Wandel besitzt immer das Potenzial für ein besseres Arbeiten, das weniger Knochenarbeit ist – so wie die Fotografie – oder eben spannender und sinnvoller – wie die surrealistische Malerei.

Die drei Pariser Bilder sollen uns Mut machen, wenn wir uns mit dem Wandel der Intelligenzformen auseinandersetzen: Intelligenz, die menschlich ist (MI), Intelligenz, die künstlich ist (KI), vielleicht sogar Intelligenz, die ökologisch ist (ÖI). Das Paris der Gegenwart hat übrigens mit dem 9. Arrondissement, auch „Silicon IX" genannt, eines der wichtigsten Ökosysteme für die Entwicklung künstlicher Intelligenz und im 13. Arrondissement mit Station F den größten Start-up-Hub der Welt. Geschichte wiederholt sich nicht, aber sie reimt sich.

Für einen digitalen Humanismus – die Schönheit des Abweichens

Zurück nun also in unsere Gegenwart: Was brauchen wir, um mit der künstlichen Intelligenz zugleich eine Befreiung für unsere Arbeit zu erzielen? Um mit allen Sinnen zu arbeiten – und den Rest den Maschinen zu überlassen?

Zunächst brauchen wir einen neuen Blick auf die Technologien, die nunmal in der Welt sind. Die KI muss als eine Gestaltungsaufgabe für die gesamte Gesellschaft verstanden werden. Wir wollen uns dem technischen Fortschritt gegenüber nicht wie Amish People verhalten, sondern kontrolliert technikaffin. Die Technologie selbst ist weder gut noch böse, noch neutral, wie der Technikvisionär Melvin Kranzberg sagte.[4] Gut, schlecht oder eher so mittel – sie ist, was wir daraus machen. Auch Karl Marx beschrieb die sozialen Folgen zweier früher Automatisierungstechnologien: Die Windmühle brachte eine Gesellschaft mit Feudalherren, die Dampfmaschine eine Gesellschaft mit industriellen Kapitalisten.[5] Technologien verändern soziale Verhältnisse. Deshalb muss ihre Entwicklung schon zu Beginn als eine soziale Angelegenheit betrachtet werden.

Im Hinblick auf künstliche Intelligenz plädiert der Autor Tim Leberecht für einen digitalen Humanismus.[6] Plädiert dafür, die Zusammenarbeit zwischen unserer und der künstlichen Intelligenz über technokratische Aspekte hinaus sinnvoll zu gestalten. Dies sei eine Frage, die wir nicht nur Techies überlassen dürfen, sondern für deren Beantwortung auch Künstlerinnen, Philosophen und Sozialwissenschaftlerinnen gefordert sind. Daraus könnte dann ein „Zusammenspiel all jener [entstehen], die die Schönheit des Abweichens, des Fremdartigen, als zentrale Säule unseres friedlichen Zusammenlebens verstehen. Die darauf beharren, dass die Welt keine Maschine ist." Daraus wiederum könnten Arbeitswelten erwachsen, die so aufregend sind wie das Gemälde von Max Ernst und nicht mehr so mühsam wie die realistische Malerei Millets.

Doch die genannten Nicht-Techies scheuen sich vor einer solchen gestaltenden Offenheit. Es droht eine Spaltung der Gesellschaft, vor der auch Christoph Kucklick warnt.[7] All die humanistischen Denkerinnen drohen, ein Bollwerk gegen die Maschinen zu formen. Sie scheinen in den Leitmedien, in der Gesetzgebung und im Bildungsbereich bei den überkommenen Einstellungen zu bleiben, während auf der anderen Seite der Mauer eine neue Klasse entsteht: technokratische Spezialistinnen, die sich mit den Maschinen verbünden, um sie maximal gewinnbringend, aber nicht unbedingt sinnvoll zu Höchstleistungen zu treiben. Bezogen auf unseren Exkurs zur Geschichte der Malerei wäre es so, als ob die realistische Malerei einfach unbeirrt fortgesetzt worden wäre und die Maler sich die Fotografie durch ihre Machtposition und eine Überregulierung zumindest einige Jahre hätten vom eigenen Hals halten können.

Wir müssen stattdessen einen offenen Realismus kultivieren, keinen euphorischen, immer auch etwas ungebildeten Optimismus, aber auch keinen ewiggestrigen Pessimismus: Wir müssen uns aus der Frontstellung herausarbeiten, die unsere derzeitigen Diskussionen kennzeichnet, wie der Techniktheoretiker John Naughton betont.[8] Das Problem daran ist, dass die Optimisten selten die Risiken des Neuen ansprechen, während die Pessimisten selten die Verbesserungsmöglichkeiten anerkennen. Dieses argumentative Ping-Pong-Spiel muss enden. Wenn wir die Zukunft nicht miterfinden, werden es andere für uns tun – und es wird deren Zukunft sein, nicht unsere. Denn ironischerweise werden die Sorgen der Pessimisten gerade dann zur Realität, wenn sie sich den Gestaltungsfragen verschließen: so dass sich dann andere ein Monopol schaffen können, politische und gesetzliche Grauzonen ausnutzen und eine nur kleine AI-Aristokratie mit technischem Herrschaftswissen die Zukunft pachtet. Armeverschränken macht handlungsunfähig.

Für einen digitalen Humanismus müssen wir aber auch den Blick auf uns selbst richten. Wie die surrealistischen Maler sich fragten, was sie wirklich ausdrücken wollen, wenn sie nicht mehr bloß abbildeten, so sollten wir uns fragen, was unser Denken vom Maschinendenken unterscheidet und wie wir in Zukunft arbeiten wollen. Die Frage, was den Menschen künftig noch zum Menschen macht, ist angesichts der rasanten technologischen Entwicklungen so relevant wie nie, sagt auch die Arbeitsforscherin Antoinette Weibel.[9]

Intelligenz, die künstlich ist, vs. Intelligenz, die menschlich ist

Aus dem neuen Reichtum an Möglichkeiten, auch an Unmöglichkeiten, lässt sich nur klug auswählen, wenn man zuvor nicht nur künstliches Denken verstanden hat, sondern auch menschliches. Was war das noch mal? Für den Philosophen Byung-Chul Han ist das Denken ein dezidiert analoger Vorgang.[10] Bevor wir die Welt in *Begriffe* fassen, also Strategien entwickeln, Beschlussunterlagen vorbereiten, eine E-Mail schreiben, müssen wir erst einmal von der Welt *ergriffen* sein. Für Han ist emotionale Verbundenheit mit unserer Umwelt wesentlich für unser Denken. Denken beginnt mit Gänsehaut (➤ Körper), etwas gibt uns zu denken. Künstliche Intelligenz könne schon deshalb nicht in diesem fundamentalen Sinne denken, weil sie keine Gänsehaut bekommt. Was sie kann, ist schnell rechnen. Es ist eine kühle Intelligenz, die durch stochastisches Nachplappern besticht – so wie die Fotografie im Verhältnis zur Malerei ein chemisches Nachzeichnen ist. Deswegen mag man sagen, dass die künstliche Intelligenz weder künstlich noch intelligent ist: nicht künstlich, weil die zugrunde liegenden Datensätze von Menschen stammen, mit allen Verzerrungen, die dabei entstehen. Nicht intelligent, weil diese Datensätze rein mit Mechanismen der Statistik aufbereitet werden.

Doch auch unsere Arbeitswelt ist dominiert von kühler Analyse und mangelnder Ergriffenheit – die Kritik am Maschinendenken begegnet uns bei vielen Veränderungsdimensionen (➤ Organisationsverständnis, ➤ Haltung, ➤ Körper). Dabei sind Menschen durch Logik alleine nicht zu begeistern, sie allein gibt uns im Sinne Byung Chul-Hans noch nicht zu denken.

Mir macht die künstliche Intelligenz selbst weniger Angst als unsere Angst vor ihr, weil Letztere zeigt, wie sehr unser eigener Intelligenzbegriff eines Updates bedarf – mich besorgt nicht so sehr die Entdeckung der künstlichen Intelligenz wie der Verlust der menschlichen Intelligenz. Das sind nämlich zwei ganz fundamental unterschiedliche Intelligenzen, wie der britische *Economist* erklärt:[11] Computerprogramme sind heute in der Lage, einige eng definierte Aufgaben zu erledigen, die früher nur von Menschen bewältigt werden konnten – die ursprünglichen „Computer" waren schließlich auch Menschen, in der Regel übrigens Frauen, die mit kniffligen Rechenaufgaben betraut waren. Ein ChatBot mag erschreckend schnell und präzise darin sein, ein Kartoffelsuppenrezept zu erstellen, aber er hat keine Ziele, keine Beweggründe und ist sich seiner eigenen Existenz ebenso wenig bewusst wie eine Excel-Datei oder ein Aktienkurs. Eine KI, die Erdbeeren pflanzen und ernten soll, könnte, um dieses alleinige Ziel zu verfolgen, die ganze

Menschheit auslöschen und den Planeten zu einer riesigen Erdbeerfarm machen. Es fehlt ihr die Reflexion, die Selbstbetrachtung in der Verfolgung dieser Ziele. Die müssen wir liefern. Die Irritationen, die die künstliche Intelligenz zweifelsohne in unseren Arbeitsprozessen auslösen wird, sollten uns ein Anlass sein, um in einen Modus der Normativität zu wechseln, in dem wir uns gemeinsam darauf verständigen, ob uns dieser oder jener Einsatz zu einem besseren New Normal bringt. Auch im Hinblick auf unseren Planeten. Erdbeeren sind klasse, aber eben nicht um jeden Preis.

Gibt es intelligentes Leben auf der Arbeit?

Die künstliche Intelligenz setzt Rechengewalt ein, um intelligent erscheinende Antworten aus sehr großen Datensätzen herauszudestillieren, die, obwohl sie heute größer und leistungsfähiger sind als die ersten technischen Computer, dem menschlichen Verstand nicht ähnlicher sind als zuvor.[12] Aber lediglich intelligent erscheinende Antworten – das kennen wir doch von irgendwoher. Auch wir neigen in der Arbeitswelt zum stochastischen Nachplappern. Als auf der in der Tech-Szene ganz zentralen SXSW-Konferenz in Austin, Texas der vom Tech-Guru zum Kritiker gewandelte Jaron Lanier sprechen sollte, trat er vor seinem Vortrag mit einer Bitte an sein Publikum. Es möge doch bitte während der Rede nicht emailen, whatsappen oder twittern – danach natürlich gern. Lanier fragte: „Wenn du erst zuhörst und dann schreibst, dann hat das, was du schreibst, Zeit gehabt, durch dein Gehirn zu gehen. Dann bist du in dem, was du sagst. Wenn du nur ein Reflektor von Informationen bist, bist du dann wirklich da?“ Wie ein realistischer Maler, der immer nur stur abbildet, so plappern wir oft nur noch nach, mit allen gesellschaftlichen Risiken, die das beispielsweise in den sogenannten sozialen Medien hat. Unsere Aufmerksamkeit mag also schon zu maschinenartig geworden sein – was sich übrigens auch im unreflektierten Teilen von scheinbar authentischen, aber mit KI hergestellten Fotos zeigte: der Papst im Hipsteroutfit, Donald Trump in der Straßenschlägerei.

Zum Zeitpunkt der Niederschrift dieses Kapitels machte die Neuigkeit die Runde, dass ChatGPT eine MBA-Prüfung für einen Abschluss an der renommierten Wharton School in Philadelphia bestanden habe. Alle waren sehr schockiert. Doch schockierend hierbei ist doch vor allem, wie wenig es bei diesen Abschlüssen noch um die Bildung von Reflexionsfähigkeit, von Haltung und von Empathie geht. Wie wenig menschliche Intelligenz hier geschätzt und gefordert ist. Eine Tatsache, die bei MBAs eingehend erforscht ist und deren Konsequenzen wir auf diesem Planeten deutlich sehen können (➤ Organisationsverständnis). Wenn wir unsere Managementausbildung auf eine Multiple-Choice-Logik reduzieren, dann brauchen wir gar keine KI-Dystopie, um uns von Maschinen führen zu lassen.

Zeitgleich feiern wir mit KI kreierte Bilder von Dall-E als neue Kunst. Das weckt meinen Widerwillen: In einer sinnvollen Zukunft mit der KI geht es ja gerade *nicht* darum, uns die Kunst abzunehmen. Die KI soll uns profane, gleichförmige Dinge abnehmen, damit uns mehr Zeit und Aufmerksamkeit für die Kunst bleibt. Damit meine ich Kunst im allerweitesten Sinne: all das, worin die genuin menschliche Sicht auf die Welt zum Ausdruck gebracht wird. Ein mit ChatGPT kreierter Arbeitsvertrag, eine formale Absagemail oder das Zusammentragen der wichtigsten Argumente in einer Debatte, das ist abfeierungswürdig! Weil das Zeit freimacht. Natürlich gibt es tatsächlich Kunst, die mit KI generiert wird, aber das hängt stets vom menschlichen Promptingenieur dahinter ab, der den richtigen Input gibt und die KI entsprechend einstellen kann („Schreibe eine Ode an Knoppers-Riegel im Stil Friedrich von Schillers, bei der der himmlische Jubel morgens um halb zehn ausbricht und die Götter an einer Supermarktkasse thronen"). Vielleicht ein Beruf der Zukunft?

Doch wer dies als Wiederentdeckung der menschlichen Intelligenz in einer Art hyperanalogen Biedermeierwelt zwischen Staffelei und Notizbuch verortet, wird vermutlich enttäuscht werden. Unsere menschliche Intelligenz wird sich im Umgang mit der KI beweisen müssen, nicht in der Absonderung. Wie die Promptingenieurin, die den Chatbot mit den richtigen Signalen füttern kann, so dass wirklich überraschende Ergebnisse herauskommen, oder der Übersetzer, der ein durch KI übersetztes Rechtsdokument überprüft und mit seinem Kontextverständnis und seiner Intentionalität einen ethischen Unterschied herstellen kann. Letzteres zeigt ein in Madrid ansässiger Übersetzer einer großen Anwaltskanzlei.[13] Nachdem das Programm die Übersetzung eines Rechtsdokuments ausgeworfen hat, war es seine Leistung, einen ziemlich feinen, aber entscheidenden Unterschied zu erkennen: ein spanisches Wort *(dolo)*, das in diesem Zusammenhang korrekt mit „vorsätzliches Fehlverhalten" übersetzt wird, wurde von der Software mit dem sehr unjuristischen Begriff „Bosheit" übersetzt. Da das betreffende Gesetz die Strafen für vorsätzliches Fehlverhalten erheblich verschärft, war der Fehler potenziell verhängnisvoll – und konnte nur von jemandem mit der richtigen Kombination aus juristischem Scharfsinn und einem Sinn für die moralischen Folgen einer Formulierung erkannt werden.

Von Intelligenz im Plural sprechen

Wir leiden momentan unter Intelligenzverwirrung. Für eine sinnvolle Zukunft, in der beide Intelligenzen gewürdigt werden, muss es im abgewandelten Wort Jesu heißen: Gebt der Maschine, was der Maschine ist, und dem Menschen, was des Menschen ist. Wir müssen also unser Denken entmaschinisieren und die KI als maschinellen Helfer für uns nutzen. Verfolgen wir diese Arbeitsteilung von KI und MI im Sinne des digitalen Humanismus, können wir unser Arbeiten befreien, genau wie sich die surrealistische Malerei befreit hat. Wir kämen einer Arbeitswelt näher, die für Werte, Emotion und Moral empfänglicher ist. Die uns buchstäblich zu denken gibt. Eine Arbeitswelt, in der Führung und Fühlung eine neue Synthese eingehen. In der für das Maschinendenken nun Maschinen da sind und wo das Ideal der kühlen Rationalität gelockert werden darf. In dieser Arbeitswelt würden wir Reflexion und Wahrnehmung priorisieren können, statt in besinnungsloser Beschäftigung zu verharren. Unternehmen, mit denen ich arbeiten durfte, nutzen nun die KI, um interne Daten zu erfassen – es ist überraschend, wie wenig ein Unternehmen von einer gewissen Größe eigentlich über sich selbst weiß. Ein darauf geschulter Algorithmus spart dann viel Fleißarbeit (bzw. viel Beraterhonorare) und macht Zeit frei für das, worum es eigentlich geht: aus Daten reflektierte Schlüsse zu ziehen. Etwa: Was bedeutet es für unsere Kultur, wenn unser Durchschnittsalter in der Belegschaft mit jedem Jahr um 0,8 steigt? Was wollen wir deshalb unternehmen?

Durch eine solche Form des menschlich denkenden Arbeitens wären wir für eine Zukunft der Arbeit gewappnet, die sich einer planetaren Verantwortung stellen kann. Verantwortung und Vertrauen sind zeitintensive Praktiken, so Byung-Chul Han. Vielleicht gibt uns eine neue Intelligenz die Zeit dafür zurück (➤ Zeit). Vielleicht finden wir durch eine solche KI 2.0 auch einen neuen Zugang zu menschlicher Bildung. Unser Bildungsbegriff kommt aus der Antike. Und dort „ließ man andere für sich arbeiten: Das waren die Sklaven", wie der Philosoph Konrad Paul Liessmann bemerkt. „Eigentlich ist es deshalb erstaunlich, dass wir es zunehmend als bedrohlich empfinden, dass uns Maschinen Arbeit abnehmen. Deswegen haben wir sie doch erfunden."[14] Wie wäre es also, die KI wie Sklaven zu sehen? Eine Sklaverei, die glücklicherweise im Vergleich zu ihrem Pendant in anderen Epochen ohne menschenrechtliche Gräuel auskäme. Der Arbeitsplatz würde dann einem neuen antiken Forum weichen, was dem Wandel hin zum Zoon politikon, zum handelnden Menschen im Sinne Hannah Arendts, entspräche (➤ Haltung). Damit stünde uns durch KI nicht eine Entmenschlichung bevor, sondern das Gegenteil: eine Präzisierung von dem, was uns als Menschen wirklich ausmacht, wie Christoph Kucklick prognostiziert.[15]

Es könnte dann etwas noch Größeres am Horizont erscheinen: Wenn wir nämlich in der Zukunft der Arbeit einer Vielfalt von Intelligenzformen Raum geben, dann würden wir nicht nur den genuin menschlichen Fähigkeiten von Verantwortung und Reflexionsfähigkeit mehr Wert zukommen lassen, nein, dann werden wir auch feststellen, dass eine noch viel mächtigere dritte Intelligenz erscheint. Wir könnten sie ÖI nennen, ökologische Intelligenz.

Die dritte Intelligenz erscheint – die ökologische Intelligenz

In seinem faszinierenden Buch *Die erstaunlichen Sinne der Tiere* lädt uns der Wissenschaftsjournalist Ed Yong zu einem Gedankenexperiment ein.[16] Stell dir vor, so Yong, du betrittst eine Turnhalle, in der ein großer Elefant steht – Überraschung! Jetzt huscht auch noch eine Maus hinein. Du entdeckst ein Rotkehlchen auf dem Basketballkorb und eine Fledermaus an einem Dachbalken. Ist gerade eine Klapperschlange unter die Matte geschlängelt? In einer Ecke hat eine Spinne ihr Netz gesponnen. Daneben schwirrt schon eine Mücke. Ganz schön was los in der Halle, und man kann hoffen, dass sie groß genug ist, damit sich die Tiere nicht an die Kehlchen gehen.

Was wissen nun die einzelnen Tiere über die Turnhalle? Der Elefant hebt seinen Rüssel wie das Sehrohr eines U-Boots, die Klapperschlange streckt ihre Zunge heraus, und die Mücke durchschneidet die Luft mit ihren Fühlern. Alle riechen den Raum um sich herum, nehmen die schwebenden Düfte auf. Der Elefant riecht nichts Bemerkenswertes. Die Maus riecht so gut, dass sie noch das Basketballspiel der letzten Woche wahrnimmt. Die Klapperschlange riecht die Spur der Maus und legt sich auf die Lauer. Die Mücke riecht das verlockende Kohlendioxid deines Atems und den Duft deiner Haut. Sie landet auf deinem Arm, bereit für eine Mahlzeit, aber bevor sie zusticht, schlägst du sie weg – und dein Schlag stört die Maus. Sie quiekt alarmiert in einer Tonlage, die für die Fledermaus hörbar ist, für den Elefanten ist sie zu hoch, um sie zu hören. Er stößt ein tiefes Grollen aus, das wiederum für die Ohren der Maus und der Fledermaus zu leise ist, aber vom vibrationsempfindlichen Bauch der Klapperschlange wahrgenommen wird. Und von dem Netz der Spinne, das für Spinnen die Funktion eines externen Sinnesorgans hat – ein Cyborg der Natur! Du nimmst weder das hohe Ultraschall-

Quietschen der Maus noch das tiefe Infraschallrumpeln des Elefanten wahr und lauschst stattdessen dem Rotkehlchen, das in einer für deine Ohren idealen Frequenz singt. Denkst du! Denn eigentlich ist dein Gehör viel zu grob, um die Komplexität zu erfassen, die der Vogel in seiner Melodie verschlüsselt.

Alle Tiere haben – genau wie du – das Gefühl, die Umwelt umfassend und als „echt" wahrzunehmen. Bei allen ist das eine Illusion: Unsere Sinne können nur einen Bruchteil der Informationen wahrnehmen, die sich in der Welt bewegen. Die Sinne der Tiere können dagegen viel mehr: Sie spüren Magnetfelder, können ultraviolettes Licht sehen oder erkennen ihre Umgebung mithilfe von Schallwellen. Diese Welterfahrungen und Intelligenzformen werden uns wohl immer verschlossen bleiben. Wir können uns nicht vorstellen, wie es wäre, eine Fledermaus zu sein, durch die Nacht zu jagen, durch Schall zu „sehen" und kopfüber zu frühstücken! Unser Bewusstsein, unsere Sinne und unser Körper sind ein Käfig. Genauso wenig kann sich aber eine Fledermaus vorstellen, eine E-Mail zu schreiben, oder eine Klapperschlange, eine PowerPoint-Präsentation zu erleben. Ein schwacher Trost.

Der entscheidende Punkt ist, dass es so viele Erfahrungen in dieser Welt gibt, die genauso wahrhaftig und schön sind wie ein Musikstück, eine gute Tat oder ein Gemälde, die wir aber niemals erleben werden. Nur einen winzigen Ausschnitt an Realität können wir erfassen, und der Rest bleibt verrätselt. Unsere menschliche Intelligenz hat eben keine höhere Kapazität als die der Tiere, wie wir uns arrogant einreden, sondern eben einfach eine andere Form. Dass wir zweibeinige Primaten sind, führt dazu, dass wir wesentlich besser hören und sehen können, als wir riechen, fühlen oder gar ultraschallwahrnehmen. Dieser Sinneszugang wiederum führt dazu, dass unsere Intelligenz stark durch symbolische Praktiken geformt ist: durch Sprache, Zeichen und Kommunikation.

Aus dieser äußerst engen Perspektive, die unsere Sinne ermöglichen, ist es unmöglich zu wissen, was es wirklich, wirklich zu verstehen gibt über diese Welt. Es gibt immer ein „Mehr". Ein Mehr, das uns so fremd ist, dass wir nicht einmal danach suchen können. Wir würden es in unserer Wahrnehmung niemals finden. Unsere Intelligenz bleibt bruchstückhaft. Technologie und Ökologie können hier ergänzende Puzzlestücke für die Intelligenz auf Erden sein.

Diese Summe des unvorstellbaren Reichtums an Eindrücken, die allen nichthumanen Wesen auf dieser Welt möglich ist, ist die ökologische Intelligenz. Die ÖI ist die Intelligenz des Lebens selbst. Auch wenn nie einem Wesen allein alle Eindrücke gewahr werden, sollten wir alle Erfahrungen respektieren und schützen, ganz praktisch zum Beispiel, indem wir Licht- und Lärmverschmutzung als ein Problem anerkennen, auch wenn wir diese Verschmutzung nicht wahrnehmen können. Oder indem wir das Wissen der Tiere, das Fliegen der Vögel, die Migration der Fische als Frühwarnsysteme für Klimakatastrophen zu nutzen lernen. Im Anthropozän sind wir darauf angewiesen zu schützen, was wir nicht fühlen können.

Dass unsere kognitiven menschlichen Fähigkeiten (Werkzeuge nutzen, Selbst-Bewusstsein haben, kreativ sein) uns von den Fähigkeiten der Tiere grundsätzlich abgrenzen und wir deshalb als Menschen auch die Welt der Tiere mit einer gewissen Überlegenheit für uns nutzen können, hat die Forschung der letzten Jahrzehnte immer mehr widerlegt. Mittlerweile wissen wir nämlich, dass auch Elefanten trauern können, Biber künstlerisch wertvolle Dämme bauen können, Schimpansen so etwas wie eine eigene Mode haben, Ratten Empathie füreinander empfinden, Erdmännchen ein ganz hervorragendes IPA-Bier brauen können und Schweine enge Freundschaften formen können (okay, eins davon war gelogen). Ein glückliches Schwein, das die Sau fürs Leben gefunden hat!

Der planetare Dreiklang der Intelligenzen

Mit der ÖI bildet sich nun ein planetarer Dreiklang aus künstlicher, humaner und ökologischer Intelligenz. Die KI mag in Liessmanns Sinne unser Sklave werden, der es dem Menschen ermöglicht, sich zu einem höheren Ideal der MI aufzuschwingen, die ÖI wird stets auf einer höheren Ordnung verbleiben und dem Menschen unverfügbar sein. Denn: So wie ein generativer Machine-Learning-Algorithmus niemals verstehen kann, wie es ist, Gewissensbisse auf der Arbeit zu haben oder über den furchtbar unlustigen Witz des Chefs zwanghaft zu pseudolachen, so werden wir Menschen niemals verstehen, wie es ist, als Wollhandkrabbe den Vibrationslärm einer Autobahn ertragen zu müssen. MI könnte also auch mittlere Intelligenz heißen, die Demut gegenüber der ÖI genauso sehr zeigt wie Gestaltungswillen für die KI.

Folgen wir dem Informatiker James Bridle, kann der Dreiklang der Intelligenzen aber noch eine andere Sortierung bekommen:[17] Für ihn kann uns die künstliche Intelligenz die ökologische Intelligenz tatsächlich etwas näherbringen. Noch trainieren wir die KI allein mit Datensätzen, die von Menschen produziert wurden und bald komplett abgegrast sind. Die Frage ökologischer Intelligenz beschäftigt derweil nur Zoologen, so Bridle. Er fragt, wie es wäre, die Computing Power nicht auf Menschen zu richten, sondern die KI in Zeiten von Klimawandel und Biodiversitätsverlust bewusst dazu zu bringen, den Input von anderen Intelligenzformen zu nutzen: die messbaren Daten von Tieren, Bäumen, Pilzen und Mikroben. Wie wäre es, die Natur mit allerhand Sensoren auszustatten? Laut Bridle könnte sie dann die Sprache der Tiere entziffern. Wenn so die Bedürfnisse anderer Arten explizit gemacht werden, werden wir in eine Zeit des neuen Verstehens kommen. Wir könnten dann die ÖI in Recht und Politik einfließen lassen – der Mitwelt eine Stimme geben. Wir könnten durch diese planetaren Daten verstehen, wie wir der Natur mehr Schutz bieten können, und schließlich sogar viel komplexere Formen der Fürsorge und Zusammenarbeit entwickeln. Ein System könnte entwickelt werden, das Pflanzen und Tieren einen Wert zuschreibt, dies könnte als digitales Geld sogar über Artengrenzen hinaus zirkulieren.[18]

Eine weniger futuristische, aber dafür schon von vielen Tausenden genutzte Möglichkeit, uns mit KI der ÖI zu nähern, steckt in der App iNaturalist, die ich im Körper-Kapitel vorstelle.

Dem Lernenden gehört die Zukunft

Was mit der KI-Revolution beginnt, bietet nicht nur eine Chance für uns Menschen, sondern auch für den Planeten. Derzeit geschehen die Bemühungen der KI noch auf dem Rücken der Umwelt: Hohe Rechenleistungen erfordern hohen Energieaufwand, was mit hohen CO_2-Emissionen verbunden ist. Damit stößt die KI schon heute an Verantwortungsfragen, für die wir eben auch unseren eigenen menschlichen Algorithmus wieder trainieren müssen. Die Veränderungen, die unser Denken erfahren muss, sind gewiss auf einem ganz anderen Level als die Veränderungen in der Malerei auf dem Weg zum Surrealismus, auch wenn dieser Wandel uns ein Vorbild sein kann. Und wie die surrealistischen Maler, die ihre Palette durch den Wandel erweiterten, beginnt alles damit zu verstehen, dass nur den Lernenden die Zukunft sicher ist. Und die scheinbar Wissenden genauso wie die Maler des Realismus für eine Welt gerüstet sind, die schon bald nicht mehr existieren wird.

5 Sinn
Vom Egotrip der Selbstverwirklichung zum wahren Sinn der Arbeit

„Es ist nur ein Job. Gras wächst. Vögel fliegen.
Wellen spülen den Sand weg. Und ich verprügle Leute."
Muhammad Ali[1]

Wenn du im Sommer 1967 durch die Haight Street in San Francisco spaziert gegangen wärst, dann hoffentlich mit Blumen in deinem Haar. Denn es war der „Summer of Love" und das Viertel Haight Ashbury in San Francisco das Headquarter der Hippies. In Cafés, Buchläden und dem ehrwürdigen Red Victorian Hotel, das in jenem Sommer zum kostenlosen Crash Pad wurde – einem recht ungemütlichen Schlafplatz –, rollten die Hippies die großen Fragen neu auf: Was ist der wahre Sinn des Lebens? Wie kann ich mein Selbst verwirklichen? Was würde es bedeuten, frei und in purer Authentizität zu leben – und natürlich: zu lieben?

Um diesen letzten Fragen auf den Grund zu gehen, konntest du verschiedene Happenings besuchen, dich schamanistischen Ritualen unterziehen oder LSD-Trips erleben. In den Buchläden konntest du dich in andere Welten einlesen, etwa in den Buddhismus. Auf Diskussionsveranstaltungen hattest du die Möglichkeit, in einen Überbietungswettbewerb mit anderen Hippies zu treten: Wer ist der Radikalste im ganzen Land? Wer grenzt sich am sichtbarsten von der „Industriegesellschaft" und ihren Speed Freaks (gemeint sind Arbeitende) ab? Du hättest beispielsweise betont, dass du von nun an barfuß leben wirst, weil du auch mit Blick auf Fußbekleidung nicht mit den Speed Freaks paktieren willst. Oder du hättest dich in bunte Batikkleider gehüllt und mit deinen Freunden in der Natur gelernt, dich wieder über kleine Dinge zu freuen: Tautropfen,

Sonnenstrahlen, Blumen, Bienen, Joints. Denn vor allem konntest du jede Menge Gras rauchen. „Jojo left his home in Tucson, Arizona. For some California grass." (The Beatles)

Summer of Love isch over

Doch zu einem Ort wärest du als Hippie für all die Selbstsuche sicher nicht gegangen: zur Arbeit.

Heute sieht San Francisco, und auch Haight Ashbury, ganz anders aus: Der Wind weht vom nahen Silicon Valley, und in der Luft sind nicht mehr Love, Peace and Harmony. Jetzt drehen sich die großen Fragen um die nächste Disruption und beschäftigen vor allem jene, die man früher eben Speed Freaks nannte – was ist *the next big thing*? Ist es AI oder BioTech? Welches Start-up ist das nächste Unicorn (also mehr als eine Milliarde Dollar wert)? Und wer kann hier eigentlich noch die Miete bezahlen?

Summer of Love isch over, wie Wolfgang Schäuble sagen würde. Doch schaut man genauer hin, sieht man, dass ausgerechnet dort, in der Arbeitswelt der Speed Freaks, manche Vibrations nachhallen: Auf einmal ist die Rede davon, dass Start-ups einen ganzheitlichen Purpose verfolgen und eine Welt „revolutionieren" wollen – und sei es auch nur die Welt der Reisekoffer. Da liest man in Stellenangeboten auf einmal, dass man in der Rolle als Senior Account Managerin das ganze Selbst verwirklichen kann – wirklich restlos wegverwirklichen! Da lassen Angestellte auf einmal verlautbaren, dass sie gerade „auf einer Journey sind, sich im Vertrieb ganz neu zu entdecken", und man erfährt, dass Führungskräfte Coachings zu Authentic Leadership besuchen, um aus ihrer „inneren Natur heraus zu führen". Und dies ist selbstverständlich nicht nur in der kalifornischen Unternehmenslandschaft der Fall. Die Hippierhetorik lässt sich überall beobachten, wo der Puls der Businesswelt schlägt.

Es geht ein Gespenst um in unserer Arbeitswelt – und dieses Gespenst riecht nach Hasch. Aber statt Trips, Happenings und Sex sind die Methoden zur Selbstfindung nun Workshops, Managementfibeln und Podcasts. Immerhin passt der Sound: „Die Management-Literatur von heute gleicht der Selbstverwirklichungsprosa lebensreformerischer Entfremdungskritiker der 1960er und 1970er Jahre bis aufs Haar“, stellten die Sozialwissenschaftler Luc Boltanski und Ève Chiapello schon 1999 fest.[2] Genau wie die Hippiebewegung breitete sich dieser Sound und damit der Anspruch auf Selbstverwirklichung in der Arbeit über den ganzen Globus aus.

Liebt dich dein Job auch zurück?

Um nun eine wirklich sinnvolle – also eine uns selbst *und* einem Größeren zuträgliche – Arbeitswelt zu ermöglichen, müssen wir über unser derzeit dominierendes Sinnverständnis in der Arbeit sprechen. Über unsere Sehnsüchte nach Authentizität, Selbstverwirklichung und Bedeutung. Müssen wir uns fragen, ob all diese Bedürfnisse, nach denen wir so stark streben, vielleicht wie bei den Hippies ein wenig zu sehr um sich selbst kreisen. Müssen wir uns fragen, was stattdessen im Anthropozän der tiefe Sinn von Arbeit sein könnte.

In unserer Gegenwart, geprägt vom „neuen Geist des Kapitalismus“, den Boltanski und Chiapello analysiert haben, dominiert nicht mehr die industrielle Vorstellung, dass wir wie ein maschinenartiger Homo oeconomicus zu arbeiten haben – eine Vorstellung, die die Hippies und andere mit Erfolg kritisiert haben. Nun dominiert ein Arbeitsverständnis der Selbstverwirklichung – eine brillante Collage von Elementen verschiedener (Gegen-)Bewegungen, nicht nur vom Element der Sinnsuche bei den Hippies, sondern auch vom Geniekult des Sturm und Drang und von der Selbstaufopferung gottesfürchtiger Protestanten. Dieses verzerrte, historische Ideengepäck legen wir nun auf den Tisch, nehmen es kritisch auseinander und fragen uns, wohin all diese Sinnsuche führt.

Schnell zurück zu den Hippies!

Um zu verstehen, wie unsere Selbstsuche durch die Hippies verzerrt wurde, müssen wir uns noch einmal in die späten 1960er zurückbewegen. Was ihre kulturelle Gegenbewegung an der bestehenden Welt auszusetzen hatte, waren zwei Dinge, so Boltanski und Chiapello: Ihre „Sozialkritik“ wies auf die eklatanten Unterschiede von Kapital und damit Macht zwischen Klassen hin und forderte Solidarität mit jenen am unteren Rand der Gesellschaft.[3] Ihre sogenannte Künstlerkritik kam aus dem Milieu der Lebenskünstler und bemängelte, dass sich der Mensch im bestehenden System verstellen müsse, er eindimensional werde, um einen gleichnamigen Klassiker der Zeit zu zitieren,[4] und er, selbst wenn er wirtschaftlich über die Runden komme, dafür hohe Kosten in Hinblick auf sein „Selbst“ und seine „Authentizität“ aufwenden müsse.

Heute ist die Sozialkritik stark aus dem Sichtfeld gerückt: Wir haben einen großen Teil prekärer Arbeitsbedingungen in den Globalen Süden verlagert, und so können wir die Produkte einer wirklich prekären Arbeiterklasse weiterhin genießen, ohne dabei von ihrem Anblick, geschweige denn ihrer Stimme gestört zu werden. Auch innergesellschaftlich ist die Distanz zwischen verschiedenen Schichten so groß geworden, dass manch einer auf die Frage nach Nichtakademikern in seinem Freundeskreis nur verschämt rückfragen kann, ob BWLer auch dazu zählen (➤ Anerkennung).

Return on Meaning

Die Fackel der Künstlerkritik brennt dafür aber lichterloh – und überraschenderweise in den Unternehmen selbst, wie Boltanski und Chiapello als Erste sahen. Dort ist wie selbstverständlich von Selbstverwirklichung, Authentizität und Sinnfindung die Rede – Woodstock im Büro!

Leider läuft die Selbstverwirklichung heute etwas anders, als es sich die Künstlerkritiker vor mehr als 50 Jahren vorgestellt haben: Wer sich damals selbst verwirklichte, ging auf eine Selbstversorgerkommune ins kalifornische Hinterland (oder ins Wendland), wo Meaningful Work so was wie Hanfanbau bedeutete. Wer sich heute selbst verwirklichen möchte und sich damit scheinbar auf diese Hippieideale bezieht, vollzieht das aber stets in untrennbarer Verbindung zu klassischen bürgerlichen Werten wie Erfolg, Statusausbau und Machtgewinn – und verwirklicht sich in einer Arbeitswelt, wo unter der Hippieoberfläche eigentlich alles beim Alten bleibt. Der Soziologe Andreas Reckwitz nennt die heute herrschende Vorstellung das „Ideal der erfolgreichen Selbstverwirklichung“,[5] die ganz anders ist als bei den Hippies, denen es um Ich-Vertiefung jenseits von Statusgewinn ging und gerade nicht um den Erfolg der Speed Freaks. In unserer modernen Arbeitswelt sind Sinn und Authentizität also immer mit Erfolgsausbau verbunden: Es reicht nicht mehr, die verlässliche Fachkraft in einer Bank zu sein, es muss schon auch darum gehen, dass die Arbeit einen Purpose hat, dass die Person „authentisch“ ist und sie eine inspirierende Story über ihr Tun erzählt. Es reicht nicht einfach, nach Vertrag und vielleicht sogar ohne glühende Begeisterung zu arbeiten, wie die Aufregung um das Phänomen Quiet Quitting zeigt, einen TikTok-Trend, der einen Minimalanspruch an Arbeit zelebriert. Ebenso wenig ist aber ein wirklich revolutionäres Umdenken jenseits der Investorenstory „Wir revolutionieren den Rollkoffermarkt“ gewollt. Denn damit wäre ja der bürgerliche Erfolg hinüber. Wenn meine Arbeit Sinn hat, dann will ich damit bitte schön auch eincashen!

In meiner Forschung dazu höre ich oft, wie dieses Ideal der erfolgreichen Selbstverwirklichung sich als gefährlicher Double Bind herausstellt.[6] Die von den Hippies inspirierte Sinnsuche führt zu einem Sinndruck, bei dem Erfolg allein nicht reicht, wenn er nicht als sinnvoll aufgewertet werden kann. Und wo der Erfolgsdruck so hoch bleibt, dass ein radikalerer Weg zu einer mehr auf Sinn ausgerichteten Arbeit (von der Managerin zur Pflegerin) für viele nicht begehbar scheint. Das Ergebnis ist, dass Arbeit immer mehr von Ansprüchen überfrachtet wird, wo sie vorher vielleicht unterfrachtet war. Es fällt schwer, darin einen Fortschritt zu sehen. „Man hat zwar beruflichen Ehrgeiz, spricht aber nicht länger von all der harten Arbeit, sondern von spannenden Prozessen, mit denen man sich selbst verwirklichen kann“, so auch der israelische Therapeut Carlo Strenger.[7] Auch er erlebte, wie dieses Ideal bei Menschen zur Angstquelle wird. Wie seine Patienten voller Selbstzweifel fragen, warum es all den anderen scheinbar mit spielerischer Leichtigkeit gelingt, Erfolg im Beruf und Selbstverwirklichung zu verbinden. Das ist, was in der Arbeitswelt vom Summer of Love übrig geblieben ist. Dass ausgerechnet eine linke Kapitalismuskritik uns dazu brachte, zu solch gestressten Selbstvermarktern zu werden, ist eine der vielen Ironien der Arbeitsgeschichte.

Profane Propheten in der Arbeitswelt

Das hippieske und zugleich bürgerliche Ideal der erfolgreichen Selbstverwirklichung ist nicht das Einzige, was unsere Sinnsuche in der Arbeit prägt – und sie somit auch von Umweltfragen abkoppelt.

Beim Streben nach einem wahrlich verwirklichten Selbst kommt auch ein ausgeprägter Geniekult zum Ausdruck. „Genies" wie Elon Musk, Jeff Bezos und Steve Jobs gelten als personifizierte Definition von Selbstverwirklichung. Wir huldigen ihnen, die es „ganz aus sich heraus geschafft" haben – oft auf eine sozial und ökologisch rücksichtslose Weise –, und missverstehen dabei gleichzeitig, was Arbeit im Kern eigentlich ausmacht.

Um die Quelle dieses Geniekults zu verstehen, begeben wir uns in das Deutschland des 18. Jahrhunderts, in die Epoche des Sturm und Drang, in der Dichter wie Goethe oder Schiller das „Originalgenie" in Szene setzten: Das Originalgenie schafft sich selbst, trotzt den Autoritäten und bietet sogar den Göttern die Stirn. Es wird in seiner Arbeit selbst Gott: „Ich kenne nichts Ärmeres unter der Sonn' als euch Götter! / (...) Hier sitz' ich, forme Menschen / Nach meinem Bilde, / Ein Geschlecht, das mir gleich sei, / Zu leiden, weinen / Genießen und zu freuen sich, / Und dein nicht zu achten, / Wie ich!", dichtete Johann Wolfgang von Goethe. Mit diesem Bild des höheren Kraftmenschen versprachlichten die Dichter die Geistesrevolution der Aufklärung, die gleichzeitig begann und in ganz Europa zu einem Umdenken im Blick auf falsche Autoritäten und wahre Freiheit führte.

Trotz dieser fernen Wurzeln fühlt sich der Geniekult in unserer heutigen Arbeitswelt noch richtig zu Hause, wenn auch mit ein paar Updates. Wir verehren visionäre Geschäftsmänner mit religiösem

Eifer (ich sage bewusst „Männer", der Kult scheint sich an Frauen kaum zu entfachen): Wir sind überzeugt, dass diese „Leader" über eine Art Geheimwissen verfügen, das sie zwar irgendwie nicht vermitteln können, aber dass es dieses Geheimwissen allein ist, das unsere Welt nach vorne bringt. Und ganz zentral: Als visionäre Originalgenies dürfen sie mit allen Verhaltensnormen brechen, nein, sie müssen es sogar! Es gibt kaum einen Leadership-Star, der ein angenehmer Zeitgenosse ist oder gemäß den Regeln spielt. In einer Art sadomasochistischen Selbstverachtung verlangen wir vom Genie gerade ein gewisses Maß an abstoßendem, oft neurotischem Verhalten. An diesem Verhalten zeigt sich ja erst, wie sehr das Management-Originalgenie über uns einfachen Malochern schwebt. Wir blicken auf zu ihm und denken: „So muss jemand sein, der seinen Sinn gefunden hat, der sein Selbst verwirklicht hat!"

Die Wirtschaftsethikerin Lisa Herzog beobachtet, dass besonders in der zweiten Hälfte des letzten Jahrhunderts der Geniekult die Arbeitswelt überzog.[8] Für Herzog schwappte dieser Geniekult der Wirtschaftswelt von seinem recht unheimlichen Vorgänger in der Politik über. Dafür muss man nur mal den allzeit bemühten Begriff „Leader" ins Deutsche übersetzen: Die Verehrung „Großer Männer" und „Führer" in der Politik in der ersten Hälfte des zwanzigsten Jahrhunderts ist, so Herzog, historisch abgelöst worden von der Verehrung von disruptiven Leaders in der Wirtschaft in der zweiten Hälfte, von „Wirtschaftsführern". Diese höchst ambivalente Verehrung prägt unsere Selbstverwirklichungs- und Sinnsehnsüchte. Wenn wir heute von unserem wahren Ich in der Arbeitswelt träumen, und davon, das kreative Macher-Selbst, das zweifelsohne in uns steckt, irgendwo zu entfalten, dann sehnen wir uns danach, selbst Genie zu werden, selbst „großer Mensch" und „Leader" zu werden. Nicht mehr den Zumutungen von Regeln und Sitten ausgesetzt zu sein, sondern den Funken der Götter in uns zu haben.

Leider funktionieren Genies nur mit einer Menge Anhänger. Deshalb geht diese Art der Selbstsuche zwangsläufig auf Kosten des Sozialen: „Hier sitz' ich, forme Menschen / Nach meinem Bilde". Wirklich sinnvolle Arbeit kann den Geniekult nicht weitertreiben.

Die Verehrung manischer, rücksichtsloser und oft in ihrer Begeisterung für Disruption auch umweltzerstörerischer Genies lenkt vollkommen davon ab, wie Arbeit wirklich funktioniert, wie Wert wirklich geschaffen wird, wie wir gleich sehen werden.

Das gottesfürchtige Selbstaufbrauchen

Davor rückt aber noch ein dritter Vorvater unserer Sinnsuche ins Bild, dem zu verdanken ist, dass Arbeit heute die Rolle einer letzten Religion einnimmt. Ein unerwarteter Kandidat und wahrlich kein Hippie. Neben den Blumenkindern der 1970er Jahre und den Schwärmern des Sturm und Drang kommt der religiös geprägte Unternehmer auf die Bühne. Dieser machte sich im 19. Jahrhundert, beispielsweise im kargen Mittleren Westen der USA, an die Arbeit und veränderte, wie wir diese heute denken. Gottesfürchtig, fleißig und unglaublich sparsam bildete er den aufstrebenden Mittelstand in den USA, etwa als Händler oder als Betreiber von kleinen und bald schon größeren Werkstätten.

Der Soziologe Max Weber forschte 1904 monatelang in dieser öden Gegend des amerikanischen Mittleren Westens und schrieb als Ergebnis einen Klassiker der Soziologie. In *Die protestantische Ethik und der Geist des Kapitalismus* (Boltanski und Chiapello beziehen sich 100 Jahre später bewusst auf diesen Titel) glaubte Weber, die geheime Verbindung zwischen religiösem Glauben und wirtschaftlichem Erfolg aufgedeckt zu haben, einen Zusammenhang, der bereits in Europa dazu führte, „dass ausgerechnet die protestantischen Städte die reichsten wurden".[9]

Seine Studie zeigte, dass das Wachstum nicht ohne einen religiösen Glauben auskam. Die protestantische Ethik war der Nährboden für unseren wirtschaftlichen Aufschwung und damit auch ein Vorbote der Großen Beschleunigung. Weber argumentierte, dass aus dieser Religiosität entscheidende Ideen in unser Arbeitsverständnis eingeflossen seien: etwa dass wirtschaftlicher Erfolg ein Zeichen für göttliche Gunst sei. Dass Profit aber immer reinvestiert werden müsse, weil am Ende doch nicht Reichtum im Diesseits zähle, sondern der wahre Lohn im Jenseits warte. Viel arbeiten, wenig gönnen. Ein Leben, das nicht einfach so gelebt werden darf, als mittelmäßige Schreinerin, als nicht gerade übermotivierter Lehrer, der sein musikalisches Talent nur im Privaten nutzt – sondern ein Leben, das stets als Entwicklungsaufgabe an uns selbst verstanden werden muss.[10] Wir müssen nicht nur an unserem Werk arbeiten, sondern vor allem an uns selbst: Will ich ein gottgefälliges Selbst werden, so arbeite ich, im Schweiße meines Angesichts. Wir müssen das meiste aus uns machen, unsere Talente – es sind schließlich Gottesgaben! – maximal entfalten. Wir müssen verstehen, dass Verschwendung eine Sünde ist, egal, ob es um verschwenderischen Konsum geht oder um ein selbstzufriedenes Leben, in dem wir nicht alles aus uns herausgeholt haben. „Ich will mich vollständig verausgabt haben, wenn ich sterbe, denn je härter ich arbeite, desto lebendiger bin ich", so der Dichter George Bernard Shaw an der Schwelle vom 19. zum 20. Jahrhundert – ein Zitat, das heute massenhaft auf LinkedIn geteilt wird.

Die religiösen Wurzeln dieser Dogmen sind längst überwachsen, aber die Ideen treiben weiterhin Blüten. Lediglich das Konsumverbot wurde aufgehoben: Der Druck, über uns selbst in einer buchhalterischen Logik des Selbstaufbrauchens zu richten, führt aber noch heute dazu, dass wir unser „Humankapital" stets im Blick haben, dass wir alle unsere Talente an den Grenznutzen bringen, also den maximalen Ertrag aus ihnen herauspressen und dass wir dafür auch an die Grenzen von sozialen, psychologischen und natürlich ökologischen Belastungsfähigkeiten gehen (➤ Zeit). Der Sozialpsychologe Harald Welzer sieht im Bilanzbuch den historischen Vorgänger des modernen Tagebuchs.[11] Täglich ist der Tag des Jüngsten Gerichts, nämlich wenn wir über unsere Arbeit Rechenschaft ablegen. In einem Gespräch mit einem Manager in einem DAX-Unternehmen erfuhr ich von seiner Unzufriedenheit, dass er bestimmte Talente, das Mentoring von jungen Menschen, derzeit „nur" im Ehrenamt ausleben könne und dass er es bedauere, dass er diese gerade nicht lohnbringend in den Job einbringen könne. Die Religion Arbeit duldet keine Götter neben sich.

Diese Selbstsuche schadet der Arbeit – und dem Planeten

Warum so weit in der Zeit zurückgehen? Weil dadurch die Historizität unserer Sinn- und Selbstsuche gezeigt werden kann. Es soll klar werden, dass die Sinnsuche nicht einfach ein zeitloses menschliches Bedürfnis ist, sondern geprägt ist von der Geschichte und von Geschichten. Unser Sinn- und Selbstverständnis könnte auch anders aussehen, ökologischer, sozialer oder bescheidener – wenn wir dafür neue Geschichten schreiben, statt uns der alten zu bedienen. Derzeit suchen wir Sinn mit den Vokabeln der um sich selbst kreisenden Hippies. Was wir zu finden erwarten, erscheint uns wie den Schwärmern des Sturm und Drang als das Leben eines von allen sozialen Zumutungen befreiten Genies. Und mit auf die Reise zu uns selbst nehmen wir das Bilanzbuch des gottesfürchtigen Buchhalters. Wir wollen alle Ressourcen, die in uns stecken, restlos auf dem Arbeitsmarkt realisieren – auch unser Selbst.

Doch was uns diese drei prägenden Figuren auch mitgegeben haben, sind grundlegende Denkblockaden. Blockaden, die unser schwärmerisches Suchen nach Sinn und Selbst in der Arbeit letztendlich zu einem handfesten Problem für den Planeten machen. Deshalb raus aus der Zeitmaschine und rein in die Arbeitswelt von heute!

Wo wir mit den Protestanten irren: Arbeit vom Ende denken

Wer als ein Buchhalter mit spitzem Bleistift an sein Selbst herangeht und versucht, „wirklich alles rauszuholen", der verdrängt, dass das gar nicht klappen kann. Denn – Triggerwarnung! – jeder von uns wird eines Tages sterben. Wir können nach jedem erdenklichen Erfolg dieser Welt streben und werden immer feststellen, dass wir unsere innere Goldgrube nicht komplett ausgeschöpft haben, wenn jener Tag kommt, so der Philosoph Björn Vedder.[12] Wir können unsere Talente nicht unbegrenzt entwickeln, unser Selbst nicht maximal verwirklichen, uns nicht zum vollendeten Mastermind verwandeln, weil unser Leben auf ein Ende zugeht. Was wir aber durchaus können, ist, dass wir beim Verfolgen dieser weltfremden

Wachstumsfantasien uns und den Planeten zum Burnout bringen. Das Spiel ist immer schon vorbei, bevor wir alle Preise in die Hände bekommen konnten. Nach jedem Erfolg haben wir das Gefühl, dass „da noch mehr gehen muss“. Am Ende aber kommt immer der Schluss.

Den geistigen Vorvätern dieses Maximalisierungswahns, den frommen Kaufleuten des 19. Jahrhunderts, war diese Endlichkeit auf Erden bewusst, sie waren davon überzeugt, dass der wahre Lohn ohnehin erst „in jener besseren Welt, wo alle Leiden schwinden“ (Heinrich Heine) ausgezahlt werde. Sie verdrängten den Tod nicht, wie wir es tun. Wir irren uns daher, wenn wir deren Einstellung in einer säkularisierten Arbeitswelt einfach übernehmen wollen. Wer glaubt, auf dieser Welt und dann noch im Job alles herausholen zu können, dem kann ich nur ein „Hallelujah!“ mit auf den Weg geben.

Arbeit ist nicht mehr das Gleiche, seit wir Gott getötet haben. Wir ackern auf ein Paradies hin, an das wir gar nicht glauben. Diese nur halbreligiöse Einstellung erklärt auch, warum so viele Menschen nach Sinn und Selbstverwirklichung im Job streben, ich aber noch nie jemanden getroffen haben, der befand, dass sein Selbst nun verwirklich und sein Sinn abschließend gefunden sei. Ich wette, dass es mehr Selbstverwirklichungspodcasts gibt als Menschen, die ihr Selbst verwirklicht haben. Denn Letzteres ist noch mehr heiße Luft als Ersteres. Wie sähe so ein verwirklichtes Selbst eigentlich aus? Wo hat es sich bisher versteckt, und was kommt als Nächstes, wenn man sich nun selbst zu Ende verwirklicht hat? Was soll Selbstverwirklichung eigentlich sein außer einem kulturellen Überbau für unser keine Grenzen kennendes, Wachstum über alles stellendes Wirtschaftsverständnis? Ob Aktienrendite, Absatzzahlen, Bruttoinlandsprodukt oder eben auch Selbstverwirklichung und Sinnfindung: Alles ist entgrenzt, bei allem muss noch etwas mehr gehen, nichts ist je erreicht.

Folgen wir einer Überlegung Vedders, ist es Sinn-voller, unser Leben als begrenzt zu betrachten, sozusagen vom Tode aus zu sehen. Mit dem Blick auf unser Begrenztsein wird das Streben danach überwunden, aus Welt und Selbst alles herauszuholen. Wir wenden uns dem Hier und Jetzt zu, anderen Menschen, anderen Wesen und unserer Zeit mit ihnen. Wir stellen dann die interessantere Frage, welche Welt wir eines fernen Tages zurücklassen möchten.[13]

Wo die Genies irren: Was Arbeit im Kern ausmacht

Wer Genies in der Arbeit verehrt und glaubt, dass nur sie mit ihrem Denken und Tun die Welt nach vorne bringen, versteht auf einer grundsätzlichen Ebene nicht, was Arbeit und eigentlich jedes menschliche Tun ausmacht. Wir denken niemals alleine, so die Kognitionswissenschaftler Philip Fernbach und Steven Sloman, unser Gehirn funktioniert in Isolation nicht.[14] In der Evolution wurden große Bestände unseres Wissens, wo immer möglich, an andere, oft auch an Geräte, ausgelagert. Deshalb können Menschen als soziale Spezies als Einzelne gar nicht genial sein. Sie sind stets sehr begrenzte Denker, weil sie nur wenig Informationen in ihrem eigenen Kopf verarbeiten. Unser Wissen wird stattdessen über die Gemeinschaft verteilt – Wissen, über das Einzelmitglieder allein nicht verfügen. Das war schon immer so: Die Ersten wissen, wie man eine Kuh melkt, die Zweiten wissen, wie man einen Melkhocker baut, die Dritten wissen, wo man am besten Milch verkaufen kann. In den meisten Situation wissen wir nur eines: wen man fragen muss, wo man nachschauen kann, wer einem etwas zeigt. Denken geht nur im Plural. Es ist dieses Denken in der Cloud, durch die Technologie der Kommunikation, das uns von Primaten unterscheidet, die ansonsten auf genetischer und hirnphysiologischer Ebene kaum anders sind. Unser Gehirn ist ein Primatengehirn.

Deshalb ist der Kern der Arbeit das Soziale. Lisa Herzog betont, dass wir nur durch ausgefeilte Arbeitsteilung die hochkomplexen Aufgaben unserer Gegenwart erledigen können. Elon Musk allein kann vielleicht den Reifen eines Teslas wechseln. Auch scheinbar geniale Innovationen entstehen nicht durch das Flüstern der Götter ins Ohr des einsamen Genies, sondern durch ein Wissen, das bereits von anderen erworben und geteilt wurde. „Kein Internet ohne Elektrizität, keine Verwendung von Elektrizität ohne die dafür grundlegenden physikalischen Erkenntnisse, die über Jahrhunderte reifen und ein gemeinsames Erbe der Menschheit sind", so Herzog.[15] Ich habe mich immer gefragt, wie es sein konnte, dass manche Durchbrüche an verschiedenen Orten fast gleichzeitig erfunden wurden: das Telefon, das Periodensystem, das Automobil. Herzog hat eine klare Antwort: Arbeit läuft über Jahrzehnte ruhig und kollaborativ ab, in Konferenzen, in Fachgruppen, Forschungsabteilungen, in der Lektüre der gleichen Studien, bis dann die Grenze zu einem neuen Durchbruch erreicht wird, der geistige und infrastrukturelle Entwicklungsstandard gegeben ist. Bis die Erfindung in der Luft liegt. Wer Erfindungen für den explosiven Einfall eines Genies hält, übersieht die stillen Vorarbeiten, das Zusammenwirken vieler kleiner, scheinbar unbedeutender Entdeckungen und Menschen. Oder anders gesagt: Wenn Mark Zuckerberg Facebook nicht erfunden hätte, hätte es jemand anderes getan. Wenn Carl Benz nicht das Auto erfunden hätte, hätte es jemand anderes getan. Wenn Charles Darwin nicht die Evolution entdeckt hätte, hätte es jemand anderes getan. Das soll diese Menschen nicht abwerten, sondern darauf hinweisen, dass ihre „Erfindungen" keine genialen Einzelleistungen sind. „Genial" ist ein Adjektiv für Wissen, Erfindungen, Einfälle (die eben auf einen einfallen), aber kein Adjektiv für Personen. Auch Thomas A. Edison, der Prototyp des einsamen Tüftelgenies, verfügte über ein Team, genannt „die schlaflose Crew", die Tag und Nacht systematisch arbeitete und eine eigene Spezialbibliothek hatte.

Wenn wir Genies auf der Arbeit verehren und selbst womöglich danach streben, ein solches zu werden, verstehen wir also gar nicht, was Arbeit eigentlich ausmacht. Und schlimmer noch: Wir werten dann einen großen Teil unserer Arbeitswelt ab, „alle möglichen Formen der Arbeit, die nicht mit Disruption, sondern mit dem Aufrechterhalten bestehender Abläufe zu tun haben – die Arbeit, die nötig ist, damit die Genies überhaupt an ihren Projekten tüfteln können, vom Transport von Lebensmitteln über das Reparieren von Schlaglöchern bis hin zur Wahrung der öffentlichen Sicherheit", so Lisa Herzog.[16] Abgewertet wird alles, was gegenüber den Genies so alltäglich und banal wirken muss, obwohl gerade diese Arbeit unserer Welt Stabilität gibt: das Aufräumen, Saubermachen, Grundlagenschaffen und -bewahren (➤ Sichtbarkeit). In diesen Jobs mag es schwieriger sein, sein Selbst innerhalb einer Hippie-Genie-Wachstums-Logik zu verwirklichen, aber trotzdem – und vielleicht sogar gerade deshalb –, so Herzog, können diese Jobs wirklich gute Arbeit sein (➤ Anerkennung).

Wo die Hippies irren: Arbeit wird zum spaltenden Schauspiel

Der Modus des protestantischen Unternehmers verpasst also die Chance, Arbeit vom Ende her zu denken. Die Genieverehrung versteht nicht, dass Arbeit vor allem Zusammenarbeit ist. Und die von den Hippies inspirierte Begriffswelt der selbstbezogenen Sinnsuche führt zu Spaltung. Deren Ichbezogenheit schadet den sozialen Ressourcen, schadet Teams und Kolleginnen, auf die wir angewiesen sind. Die Selbstbeweihräucherung, die Suche nach Full Self, New Journeys, purer Authentizität und Inner Transformation, mit der wir durch die Arbeit stolzieren, macht die Arbeitswelt immer mehr zu einem Schauspiel.

Mit dem Begriff „Performative Work" untersuchen Arbeitsforscher, wie sehr dort ein dramatischer Auftritt zählt: Befördert wird nicht, wer am härtesten arbeitet, sondern wer die überzeugendste Performance von harter Arbeit abliefert. Büro ist halt wie Jazz, nur ohne Musik. Und gerade durch die Digitalisierung wird Arbeit zu einer immer größeren Bühne:[17]

- Kalender werden geteilt, damit jeder sieht, wie beeindruckend eng sie getaktet sind.
- Kommunikation findet in offenen Kanälen wie Slack statt, damit jeder sieht, wer etwas beiträgt und wer nicht. Auch wenn der Beitrag nur Emojis sind.
- E-Mails werden selbst zur Performance – wir stellen einen Timer für das Absenden und lassen es so aussehen, als hätten wir

sie morgens um vier oder am Wochenende – oder, besser noch, morgens um vier am Wochenende – verfasst.

So werden auch Selbstverwirklichung und Sinn zur Performance. Wie die Organisationspsychologen um Hannes Leroy untersucht haben, kann gelebte Authentizität zwar zu mehr Energie und Wohlbefinden bei der Arbeit führen. Aber dies gilt bei genauerem Hinsehen nur für eine Authentizität, die in der jeweiligen Organisation geschätzt wird, die also die Authentizität der Firma ist.[18] Selbstverwirklichung muss schon zu den Werten der Organisation passen, sonst wird sie nicht zur erfolgreichen Selbstverwirklichung.

Wenn ich der Partner in einer Strategieberatung bin und mich sehr authentisch in einer Vaterrolle fühle, in der ich meine Kinder in der Mittagspause bekoche, dann entspricht das nicht dem dort wohl eher akzeptierten Ideal des hungrigen High Performers, der vor allem gern mit „geilen Leuten an geilen Projekten" zusammenarbeitet. Es mag für jenen High Performer ganz natürlich erscheinen, wenn er zeigt, wie sehr er seine Rolle lebt, und dies prahlerisch feiert. Es mag ihm auch ganz natürlich erscheinen, andere Menschen zu ermutigen, ebenfalls ganz sie selbst zu sein, denn die Authentizitätserfahrungen dieser Person sind im Arbeitsprozess alle sehr positiv. „Diese anmaßenden Authentischen gehen mir ziemlich auf die Nerven", klagt mir aber ein Manager. Denn für viele Menschen ist es nicht so einfach: Sie fühlen sich in der hochperformativen Arbeit auf einer Bühne eines Theaterstücks, für das sie den falschen Text gelernt haben.

Schauspielrequisiten der Hippies für ihre spirituelle Reise *(flowers in your hair!)* erkennen wir auch in der Arbeit, jedenfalls ähnliche: Schwärme von deiner Energie, deinem Purpose, deinem Inner Leader. Gehe auf Workation oder auf obskure Konferenzen, wo sich Vertriebler als Rockstars bezeichnen. Trage ein buntes Armbändchen unterm Sakko. Aber genau wie bei den Hippies ist es nur Scheinbefreiung und Scheinauthentizität: Eine Beschäftigte, die unter Selbstverwirklichung versteht, alleine und in Ruhe ihre Arbeit zu machen, statt bei Slack zu chatten, während der zwölfte sinnlose Call an ihr vorbeizieht, scheint in ihrem Unternehmen so „authentisch“ wie ein Hippie, der nicht kifft. Die Frage ist also immer, wessen Authentizität eigentlich gemeint ist. Und wenn Authentizität in der Arbeit so subjektiv ist: Hat dann nicht Wirecard auch authentische Arbeit gemacht, eben als authentische Betrüger? Hat Donald Trump nicht den für sich authentischen Leadership-Purpose gefunden?

Doch auch für die Person, die das Glück hat, dass ihre „Authentizität“ zum herrschenden Dogma der Organisation passt, gibt es ein Problem. Die Moralisierung intrinsischer Motivation: Das Maß, in dem sich ein Mensch authentisch fühlt, hängt negativ mit dem Maß zusammen, in dem andere diesen Menschen auch als authentisch wahrnehmen, so die Managementforscherin Mijeong Kwon und ihre Kollegen.[19] Die Behauptung, authentisch zu sein, sich etwa als ein besonders „empowering leader“ oder „Klimakämpferin im Konzern“ zu inszenieren, hat die gleiche Wirkung, wie zu behaupten, sehr moralisch zu sein. Andere denken nun: „Du hältst dich also für etwas Besseres?“ Und bekommen Lust, jeden deiner Schritte auf Unstimmigkeiten zwischen Worten und Taten zu überprüfen: Wenn du so empowering bist, warum hast du dann den letzten Muffin auf dem Sommerfest gegessen? Wenn du so empowering bist, warum hast du dann im Strategiemeeting so vehement auf deiner Meinung bestanden? Wenn du solch eine Klimakämpferin bist, warum bist du dann in den Sommerurlaub geflogen, obwohl Südspanien durchaus mit dem Bus zu erreichen ist?

Wer Authentizität wie eine Monstranz vor sich trägt, wird andere dazu bringen, ihn verzerrt wahrzunehmen. Authentisch, Purpose-driven, selbstverwirklicht und ähnliche Vokabeln sollte man, wenn überhaupt, nur als Fremdbezeichnung nutzen, niemals als Selbstbezeichnung. Genau wie Intellektueller oder Terrorist.

Wer so performativ und aufdringlich sein „wahres Selbst“ auf der Arbeit zu entdecken versucht, der verschließt soziale Situationen, statt sie zu öffnen. Das ganze Gerede vom „wahren Selbst“ wird zu einem stumpfsinnigen Getue auf Kosten der Gemeinschaft und der Arbeit, die durch Gemeinschaft entsteht. Damit erlebt die

Selbstsuche auf der Arbeit letztendlich das gleiche Schicksal, das auch viele Hippiekommunen ereilte.

Selbstverleugnung und Entfremdung sind keine Alternative

An dieser Stelle möchte ich klarstellen: Natürlich ist es eine Errungenschaft, dass wir uns in der modernen Arbeitswelt zum größten Teil nicht verleugnen oder verstecken müssen. Niemand sollte seine Persönlichkeit unterdrücken, auch nicht auf der Arbeit. Niemand sollte verbergen, dass sie beispielsweise homosexuell ist oder dass er sich zu Hause um seine demente Mutter kümmert (➤ Sichtbarkeit). Zum Glück werden die Orte der Selbstverleugnung immer weniger (doch gibt es sie noch: zum Beispiel in der Bundesliga).

Wir brauchen auch keine Arbeitswelt, in der Menschen sich mit dem, was sie tun, absolut nicht identifizieren können. Wenn Menschen ihre Zeit auf der Arbeit absitzen und nur an das Einkommen am Monatsende denken, dann ist dies im harmlosesten Fall eine vertane Chance und im schlimmsten Fall die Ursache schwerer psychischer und medizinischer Probleme. Der Plan, durch Arbeit nur für das finanzielle Einkommen zu sorgen und sich nach Feierabend im Privaten um das psychische Einkommen zu kümmern, also Autonomie, Selbstwert, Schaffensfreude zu erleben, geht nicht auf. Er scheitert sogar krachend: Wer bei der Arbeit nicht das Gefühl von einer gewissen Identifikation erlebt, neigt eher zu Unzufriedenheit, Depressionen oder sogar häuslicher Gewalt.[20] An diesem Ablasshandel des Glücks haben sich Vorgängergenerationen probiert, und nicht nur sie haben Wunden davon getragen: Wir können eben nicht von einer Arbeitsperson in eine Freizeitperson wechseln.

Wenn Selbstverleugnung und Entfremdung Übel sind, dann ist aber eine absolut entfesselte und unbegrenzte Selbstbespiegelung noch lange kein Segen. Zumindest nicht für die Mitarbeiter. Durchaus profitieren aber andere von dieser Selbstverwirklichungssucht. Es ist leicht zu erkennen, wie die Bedürfnisse nach Identifikation und Authentizität im Arbeitsprozess der Erwartung von Unternehmen dienen, wo ein Arbeitnehmer immer „alles geben muss“, auch all seine Leidenschaften, wo Arbeit und Privates miteinander verschmelzen, wo jedes Problem als persönliches hingestellt wird, wo Arbeit die einzige, oftmals trübe Sinnquelle ist, das haben wir an der Figur des romantischen Kulturverwerters ja gesehen (➤ Zukunft der Arbeit). Unternehmen nutzen dafür oft ehemals religiöse Praktiken, um die Produktivität zu optimieren, etwa gemeinsame Hymnen oder bestimmte Heilskonzepte („Missionen", „Ursprungsgeschichten", „Guru"). All dies soll Menschen dazu bringen, ihr Leben ganz auf dem Altar der Arbeit zu opfern.

Der Soziologe Lewis Coser erkannte diese „gierigen Organisationen" bereits in den 1960er Jahren.[21] Sie sind bestrebt, Personen mit all ihrer Emotionalität und sämtlichen sozialen Bezügen aufzusaugen. Wir kennen das Phänomen aus Sekten, Guerillaverbänden oder leninistischen Kaderparteien.[22] In Abstufungen sehen wir das auch bei Unternehmen, die von ihren Mitarbeitern mit dem Versprechen von Sinn und Selbstverwirklichung Mehrarbeit bei ständiger Begeisterung erwarten. Dabei bezeichnen diese Organisationen sich gern als eine Familie oder einen Tribe, wobei vergessen wird, dass die meisten Menschen zum Erwachsenwerden von ihrer Familie weggezogen sind und wir Stammesstrukturen ebenfalls überwunden haben. Wir heizen uns mit spirituellen Taktiken weiter ein, und davon dreht sich dann auch das Hamsterrad der Großen Beschleunigung weiter. Aber mit Schmackes, wie man in meiner rheinländischen Heimat sagen würde.

Spiritualität und Sinnfragen hätten durchaus das Potenzial, einen kritischen Blick auf die Welt zu eröffnen. Wenn es etwa darum geht, mit dem Vorhandenen, der Umwelt, den eigenen und fremden Ressourcen achtsam umzugehen, oder wenn es darum geht, aus Sinnkrisen und aus unerträglich gewordener Normalität Verhaltensänderungen abzuleiten, also normative Verbesserungsprozesse anzugehen. Vielleicht lösen sich Sinnkrisen, wenn wir von Ölplattformen auf Windkraftanlagen umsatteln? Was ich in der Praxis beobachte, ist aber, dass die bestehenden Sinn-Praktiken Arbeitende eher von einer kritischen Welterfahrung abkoppeln. Sie machen die Arbeitswelt zur Sektenwelt: Vielleicht löst sich deine

Sinnkrise, wenn du die Meditations-App öffnest? Oder wenn du dir den Talk von unserem Corporate-Guru in Davos anschaust? Ansonsten hast du vielleicht noch nicht das richtige Mindset erreicht.

Wenn Selbstbespiegelung zur Selbstdisziplinierung wird

Apropos Mindset: Ein zweiter und für Organisationen in der Großen Beschleunigung durchaus praktischer Effekt dieser Selbstbespiegelung ist, dass immer mehr psychotherapeutisches Vokabular in der Arbeitswelt Anklang findet – aber nicht auf heilende Weise.

Noch vor wenigen Jahren war es bei der Arbeit extrem tabuisiert, über psychische Krisen zu sprechen. Heute ist keine Managerselbsterzählung perfekt, in der nicht theatralisch über den Burnout, die Schlafschwierigkeiten oder wahlweise die Suchterkrankung parliert wird, die in der allseits gegenwärtigen Erzähllogik der Heldenreise natürlich auf dem Weg zum „wahren Ich" überwunden wurden. Denn wenn von psychischen Problemen geredet wird, dann nur in der Vergangenheitsform.

Was Tragödie war, wird zur Farce. Gerade weil es so wichtig ist, psychische Probleme zur Sprache zu bringen, müssten wir sie ernsthaft zur Sprache bringen, das heißt sie in ihrer Verbindung mit systemischen Auslösern betrachten. Wir haben Burnout normalisiert, jetzt müssen wir ihn wieder denormalisieren.

Problematisch wird das Thema Mental Health dort, wo der Fehler ausschließlich in der Psyche des Einzelnen gesucht wird, wie Hartmut Rosa schreibt, wo also das Gefährliche und Zerstörerische sozialer Praktiken im Anthropozän in ein subjektives psychologisches Problem übersetzt wird: „Wenn du ständig in Zeitnot gerätst, musst du achtsamer sein. Wenn dich die Flüchtlingsströme und Klimakrisen in den Nachrichten fertigmachen, musst du Gelassenheit und Akzeptanz üben."[23] Durch solche Disziplinierungen werden eine Empörung über die planetare Krise und ein Impuls zum gemeinsamen Wandel systematisch verhindert. Was bleibt, sind Praktiken der Auseinandersetzung mit sich selbst, durch Achtsamkeit, Yoga, Sinnworkshops, alle meistens gekoppelt an Konsummöglichkeiten, die „in vielen Zusammenhängen einfach als Techniken zur Aufrechterhaltung und Verbesserung der individuellen Leistungsfähigkeit – und damit zur Aufrechterhaltung zerstörerischer gesellschaftlicher oder systemischer Zusammenhänge eingesetzt" werden.[24]

Wenn psychologische Verhaltensvokabeln nicht mit den Verhältnissen in Organisation und Wirtschaft in Zusammenhang gebracht werden, verharren wir in bloßer Selbstbespiegelung. Damit verramschen wir die Psychotherapie. Und das Interesse, die Arbeitswelt zu reformieren sowie Verantwortung gegenüber Mensch und Mitwelt zu übernehmen, kommt gar nicht erst auf.

Sinnsuchen ist okay, schlimm ist's, wenn du meinst, ihn gefunden zu haben

Wie können wir aber dem Bedürfnis nach Sinn ein entsprechendes Handeln für eine bessere Arbeitswelt im Anthropozän abgewinnen? Wichtig scheint mir, die Sinnfrage mehr zu schätzen als die Sinnantwort. Was die Zukunft der Arbeit braucht, sind Praktiken des kritischen und produktiven Hinterfragens. Sinnkrisen, Erfahrungen des fehlenden Fits zwischen Person und Beruf, auch der Eindruck, sich auf der Arbeit nicht ausleben zu können, sind wichtige Irritationen, wenn daraus eine neue Haltung abgeleitet wird und nicht bloß ein selbsttherapeutisches „Weiter so". Es sind obendrein Fragen, die immer wieder auftauchen werden, denn auf die große Sinnantwort können wir im Diesseits nicht hoffen. Auch nicht, wenn wir alles hinschmeißen und ein veganes Hundehostel auf Fuerteventura aufmachen. Die offene Frage nach dem Sinn in der Arbeit ist eine wertvolle, wichtige und uns ständig begleitende. Viel zu schön, um sie mit einer vorschnellen Antwort um ihren Sinn zu bringen.

Denken wir an Momente in unserem Leben, in denen wir in eine Sinnkrise geraten sind. Sie waren schmerzhaft, aber zugleich Voraussetzung für einen besseren Weg, für ein neues Kapitel in unserem Leben. Darin gab es keine konkrete Sinnantwort, es war einfach die Sinnfrage, die verschwand. Das Leben ist nämlich kein Wes-Anderson-Film, in dem alles nach einer schönen und extrem symmetrischen Ordnung ausgerichtet werden kann, sondern eher wie ein Werner-Herzog-Film: ein dramatisches Umherirren von Sinnmoment zu Sinnmoment. Bei mir zumindest.

Das Schöne und Herausfordernde ist eben, dass Sinnfragen nie endgültig beantwortet werden können, sondern nur Ausgangspunkt für neue Praktiken, neue Perspektiven auf die Welt sein können. „Eine Frage auszuhalten, ohne sofort eine Antwort zu erwarten, ist ein erster Schritt raus aus der gängigen Problemlösungsorientierung und Mittel-Zweck-Beziehung, und damit ein Tor zu einer anderen Art der Selbst -und Weltbeziehung", so der Transformationsforscher Björn Müller.[25] Was wir brauchen, sind solch öffnenden Fragen, nicht selbstvergewissernde oder gar selbstgerechte Antworten.

Die Abkehr vom Ich

Von der Forschung über Sinnerlebnisse wissen wir, dass diese gerade durch eine Abkehr vom Ich und eine Zuwendung zur Umwelt entstehen, dass sie entstehen, wenn wir „zusammen mit oder für andere Menschen etwas tun oder einen Zusammenhang der eigenen Existenz mit etwas Größerem erleben (sei dies Gott, Natur oder eine abstrakte Idee)", wie der Verhaltensökonom Martin Kolmar zusammenfasst.[26] Er weist auf Berichte hin, in denen von Einheitserfahrungen die Rede ist, in denen Menschen eine tiefe Verbundenheit mit anderen Menschen, anderen Lebewesen, dem Planeten, gar dem Sternenhimmel erfahren konnten. Momente, in denen wir immer auch die Komplexität und Verbundenheit aller Ökosysteme begreifen, die uns, ohne dass uns das bewusst ist, immer schon eingebettet haben. „Die sinnerfülltesten Momente meines Lebens waren die, in denen ich mir völlig bewusst war, am Leben zu sein, mit all der Hoffnung, dem Schmerz und der Trauer, die das für jedes sterbliche Wesen mit sich bringt", so auch die Autorin Jenny Odell.[27] Für diese Momente ist die Vorstellung von Sinn als

Selbstentdeckung oder als energiegeladener Booster für eine Unternehmensstrategie eher unpassend. Sinnmomente stehen für sich selbst, sind keine Stufen auf einer Leiter, nicht einmal eine Steigerung einer vermeintlichen Individualität. Das ist womöglich der einzig hilfreiche Tipp der Hippies: *Be in the now, baby!*

Damit unsere Suche nach Sinn und Authentizität in der Arbeitswelt mehr im Einklang mit unserer Umwelt ist, gibt es drei zentrale Grundsätze.

Grundsatz 1: Ich bin vieles

Die Vorstellung, dass wir widerspruchsfrei unser Selbst verwirklichen können, ist von der Theologie in die Wirtschaftswelt hinübergeschwappt.[28] Die Sozialpsychologie weiß aber, dass ein widerspruchsfreies Selbst unsere Realität völlig falsch abbildet. Wir bekleiden jeden Tag verschiedene Rollen: als Mutter, als Ehrenamtliche und als Arbeitende. Und selbst auf der Arbeit sind wir nicht immer dieselben: Dort sind wir mal Kollegin, mal Chefin, mal Untergeordnete, mal überzeugte Repräsentantin der Firma vor potenziellen Bewerbern, mal scharfe Kritikerin der gleichen Firma im Strategiemeeting. Harald Welzer betont, dass es unproblematisch ist, wenn wir uns in der einen Rolle von Vorstellungen und selbst Werten distanzieren, denen wir in einer anderen Rolle folgen.[29] Daher sei die immer etwas absurde Talkshowfrage „Fragen Sie mich als Politiker oder als Mensch?" eigentlich gar nicht so absurd. Wenn wir in jeder Situation nach einer gleichen Kalkulation handeln würden wie der vermeintliche Homo oeconomicus in der ökonomischen Theorie, dann würden wir sehr schnell in der Psychiatrie landen, wie Welzer zuspitzt. Und vor allem wäre jemand, der so ganz und in „Vollzeit" immer er selbst ist, kein angenehmer Kollege.

In seiner berühmten Analyse menschlicher Interaktionen argumentierte der Soziologe Erving Goffman, dass wir eine Reihe von Masken zwischen unser Gesicht und unsere Umwelt halten.[30] Wir spielen Rollen, kontrollieren stets, welche Eindrücke wir damit erzielen, und versuchen stets, uns in ein ideales Licht zu rücken. Dies geschieht in Abhängigkeit von den Situationen, in denen wir uns befinden. Für Goffman geht die Analogie des Schauspielers aber nur bis zu einem gewissen Punkt: Hinter den Masken befindet sich kein wahres Selbst, kein identifizierbarer Darsteller, der nach Feierabend die Maske abnimmt. Vielmehr lassen die verschiedenen Rollen erst eine Vorstellung des Selbst entstehen, viel facettenreicher, interessanter und dynamischer, als es ein fixes Ich jemals sein könnte. Ich bin vieles. Goffman lehnt damit die Vorstellung ab, dass jeder von uns einen fixen Charakter hätte, eine Art psychologische Identität, die es dann eben wie in den Narrativen der sinnvollen Arbeit zu enthüllen und zu verwirklichen gäbe. Unter dem Selbst versteht Goffman das Resultat des Rollenspiels. Das Selbst ist ein Zuschreibungsprodukt. Ich bin das, was ich über die anderen von mir erfahre.

Damit wird die Frage nach dem Selbst zu einem offenen und interaktiven Spiel. Das Selbst ist bevölkert von anderen Menschen, Orten, Begegnungen, die mich ausmachen, die aber nicht „ich“ sagen. „Es gibt Anlagen und Talente, die wirklich von uns ererbt sind oder in der frühen Kindheit erworben werden“, so auch Lisa Herzog, „aber entwickeln wir uns nicht erst nach und nach zu der Person, die wir sind – gerade indem wir mit anderen interagieren, in sozialen Beziehungen, die wir aufbauen und pflegen, und den Tätigkeiten, an denen wir ausprobieren, was uns wirklich liegt und Spaß macht?“[31]

Das ist das große Potenzial für eine bessere Welt, das in der Arbeit liegt: Im Kontakt mit der Welt um uns herum ändern wir uns und erlernen neue Rollen. Werden erst, wer wir sind. Der Automobilmanager wird Kämpfer für die Mobilitätswende, die Führungskraft wird auf einmal zur Whistleblowerin. Die Zeiten ändern sich, und wir ändern uns in ihnen. Das erst macht die Arbeit und das soziale Leben so aufregend und uns so lernfähig. So wird aus Ich-Bespiegelung Wir-Entdeckung.

Eine darauf ausgerichtete Arbeit im Anthropozän müsste einiges anders machen: So könnte es beispielsweise darum gehen, statt vom Human Being vom Human Doing zu sprechen, den Blick von den ichbezogenen Errungenschaften auf die sozialen Handlungspotenziale zu lenken. Dies könnte bedeuten, in Bewerbungsgesprächen nicht so sehr auf den CV zu blicken, der ja Einzelleistungen aus der Vergangenheit aufzählt, sondern Bewerberinnen einen nach vorne gerichteten Anti-CV erstellen zu lassen mit Dingen, die in der Zukunft gemeinsam erreicht werden sollen. Das kommt von dem großen Denker Umberto Eco, der eine Antibibliothek besaß: gefüllt mit Büchern, die er noch nicht gelesen hatte.

Eine solche Arbeitswelt müsste Menschen ermöglichen, viele Rollen zu spielen, sie nicht vorschnell als „die Pedantische" oder „der Kreative" zu labeln, sondern eine Selbst- und Weltvergrößerung zu ermöglichen. Idealerweise bestünde solche Offenheit dann nicht nur innerhalb „klassischer Unternehmensrollen", sondern ließe auch Raum für Ehrenamt, Care-Arbeit und Aktivismus (➤ Sichtbarkeit). In dem Verständnis, dass all dies zu einem gelebten Leben dazugehört und deshalb auch die Arbeitswelt bereichert.

Grundsatz 2: Aufmerksamkeit für das Eigentliche, jenseits des Ego

Wenn wir diesen Facettenreichtum akzeptieren, hören wir auf, immer tiefer in uns selbst zu blicken und dabei immer weniger zu sehen. Mit dieser Selbstbeschau aufzuhören, ist die Voraussetzung, um überhaupt für andere Aufmerksamkeit zu haben, wie der Theologe Michael Bordt erklärt.[32] Wer nur Selbstsuchende ist, kreist nur um sich, selbst wenn sie sich mit jemand anderem unterhält. Weil sie so mit sich beschäftigt ist, kann sie gar nicht zuhören. Es gibt keinen Platz in ihr, in dem aufgenommen werden könnte, was der andere sagt. Nur durch den Abstand zu sich entsteht ein Freiraum, in dem wirkliche Begegnungen stattfinden können. Michael Bordt beschreibt dies mit der Betrachtung eines Gemäldes: Wenn ich mit zwei Zentimeter Abstand davorstehe, dann sehe ich viel zu viel und deshalb nichts. So ist es auch, wenn ich mich permanent mit mir selbst beschäftige. Mir fehlt dann die innere Freiheit. Wenn ich mir aber begrenzte Zeit zur Selbstbeschäftigung nehme, im Sport, in der Meditation oder der Badewanne, dann gewinne ich auch Abstand von dem Selbstlärm. Dann blicke ich danach mit zwei Meter

Abstand auf das Gemälde, sehe das ganze Motiv und vor allem: in welcher Ausstellung es gezeigt wird, welche Bilder daneben hängen und wie dieses Ensemble gemeinsam wirkt.

In meiner Forschung wurde mir aber klar, dass das Sinnverständnis vieler hingegen endlose Selbstbespiegelung meint: Sie können gar nicht mehr unterscheiden zwischen Sinn in der Arbeit und dem Ausbau ihres eigenem CV, sie sagen „ich“, wo es um ein „Wir“ gehen sollte. Wenn aber Sinn nur in sich selbst gesucht wird, dann schaffen wir es nicht, zu einer der Welt zugewandten, enkeltauglichen Arbeitswelt zu kommen. Wenn wir die Nasenspitze auf ein Ölgemälde drücken, schaffen wir nicht viel anderes.

Aufmerksamkeit ist ein begrenztes Gut und in der Zukunft der Wissensarbeit vielleicht das Entscheidende. Je mehr wir davon unserer Eitelkeit zukommen lassen, desto weniger können wir mit anderen die Zukunft entwickeln, desto weniger können wir auch Aufmerksamkeit für die Klimakrise gewinnen. Weil der wahre Wert der Arbeit aber im Sozialen liegt und nicht in der Verehrung von Einzelnen, ob es unser Selbst ist oder die Selbst-Inszenierung vermeintlicher Genies, können wir auch nur zusammen und mit einem Sinn für die Gemeinschaft diese Arbeitswelt zu einer Welt gestalten, die auf die Gegenwart des Anthropozäns wirklich sinnvoll reagieren kann.

Das heißt konkret, dass es unwichtig ist, ob du eine Heldengeschichte über dich erzählen kannst und wer dir diese Ego-Story glaubt – wichtiger ist, ob du dir selbst Glauben schenkst, deinen Sorgen, Gewissensbissen und Irritationen, und danach handelst, auch wenn der Applaus ausbleibt. Dass es unwichtig ist, ob du dich oder deinen Chef als das erfolgreichste Hypergenie der Welt siehst – wichtiger ist, dass du die Genialität deiner Mitwelt überhaupt noch sehen kannst und sie schützen willst. Dass es unwichtig ist, ob du wirklich alles aus dir herausholst und sogar mal im Silicon Valley warst, um ein Selfie zu machen – wichtiger ist, dass du all das Erreichte auch infrage stellen könntest, wenn es um etwas Größeres als deinen CV geht.

Grundsatz 3: Grenzen wahren, Regeneration nicht nur für den Planeten

In meiner Zeit in einer großen Strategieberatung habe ich einige Bewerbungsgespräche geführt, oft spazierend (➤ Körper). Eine Frage kam dabei immer zum Einsatz: „What excites you *outside* of work?" Mein Chef hat mich dazu inspiriert, er hat Bewerber immer gebeten, von sich zu erzählen, ohne dabei auch nur eine Sache zu erwähnen, die bereits im Lebenslauf steht. Der Gedanke hinter beiden Fragen ist der gleiche: Jemand, der nur auf einem Bein steht, keinen Ausgleich und keine Energiequellen hat, ist schnell am Limit, psychisch, moralisch, gesundheitlich. Das Zauberwort lautet eben *outside*. Eine Arbeitswelt, die auf kritische, verantwortungsvolle und tatkräftige Talente angewiesen ist, muss Räume zur Regeneration wahren, muss dem Gehirn auch mal Pause geben, um Wissen zu verarbeiten, Abstand zu gewinnen, eben einen „kühlen Kopf" zu bewahren. Sonst kann sie sich den Begriff „Wissensarbeit" auch sparen.

Die Vorstellung, sein Selbst ganz in die Arbeit einzubringen, ist ja deshalb so problematisch, weil in ihr das Potenzial zur Entgrenzung der Arbeit steckt, was die Arbeitszeiten (➤ Zeit) und auch die emotionale Verfügbarkeit betrifft. Trotzdem müssen wir akzeptieren, dass es viele Jobs gibt, die ein hohes Maß an emotionalem Commitment verlangen, wo wir uns maximal zur Verfügung stellen müssen. So zum Beispiel die Arbeit meiner Frau, die Psychotherapeutin ist. Ihre Arbeit verlangt Empathie, vielleicht wird sie im Gespräch mit Patienten sogar stückweise so etwas wie „ihr Selbst" einbringen. Daher gibt es im Psychotherapieberuf die Supervision. Supervisoren sind quasi Psychotherapeuten-Psychotherapeuten, zu denen alle praktizierenden Therapeuten regelmäßig gehen müssen. Sie liefern eine tiefe Nachbesprechung der Arbeit und sorgen dafür, dass – rollentheoretisch gesprochen – die Berufsperson und die Privatperson wieder voneinander getrennt werden. Weil sonst weder Beruf noch Privates auf Dauer gesund wären. Therapeuten wissen so was.

Das wissen wir aber in den restlichen Jobs nicht – und immer weniger. Was wir in vielen Praktiken zur maximalen Selbstverwirklichung, zu Purpose und Meaningful Work erleben, ist das Gegenteil von Supervision, nämlich das Verwischen von Rollen und das Auflösen von Grenzen. Das mag kurzfristig lukrativ sein, aber langfristig funktioniert es nicht. Arbeitsbedingter Stress, Depressionen und Angstzustände machen seit der Pandemie etwa in Großbritannien bereits die Hälfte aller arbeitsbedingten Erkrankungen aus.[33]

Wer ganz in seiner Arbeit aufgeht, der macht dort auch alles mit: Dem fehlt ein entspannter Kopf für ein Umdenken, das in unserer Gegenwart des Anthropozäns so entscheidend ist. Ihm fehlen andere Perspektiven: ein Blick auf die Umwelt, ein Ohr für kritische Stimmen von außen, ein wohlgemeinter Rat aus dem persönlichen Umfeld. Wie ein Regenwald, der ganz für die Palmölproduktion benutzt wird, ist auch dieser Mensch und alles, was ihn facettenreich und verantwortungsvoll macht, dann einfach ziemlich bedroht. Wer ganz in seiner Arbeit aufgeht, soll froh sein, wenn er mit dem Leben davonkommt.

Zusammengefasst: Selbstverwirklichung schadet dem Planeten

Die Praktiken zu Sinn und Selbstverwirklichung, wie sie heute in vielen unserer Arbeitswelten stattfinden, sind nicht nur problematisch für uns, sondern eben auch für die große Arbeit der Klimarettung: Der Kult rund um disruptive Genies und die damit zusammenhängende Glorifizierung vom „verwirklichten Selbst“ wertet die Arbeit des Erhaltens und Bewahrens zugunsten von alles umwerfenden Machern ab. Dieses pseudoauthentische Schauspiel ignoriert und beschädigt das, was Arbeit wirklich ausmacht: die Gemeinschaft und das Anpacken für etwas, was jenseits unserer Egos liegt. Das aber ist gerade in den Polykrisen des Anthropozäns wichtiger denn je.

Je mehr wir uns um unsere Egos kümmern, je mehr wir in uns selbst versinken, desto weniger kümmern wir uns um alles um uns herum: unsere soziale und biologische Mitwelt. Und wenn wir mit dem psychologisierenden Vokabular von Mindsets, Purpose und Callings (Berufungen, Weber rotiert im Grabe) auf die Arbeitswelt schauen, dann besteht die Gefahr, die produktive Auseinandersetzung mit den systemischen Problemen zu verdrängen. Doch Umwelt- und andere Krisen können nicht einfach wegmeditiert und auch nicht wegtherapiert werden. Sinnkrisen sind ein Symptom der Arbeitsprozesse im Anthropozän, Sinnkrisen sollten uns zum wirklichen Umdenken bringen. Vorschnelle Sinnantworten bringen uns aber lediglich in die Arme von sektenähnlichen, gierigen Organisationen und ihrem Purposewashing. Diese flinken Antworten betreiben Kapitalismusverschönerung – was übrigens schon den Hippies vorgeworfen wurde. Die wirkliche Kapitalismusverbesserung benötigt das Hinterfragen von Selbstverwirklichungsangeboten aller Art, das Aushalten von Sinnkrisen und vor allem das Abwenden vom Schauspiel der Egos und die Hinwendung zum Facettenreichtum der Mitwelt.

6 Zusammenhalt
Von falschen Generationenkonflikten zum intergenerativen Zusammenarbeiten

„Ich habe keine Hoffnung mehr für die Zukunft unseres Volkes, wenn sie von der leichtfertigen Jugend von heute abhängig sein sollte. Denn diese Jugend ist ohne Zweifel unerträglich, rücksichtslos und altklug. Als ich noch jung war, lehrte man uns gutes Benehmen und Respekt vor den Eltern. Aber die Jugend von heute will alles besser wissen."

So sprach nicht etwa ein mittelalter Manager vorletzte Woche, sondern der griechische Ackerbauer und Dichter Hesiod vor 2600 Jahren. Auch Sokrates soll gesagt haben, die Jugend „hat schlechte Manieren, verachtet die Autorität, hat keinen Respekt mehr vor älteren Leuten und diskutiert, wo sie arbeiten sollte". Und lange davor soll ein babylonischer Schreiber vor 3000 Jahren schon gewusst haben, dass auf ihn eine junge Generation folgen werde, die „nie wieder so sein [wird] wie die Jugend vorher, und es wird ihr niemals gelingen, unsere Kultur zu erhalten".[1] Wir wissen vom Generationengejammer, seit die Schrift erfunden wurde! Wenn die nachkommende Generation all dieser Personen also immer etwas verdorbener, schlechter und weniger arbeitsfähig geworden ist als die jeweilige davor und dieser Prozess seit Tausenden Jahren abläuft, dann musste es der babylonische Schreiberling ja immer noch mit richtigen Top-Performern zu tun gehabt haben und die alten Griechen immer noch mit ziemlich akzeptablen Kollegen – zumindest aus unserer Perspektive. Wir, so etwa 100 Generationen nach Hesiod, wären dann wirklich die letzten Faulenzer unter der Sonne. Und unsere Elterngeneration auch, weil die zeitlich ja ganz nah bei uns Geringstmotivierten stünde, ganz nah am Ende einer ewigen Kette der sinkenden Arbeitsmoral und des Niedergangs der Generationen.

Oder aber, liebe Boomer, liebe Generationen aller möglichen Buchstabenvariationen, zeigen diese Zitate nicht vielmehr, dass wir es bei dem Lamento über faule Nachfolgegenerationen mit dem ältesten Vorurteil der Geschichte zu tun haben? Dass die Rede von der arbeitsunfähigen jungen Generation ein jahrtausendealtes Klischee ist?

In dieser Veränderungsdimension geht es um den Generationenkonflikt bei der Arbeit. Ein Konflikt, der von Beratungen und Agenturen herbeifantasiert wurde: Auf dem Rücken gut eingeübter Klischees haben sie angeblich radikale und bleibende Unterschiede zwischen Alterskohorten vermarktet und damit die Unternehmenswelt verunsichert und gespalten. Gut fürs Geschäft, schlecht für eine Arbeitswelt, die auf Zusammenhalt angewiesen ist. Auf dieser empirisch nicht nachweisbaren Basis entfachen sich aber nun echte Flammen, zum Beispiel wenn es darum geht, eine enkeltaugliche Zukunft der Arbeit zu gestalten. Ihr Alten habt doch eh alles in den Sand gesetzt, tönen die Jungen. Ihr Jungen wollt doch gar nicht arbeiten und euch höchstens vor dem Werkstor festkleben, sagen die Alten. Dass man also mit der jungen Generation grundsätzlich nicht arbeiten könne – was jeder Mensch über 40 glaubt, seit wir von den Bäumen kamen –, liegt gar nicht an den verdorbenen Jungen oder gar den übertrieben engstirnigen Alten, sondern an dem, was zwischen uns fehlt: am Zusammenhalt. Das ist fatal, denn ein intergenerationales Anpacken wäre ziemlich wichtig für die ökologischen Herausforderungen unserer Arbeitswelt. Dieser vollkommen unnötige Konflikt, der falsche Unterschiede im Hinblick auf Arbeitsbedürfnisse betont und wahre Gemeinsamkeiten verheimlicht, muss überwunden werden.

Vorurteile können unglaubliche Macht haben, besonders in Krisenzeiten. In den 250 Jahren seit der Industriellen Revolution ist die Bevölkerungszahl, genau wie ihr Reichtum und ihre Emissionen, rapide durch die Decke gegangen. Für dieses Jahrhundert rechnen Expertinnen nun damit, dass die Zahl der Menschen auf dieser Erde wieder schrumpfen könnte – zum ersten Mal seit dem Schwarzen Tod im 14. Jahrhundert.[2] Wenn in den nächsten Jahren der Anteil der arbeitenden Bevölkerung massiv sinken wird und Migration nach wie vor hochrestriktiv bleibt, macht das Unternehmen zu Recht nervös: Wie gewinnen wir die wenigen Jungen? Und: Was wollen die Jungen? Die Klimakrise wiederum bringt Konfliktpotenzial zwischen die Altersgruppen. Es werden Schuldige gesucht (die dekadenten Boomer!) – die sind immer leichter zu finden als wirkliche Lösungen. Genauso verhält es sich mit dem Blick auf die Jüngeren, „die nicht mehr anpacken wollen" – es sei denn, es handelt sich um eine Fläche mit Kleber.

Angst und Panik sind schlechte Berater – schon gesellen sich andere schlechte Berater dazu. Agenturen, Zukunftsforscher und andere eifrige Welterklärer überschlagen sich mit absurdem Schubladendenken über die doch so unterschiedlichen Bedürfnisse der neuen Arbeitnehmer – statt von „Generationen" spricht man freilich von „Gens". Die in den 1980er und 90er Jahren geborene Gen Y, heißt es, seien arbeitsscheue Jobwechsler, man müsse sie hofieren. Die in den 2000ern geborene Gen Z liebe TikTok, sei sehr empfindlich, man müsse sanft mit ihr umgehen. Und schon will man wissen, wie die Gen Alpha, die Kinder der Gen Y, arbeiten will: mit exzellenter Software und weitsichtigen Unternehmensstrategien – Plattitüden wie aus einem Horoskop (wohlgemerkt reden wir bei der Gen Alpha von heute unter Zehnjährigen!). In der Not glaubt man so manchem Scharlatan, auch dies ist eine Konstante der Menschheitsgeschichte. Schwerer zu glauben scheint hingegen, dass wir alle die gleichen Erwartungen an gute Arbeit haben und dass die Erfüllung dieser uns auch zu enkeltauglichen und zukunftsfähigen Arbeitern machen würde. Die einzige treffende Analyse zur Gen Z habe ich übrigens bei der Journalistin Margarete Stokowski gelesen: Wirklich neu bei der Gen Z sei, „dass diese irgendwie andere Ohren haben, wo diese kleinen Reinsteckkopfhörer halten ohne rauszufallen".[3]

War da nicht was mit „Diversity"?

Bei all den Generationenklischees verblüfft mich, wie holzschnittartig wir heute über alle möglichen Arbeitnehmer an allen möglichen Orten dieser Welt und in allen möglichen Jobs urteilen können, die nichts außer dem groben Geburtsjahrzehnt gemeinsam haben, nicht den Geburtsort, nicht die Sprache, nicht die Ausbildung, nicht die familiäre oder ökonomische Situation, nicht den Charakter, nicht das Interesse, nicht den Arbeitgeber oder gar die Branche – denn diesen Anspruch hat der Generationenbegriff ja: dass wir Menschen nur auf Basis des Geburtsjahrzehnts bewerten und sortieren können. Leben wir nicht in einer Arbeitswelt, die für mehr Diversity und Toleranz kämpfen will und sich – zumindest in den sogenannten sozialen Medien – sehr selbstbewusst gegen Vorurteile und Stereotype positioniert? Es scheint kein Problem zu sein, sich als Unternehmen in einer Diversitywoche abzufeiern und sich kurz danach einem unterkomplexen Schubladendenken über Gen Z und Boomer hinzugeben.

Kohorte, Alter, Periode: ein Ausflug in die empirische Sozialforschung

Vielleicht kommst du jetzt ins Zögern und denkst: „Momentchen mal, Hans, nach meiner Erfahrung geht es Älteren tatsächlich mehr um Hierarchie und um Risikovermeidung als den Jüngeren – da muss doch was dran sein." Das Faszinierende ist, dass dies auch stimmen mag, aber nicht so, wie man gemeinhin glaubt. Was ist also wirklich falsch an dem Generationendenken? Dazu ein kleiner Ausflug in die empirische Sozialforschung.[4] Wenn wir Menschen im Hinblick auf ihre Einstellungen zur Arbeit (oder auf irgendetwas anderes) analysieren wollen, dann müssen wir ganz klar drei unterschiedliche Effekte auseinanderhalten: Es gibt erstens Alterseffekte, also bestimmte signifikante Merkmale, die beispielsweise alle Menschen, die gerade zwischen 30 und 40 sind, tragen. Zwischen 30 und 40 wäre das vielleicht so etwas wie die Familienplanung, sie denken eben nicht mit 14 und auch nicht mit 62 darüber nach.

Zweitens gibt es Periodeneffekte, also Merkmale, die durch den Zeitpunkt der Erhebung zu erklären sind, durch die konjunkturelle, geopolitische oder sonst wie geartete Stimmung in der Arbeitswelt des Erhebungszeitpunkts. Seit dem russischen Angriffskrieg beobachten wir beispielsweise, dass Menschen die Rüstungsindustrie wieder als mehr Purpose-driven wahrnehmen, das war in den letzten 30 Jahren weniger der Fall und im Kalten Krieg vielleicht wiederum mehr – der Kontext ändert sich und damit auch die Einstellungen. Und es gibt drittens den Versuch, Effekte der Kohorte zu finden, also was wir alltagssprachlich Generation nennen, beispielsweise aller Menschen, die in den 1980ern geboren sind. Im Gegensatz zu den Alterseffekten müssten diese Merkmale dann aber stabil über die Lebensdauer der beobachteten Personen gegeben sein und unbeeindruckt von Kontextfaktoren bestehen – deswegen ist es ein Riesenunterschied, ob wir von Babyboomern im Sinne einer stabilen Kohorte oder über Menschen sprechen, die derzeit 60-jährig sind. Eine Aussage über Generationen sagt immer auch: einmal Boomer, immer Boomer.

Und jetzt alle: Alterseffekte sind keine Generationeneffekte!

Es ist nicht leicht – Akademiker würden sagen, „nicht trivial" –, diese drei Effekte so zu entwirren, dass wir wirklich eine Aussage über eine Kohorte und nicht über eine Altersgruppe oder eine bestimmte gegenwärtige Stimmung machen. Dazu gibt es eine fortlaufende Auseinandersetzung in der empirischen Sozialforschung, die mittlerweile auch schon seit Generationen geführt wird. Denn um diese Effekte sauber zu trennen, muss man mit einem ziemlich globalen Anspruch Menschen in ihren unterschiedlichen Einstellungen über den Verlauf der Jahrzehnte vergleichen. Das braucht verdammt viele Menschen und vor allem verdammt viel Zeit. Was bei den belastbarsten dieser Studien aber im Hinblick auf Arbeitseinstellungen herauskam, ist, dass wir Alterseffekte ständig mit Generationeneffekten verwechseln, was eben fatale Folgen für den Zusammenhalt in Organisationen hat.

Als Beispiel lernen wir Lisa kennen (eventuell kennt ihr alle eine solche Lisa): Nehmen wir an, Lisa ist eine junge urbane Berufseinsteigerin bei einem Softwareunternehmen in Kiel. Ihr geht es weniger um Geld, Karriere und Führungsrollen als den älteren Kollegen, dafür mehr um Work-Life-Balance und Umweltengagement, etwa darum, die Dienstwagenflotte durch Fahrräder zu ersetzen. Sind dies stabile Bedürfnisse von Lisa, die sogar identisch mit einer ganzen globalen Generation in Stadt und Land sind? Wenn dem so wäre, müsste die Organisation alarmiert sein und sich radikal umstellen, ganz egal, was die Älteren in der Organisation denken. Wird es in Zukunft nur noch Lisas geben? Die teure Dienstwagenflotte könnten wir uns schenken, und Vollzeitjobs bräuchten wir auch nicht mehr.

Vermutlich wäre das eine gefährliche Überreaktion, denn höchstwahrscheinlich sind Lisas Einstellungen dynamische Alterseffekte, wie sich im Laufe der Jahre zeigt. Denn wenn Lisa älter wird, dann muss sie zum Beispiel ein Haus abbezahlen, wofür Geld und Karriere dann doch ganz interessant werden, und das Haus liegt vielleicht auch noch im Kieler Umland, wofür sie dann auch ein Auto braucht – bis dahin hoffentlich ein emissionsfreies. Et voilà, Lisa hat jetzt andere Einstellungen zur Arbeit. Obwohl sie die gleiche Lisa ist. Studien wie etwa von McAdams zeigen, dass die Persönlichkeit von Menschen bis ins mittlere Alter noch sehr wandlungsfähig ist – die sozialen Umstände, die unsere Ansprüche prägen, sind es ohnehin.[5]

Der einfachste Weg, um Generationenbeobachtungen auf den Boden zurückzuholen, ist also zu fragen, ob Alterseffekte berücksichtigt werden. Denn wenn wir von einer Generation sprechen, hieße es, dass Lisa, solange sie lebt, diese Einstellungen zur Arbeit haben würde und mit ihr alle Altersgenossinnen – und das ist eine ganz schön wagemutige Behauptung. Und dann gibt es ja noch die Periodeneffekte: Wann frage ich Lisa nach ihren Einstellungen? Während einer globalen Klimaprotestwelle? Während einer wirtschaftlichen Rezession? Auch dieser dynamische Effekt des Erhebungszeitraums verwirrt die Generationendiskurse. Führende Forscherinnen auf dem Feld wie Melissa Wong und David Costanza sehen im Hinblick auf die Arbeitswelt vor allem Alterseffekte am Werk.[6] Die schlechte Nachricht ist also, dass wir alle wie unsere Alten werden. Die gute Nachricht ist, dass es unzählige ältere Menschen auf der Arbeit gibt, die gar nicht so sehr andere Lebewesen sind („der Boomer", „die Gen Y" etc.), sondern einfach nur in einer anderen Lebensphase stecken.

Warum reite ich auf dieser Unterscheidung zwischen Alters- und Generationeneffekten so herum? Bei einem stabilen Generationeneffekt ginge es um eine radikale Umstellung, hier wäre es klug, sich als Unternehmen ganz klar auf diese neuen Bedürfnisse auszurichten. Bei Alterseffekten hingegen ist dies ein absolut idiotisches Katz-und-Maus-Spiel: Die Generation altert und ist plötzlich gar nicht mehr so radikal anders. Die Bedürfnisse haben sich geändert. Hier muss es also um Zusammenhalt gehen. Darum, trotz wandelnder Bedürfnisse zwischen Altersgruppen die Belegschaft nicht zu spalten. Darum, zwar ein Ohr für momentane Veränderungen zu haben, aber gleichzeitig eben Mitarbeiterinnen in *allen* Altersphasen eine gute Arbeit zu bieten.

Stellen Unternehmen sich wie ein Fähnlein im Wind ständig auf neue Alterseffekte ein, weil sie diese immer wieder für stabil halten, verprellen sie den Rest der Belegschaft, wie ich es in zahlreichen Unternehmen erlebt habe, wo ältere Menschen sich gar nicht mehr angesprochen, in ihrer Arbeit nicht gewürdigt und mit ihren Ideen nicht mehr gehört fühlen. Das ist besonders bei einer so betagten Arbeitsgesellschaft wie in Deutschland eine gigantische Verschwendung von Potenzial und führt zu höchst gespaltenen, dysfunktionalen und damit ironischerweise auch für junge Menschen unattraktiven Organisationen. Denn dysfunktionale Organisationen finden dann nämlich auch junge Talente verdammt *cringe* – hey Kids, sagt man das noch so?

Alle wandern durch das gleiche Bedürfnisdreieck

Statt Generationenkonflikte auf der Arbeit zu finden, haben die Arbeitspsychologen etwas anderes Wertvolles entdeckt: Sie sahen, wie viel die verschiedenen Generationen doch gemeinsam haben. Die Ausprägung der Bedürfnisse mag sich wandeln, die Grundbedürfnisse dahinter verbinden uns aber alle. Wir alle wollen unsere Fähigkeiten entfalten. Wir alle wollen dafür Anerkennung bekommen. Wir alle wollen einen sinnvollen Beitrag leisten. Und dies ist eigentlich keine Neuigkeit: Dieses Dreieck aus Autonomie, Zugehörigkeit und Wirksamkeit zieht sich von der antiken Philosophie bis in die moderne Arbeitspsychologie – die alten Griechen hatten ja nicht nur Klischees zu bieten. Je nach Schule heißen die Ecken dieses Dreiecks anders, aber in ihrer Bedeutung zeigen sie zeitlose und vor allem über Altersgruppen hinweg geltende Grundbedürfnisse.

Wenn ich an meinen eigenen Arbeitsweg denke, dann erkenne auch ich eine Wanderung durch das Spannungsfeld der drei Grundbedürfnisse. Meine Arbeit in der Forschung ist derzeit geprägt von Autonomie und vielleicht sogar von dem Gefühl, etwas Wirksames „für die Welt zu machen". Die soziale Komponente bleibt trotz der Lehre aber etwas unbespielt, in der recht einsamen Forschung ist Zugehörigkeit ein größeres Problem als beispielsweise in meinen Rollen in der Wirtschaft. Meine Arbeit in der Strategieberatung war stark von Teamgeist, also Zugehörigkeit, geprägt, der Impact in der Arbeit mit DAX-Konzernen war auch gegeben, aber die Autonomie blieb oft, und vielleicht sogar logischerweise, auf der Strecke. Und im Studium, gerade im Master, konnte ich sehr frei lesen, lernen und diskutieren, was mir das Gefühl von Selbstentfaltung gegeben hat. Auch habe ich mich mit den Kommilitonen sehr gut verstanden, was zu einem hohen Zugehörigkeitsgefühl führte. Doch das Springen von Prüfung zu Prüfung, von Hausarbeit zu Hausarbeit ließ die Frage offen, welchen Impact man dabei auf die Welt hat.

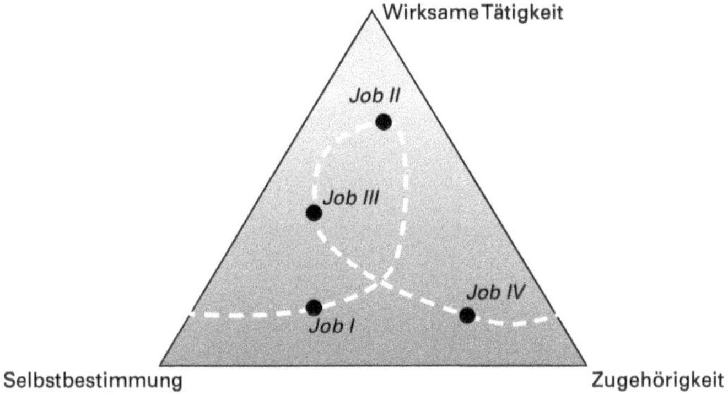

Das Wandern durch berufliche Spannungsfelder

Es lohnt sich, über diese Spannungsfelder in Bezug auf den eigenen Weg nachzudenken: Bei beruflichen Weichenstellungen male ich dieses Dreieck und schaue, in welche Ecke mich eine Entscheidung schieben würde. Wir alle manövrieren uns durch dieses Dreieck: Sind wir jung, mag uns Autonomie fehlen, die wir bei erfahrenen Menschen sehen. Sind wir älter, fehlt uns die unbedarfte Selbstentfaltung der Jüngeren, vielleicht auch das frische Zugehörigkeitsgefühl. Das Entscheidende ist: Gute Arbeit ist ein Prozess und niemals eine Errungenschaft. Und: Du kannst nie in allen Ecken gleichzeitig sein. Die Spannungsfelder werden nie ganz aufgelöst, schon weil sich unsere Ansprüche ändern – wir sind zeitliche Wesen. Es ist wichtig, diese Grundspannung auf dem Weg zu guter Arbeit auszuhalten, statt sich auf der Suche nach absoluter Perfektion zu verkrampfen und unglücklich zu machen.

Zurückkommend auf vermeintliche Generationenkonflikte liefert das Dreieck aus Autonomie, Wirksamkeit und Zugehörigkeit ein viel nuancierteres Bild als der Glaube, dass eine gesamte Gruppe von Menschen über ihr gesamtes Leben hinweg die gleichen Ansprüche an die Arbeit hat – unabhängig von wandelnden Umständen, der wandelnden Zeit, auch den wandelnden Ressourcen. Es zeigt uns als dynamische Wesen. Wir selbst sehen uns ja nicht als „Gen Y", diese Begriffe sind nur Etiketten, die von außen verwendet werden, weil sie eingängig sind und vor Vorurteilen triefende und extrem einfache Geschichten ergeben. Echte Menschen blicken hingegen, mal mehr, mal weniger zufrieden, auf ihr spannungsreiches und komplexes Leben – in Zukunft wird die Arbeitswelt an Spannungen sicher nicht ärmer.

Ein hilfreicher Ansatz für intergenerative Arbeit ist deshalb, die Position im Dreieck einer jeden Person zu verstehen. Manchmal sind es die Banalitäten, die deutlich ausgesprochen werden müssen: Unternehmen erhalten die besten Ergebnisse von ihren Mitarbeitern, wenn sie diesen als Individuen Aufmerksamkeit schenken, und nicht, wenn sie diese in eine Schublade stecken, in der Millionen anderer Menschen auch Platz finden müssen. Wenn ich Maßnahmen mit Unternehmen entwickle, beispielsweise im Bereich Climate Action oder innerhalb einer organisationalen Transformation, dann ist es zentral, den Beteiligten zuzuhören und nicht nur auf die Bedürfnisse einer herbeifantasierten Menschenkategorie einzugehen. Das heißt dann auch, in einer organisationalen Transformationsphase die Sprache und die Themen älterer Menschen zu berücksichtigen, indem etwa ein würdigender Rückblick auf das Erreichte vorgenommen wird. Das heißt dann eben nicht, die ganze Firma zu einem Abklatsch eines Hipstercafés aus Berlin-Mitte umzubauen, weil „so ja die jungen Menschen arbeiten wollen, oder?".

Das ist ein komplexer Zugang zu Organisationen, der nicht so einfach und catchy ist, wie zu behaupten, dass alte Leute grundsätzlich gern im Büro arbeiten, Generation X sich lieber daheim um die Familie kümmert und Generation Y am liebsten Zeit mit Freunden im Café verbringt. Manchmal ist einfach auch einfach ein bisschen zu einfach.

In der Wissensökonomie ist Misstrauen Gift

Wen braucht es eigentlich für die notwendigen Transformationen? In einer deutschen Studie analysiert Michael Astor, ob sich tatsächlich empirisch nachweisen lässt, dass junge Mitarbeiter innovativer sind.[7] Denn das ist ja eine weitere Grundannahme, an der sich in der Arbeitswelt Generationenkonflikte entzünden: Wir müssen alles machen, was die junge Generation vermeintlich jetzt und für immer will, denn nur diese sind es, die uns Innovationen bringen können. Von den Alten hingegen kommt nichts mehr.

Der Publist Wolf Lotter sagt vermutlich richtig, dass diese Annahme in der Agrargesellschaft auch nicht falsch war, denn hier war die physische Leistungsfähigkeit das Maß der Dinge.[8] Doch in einer auf Know-how und Erfahrungswissen aufbauenden Wissensökonomie ist die Antwort auf die Frage, wer Innovationen bringt, wesentlich ambivalenter. Und genau das konnte Michael Astor belegen: Junge Mitarbeiter – wohlgemerkt auch nur, solange sie jung sind, du weißt schon, die Alterseffekte – experimentieren zwar mehr mit digitaler Technik, was zu neuen Lösungen führen kann. Doch für den Transfer dieser Experimente in handfeste Lösungen ist die Erfahrung der Alten ebenso wichtig, weil sie am ehesten wissen, welche Innovationspotenziale es überhaupt gibt, wo also eine Lösung wirklich zu einem praktischen Problem passt und welche Wege in der Organisation zur Umsetzung führen – und nicht zum Ideenparkplatz.

Am besten ist es also, wenn beide Altersgruppen zusammenarbeiten, statt sich vor lauter Generationenkonflikten nur mit Misstrauen zu begegnen. Wie in einer griechischen Tragödie sind es dann aber die Generationenlabels selbst, die falsche Vorstellungen, Missverständnisse und unpassende Kommunikation zwischen den Altersgruppen fördern und über die Hintertreppe tatsächlich zu Konflikten zwischen den Generationen führen. Erst als Farce, dann als Tragödie. Stereotype und abwertende Haltungen untergraben die Beziehungen zwischen den Teammitgliedern. Die sogenannte „Generationenkluft" am Arbeitsplatz ist echter, als es die Generationen selbst jemals waren. Und der Grund dafür ist, dass wir auf die Erzählung von Generationenkonflikten einfach so gern anspringen.

Man kann auch einen Konflikt mit Generationenkonflikten haben

Mit dem Bild der Generationenkonflikte konnte man Menschen schon zu allem mobilisieren: Die 68er hatten ihre Altnazis und zeigten damit in einer erdrückenden Nachkriegsharmonie ihren Protest. Bereits im späten 19. Jahrhundert war für die deutsche Jugendbewegung die Elterngeneration als gefühlsarme „Spießer" verhasst. Der dunkelste Generationenkonflikt wurde von den „1933ern"[9] ausgetragen, die sich mit Parolen wie „Macht Platz, ihr Alten!" gegen die „Ewiggestrigen und Kaisertreuen" wandten und sich einem jungen Politiker anschlossen, der 42 Jahre jünger war als der amtierende Reichspräsident.

Wie die Geschichte der 68er weiterging, illustriert erneut den Unterscheid zwischen Alters- und Generationeneffekten: Die gegen verkrustete Strukturen und Bonzen aufbegehrenden Generationenkämpfer marschierten so dermaßen durch die Institutionen, dass sie sich beispielsweise als BMW-Lobbyist wiederfanden, wie Joschka Fischer, zu Apolegeten des russischen Imperialismus mutierten, wie Alice Schwarzer oder Oskar Lafontaine, oder gar zum Neonazi wurden, wie Horst Mahler.

Eine schwer erträgliche Selbstgerechtigkeit ist der rote Faden der Generationenkonflikte. Die jungen Generationen wollen dem Rest stets zeigen, wo der Hammer hängt, und es natürlich immer besser wissen. Ebenso töricht wie die Selbstherrlichkeit der Jugend ist dabei die Besserwisserei der Alten. Ich halte fest: Man kann also auch einen Konflikt mit Generationenkonflikten haben! Und deshalb möchte ich die Arbeitswelt davon verschonen.

Neues Altern in der Arbeitswelt

Statt sich zu fragen, was man sich von TikTok für die jungen Talente abschauen kann, während diese schon längst bei der nächsten App sind, ist die interessantere Frage, wie man mit älteren Menschen auf der Arbeit arbeiten kann, die heute schon vergessen, abgewertet und an den Rand geschoben werden. Altersdiskriminierung ist in unserer Arbeitswelt ein beschämend übersehenes Thema. Wer mit über 50 einen neuen Job finden möchte, dem kann man nur viel Glück und ein paar bunte Sneaker wünschen. Der Jugendwahn kennt kein Erbarmen.

Wenn aber im Jahr 2100 rund 40 Prozent der Mitarbeiter über 60 Jahre alt sind und wir bis dahin unseren Karrierebegriff so ausgeweitet haben wollen, dass man auch jenseits der 40 noch Karriere machen kann (➤ Sichtbarkeit), dann müssen wir schauen, wie wir das Altern auf der Arbeit für die Menschen und die Firma erfolgreich gestalten können.[10] So dass ältere Mitarbeiter das Gefühl haben: Hier geht (noch) was. Ein Projekt der Universität Zürich hat untersucht, wie lange und engagierte Arbeitswege zustande kommen.[11] Sie stellten fest, dass die Entscheidung, in einer Erwerbstätigkeit engagiert zu bleiben, statt langsam herunterzufahren (oder heruntergefahren zu werden), sich über Jahre hinausschält und dabei grundsätzlich von drei Faktoren abhängt. Erstens braucht es einen institutionellen Rahmen der Teilhabe und Weiterbildung, in dem älteren Menschen ermöglicht wird, auch an neuen Projekten mitzuwirken und so ihr Erfahrungswissen im Sinne Astors einzubringen. Wenn ich in die Innovations- und Strategieabteilungen vieler Unternehmen schaue, dann liegt der Altersdurchschnitt dieser Teams oft Jahrzehnte unter dem Altersdurchschnitt der restlichen Firma – Ältere verspotten diese Abteilung dann als „Betriebskindergarten“. So ist der institutionelle Raum nicht ideal für ältere Personen.

Um zu neuen Projekten beizutragen, ist das Thema Upskilling entscheidend – wir alle müssen unsere vorhandenen Kompetenzen im Job regelmäßig updaten.[12] Unternehmen müssen wissen, welche Fähigkeiten in Zukunft benötigt werden, und darauf auch langjährige Mitarbeiter vorbereiten. Was wir stattdessen erleben, ist, dass Organisationen geduldig auf Absolventen neuer Berufsausbildungen warten, was Jahre dauert und das Potenzial innerhalb der Firma brachliegen lässt. Für Weiterbildung wird hingegen oft weniger ausgegeben als fürs Sommerfest. Oft geschieht dies unter der Annahme, dass KI, Robotik oder Quantum Computing den älteren Mitarbeitern nicht zugemutet werden könne. Doch hier heißt es: „Früh übt sich, wer ein Meister werden will" – langfristig können alle Mitarbeiter in neue Rollen hineinwachsen. Dies ist für jene weniger eine Zumutung, als die Zumutung zu erleben, wie sie als Mitarbeiter nach und nach an Relevanz verlieren. Vor einigen Jahren habe ich in einem Projekt im digitalen Musterland Estland gearbeitet. Ich war tief beeindruckt davon, wie weit dort E-Governance, wie durchgehend digitalisiert das Erledigen von Verwaltungsgängen ist. Auf meine Frage an einen estnischen Beamten, wie es denn gerade die älteren Menschen schafften, mit einer digitalen Verwaltung umzugehen, gab er mir eine sehr klare Antwort. Seit den 1990er Jahren finanziere der Staat kostenlose Internetschulungen – die Menschen, die heute „alt" sind, waren also um die dreißig, als die Digitalisierungsbemühungen begonnen haben. Alle Menschen, junge und alte, sind da schon lange hineingewachsen. Als „User" der deutschen Verwaltung musste ich kurz schluchzen.

Upskilling heißt auch, andere Talente nicht brachliegen zu lassen. Studien gehen von einem hohen Wachstum in Bereichen aus, in denen sozioemotionale Fähigkeiten wie Verhandlungsführung, Einflussnahme und Entscheidungsfindung gebraucht werden.[13] Dies sind Skills, für die gerade Lebenserfahrung von hohem Wert ist.

Neben dem institutionellen Rahmen des Lernens ist der zweite Faktor für lange engagierte Lebenswege der persönliche Rahmen: Ich muss immer wieder auf Tätigkeiten stoßen, die mir ein Gefühl von Resonanz geben, von Selbstwirksamkeit und Kompetenz. Hier spielt vonseiten der Organisation das Zuhören wieder eine Rolle, denn im Laufe eines Lebens verändern sich natürlich die Arbeitsprozesse, die einer Person Freude machen (weil – du ahnst es – das eben eine Frage der Altersphasen ist!). Vielleicht steigt bei mir im Alter das Interesse, Wissen weiterzugeben. Oder wieder mehr beruflich unterwegs zu sein, weil die Kinder ja aus dem Haus sind. Oder weniger unterwegs zu sein, weil mein Mann in Frührente gegangen ist. Hier geht es um ein Abwägen von Möglichkeiten und neuen Ansprüchen. Dieses Abwägen geschieht bei vielen Menschen im Stillen, was zu einer inneren Kündigung führen kann. Eine verpasste Chance, die Unternehmen teuer zu stehen kommt. Alle paar Monate kommen Zahlen darüber heraus, wie viele Menschen innerlich gekündigt haben, aktuell stehen wir bei 20 Prozent in Deutschland.[14] Dass dies oft ältere Menschen sind, daran denken wir zu selten.

Der dritte Faktor für lange, engagierte Arbeitswege ist die soziale Einbettung in die Organisation: Wie sehr existiert meine Tätigkeit als älterer Arbeitnehmer noch in einem tragenden Beziehungsnetz mit Kollegen und Kunden? Erlebe ich Zugehörigkeit und auch etwas Respekt? Oder wird mir mehr oder weniger suggeriert, dass jetzt alles anders sein muss? Weil das Unternehmen jetzt für viel Geld externe Gen-Y-Berater an Bord geholt hat?

Klima als Generationenkampf: Wer nicht miteinander redet, arbeitet auch nicht miteinander

Die Alten haben uns doch die Misere eingebracht! Dies ist ein Vorwurf, der mir bei vielen Unternehmen mit Generationenspaltung begegnet. Der Generationenkonflikt entzündet sich an der Klimafrage: Da sind die Alten, die an allem persönlich schuld sind, und die Jungen, die sich deshalb nichts sagen lassen. Die Arbeit im Anthropozän droht an Altersgrenzen zu zerbrechen. Dass der große Abbau des Planeten parallel zu dem Leben der Boomer-Generation seinen Schwung bekommen hat, stimmt auf der Makroebene (➤ Planet). Auf individueller Ebene sind solche Schuldzuweisungen aber eine selbstgerechte Frechheit und vor allem eine Frechheit, die uns nicht weiterbringt. Veränderungsbereitschaft ist keine Frage des Alters, sondern der Offenheit. Wer aber aufgrund des Alters als Teil des Problems gelabelt wird, wird nicht versuchen, Teil der Lösung zu werden. „Neuerdings scheint die Erfahrung, die ich einbringen kann, um das Neue mitzugestalten, nicht mehr zu interessieren", klagte mir eine ältere Konzernmanagerin. Die großen Herausforderungen des Anthropozäns lassen sich aber nur gemeinsam bewältigen, nicht gegeneinander. Mit frischen Ideen *und* wertvollen Erfahrungen. Wird den Alten aber suggeriert, dass sie irrelevant sind, dann erreicht eine Firma nur eines: Sie entmutigt einen Großteil der Belegschaft und schafft große Beharrungskräfte. Damit stellen sich eigentlich die Jüngeren als jene heraus, denen es als Erste an vorurteilsfreier Offenheit mangelte. Ich bin ja selbst ein Millennial – sorry, es ist nur eine Phase! –, und wenn es eine Haltung gibt, die ich von älteren Menschen auf der Arbeit immer wieder gelernt habe, dann ist es deren Pragmatismus. Wie die Studie von Astor zeigt, hat es eine für Innovationen wichtige Funktion, pragmatisch nachzuhaken. Zu fragen, ob eine bestimmte Idee vielleicht einfach nur ein Buzzword ist oder ob es wirklich Anwendungsfelder für sie gibt. Das wirkt für jüngere Mitarbeiterinnen oft ein bisschen spielverderberisch, bisweilen sogar bevormundend, ist aber auf dem Weg zu wirklichem Fortschritt ganz entscheidend – im Generationenkonflikt bin ich gern Kriegsdienstverweigerer. Gerade in einer Zeit, in der sich 50 Prozent der Firmen Klimaziele setzen, aber nur fünf Prozent Schritte in diese Richtung einleiten (➤ Arbeit), kommt es auf die an, die wissen, wie ein Laden läuft, und nicht nur, wie er schwätzt. „Wenn es etwas an der Boomer-Generation zu schätzen gibt, ist es der Versuch, sich nicht mit revolutionären Ornamenten zu schmücken – die übrigens schon für die 68er eher Pose waren –, sondern nach Bedingungen für Erfolg zu fragen“, konstatiert auch der Soziologe Armin Nassehi.[15] Wir brauchen etwa für die Klimafrage Handlungskonzepte, so Nassehi weiter, die nicht gleich von der Immunreaktion einer – ja ziemlich alten – Gesellschaft neutralisiert werden. Die Basis für handfeste Handlungsmöglichkeiten jenseits der jugendlichen Begeisterung über all das, was wir doch so viel besser machen wollen, beginnt damit, dass wir zwischen den Generationen genauso wie zwischen all dem, was uns scheinbar trennt, ein vernünftiges Gespräch führen. Zweifel. Widersprüche. Gegenwind. All das zulassen.

In einer freiheitlichen Gesellschaft ist jeder und jede ein handelnder, denkender und sprechender Akteur, auch in der Arbeitswelt. Wenn wir uns nicht darum scheren, wie wir ein besseres Handeln anderen, auch Andersaltrigen, argumentativ und überzeugend nahebringen können, wie wir diese Ideen eines besseren Arbeitens also zu gemeinsamen Praktiken machen können, dann sind diese Ideen eigentlich nur leere Dogmen. Diese Dogmen sind nicht nur wirkungslos, weil sie viele Menschen nicht überzeugen können, sie sind auch schwach, weil sie keine Überzeugungsarbeit leisten wollen, unausgegoren, weil sie nicht am Gegenwind anderer Argumente geschärft wurden, und kontraproduktiv, weil damit Klimaengagement und jegliches Engagement für eine bessere Welt immer mehr zum Kulturkampf werden. Im Deutschen gibt es das schöne Wort „Aufhören", auf das mich der Unternehmer Motoki Tonn hingewiesen hat: Es zeigt, dass alles endet, wenn wir nicht mehr zuhören, wenn wir eben auf-hören.

Ein Geflecht aus Praktiken, das intergenerative Arbeit möglich macht, ist – wie dich nicht überraschen wird! – angewiesen auf eine Umgestaltung von Mindset, Skillset und Toolset. Eine intergenerative Arbeitskultur braucht ein Mindset, mit dem sie sowohl Altersgruppen mit Erfahrung schätzt und im Auge behält als auch für Altersgruppen mit neuen Perspektiven offen und attraktiv ist. Dafür scheinen mir eine Sensibilisierung für jede Art von Altersdiskriminierung und eine Kultur des Lernens von beiden Seiten zentral. Es geht aber auch um ein organisationales Skillset: Lücken zwischen vorhandenen und bald benötigten Qualifikationen müssen ständig überwacht werden. Es muss auch dafür gesorgt werden, dass Wissensverlust durch Renteneintritt verhindert wird. Dies ist auch eine Frage der Infrastrukturen, des Toolsets also. Statt nur auf offizielle Schulungen zu bauen, braucht es Strukturen für spontanes (Um-)Lernen, keinen Frontalunterricht, sondern anwendungsbezogenes Lernen – manche Unternehmen bauen dafür sogenannte Skill-Labs auf. Dann braucht es, gerade in der Hand- und Herzarbeit, auf Lebensphasen angepasste Arbeitszeitmodelle und Arbeitsplätze, „nicht nur Arbeitsplätze für Turnschuhträger", wie mir ein Arbeiter in der Industrie erzählte. Ein schönes Instrument, um ältere Arbeitnehmer im Blick zu behalten, sind schließlich Wieder-Vorstellungsgespräche: Warum immer nur Bewerberinnen nach ihren

Erwartungen und Zielen fragen? Warum nicht auch Wertschätzung und Interesse zeigen für die, die schon da sind?

„Ich komme aus einer Zeit, in der Raucher noch keine Verbrecher waren und Fahrradfahrer keine Helden", erzählte mir jüngst voller Pathos ein 60 Jahre alter Wissenschaftsmanager – schade, dass wir ihn nicht für Gesundheit und Klimaschutz gewinnen konnten. Schade, dass wir ihm nicht zugehört haben, bevor er sich in einer Selbstgerechtigkeit verschanzt hat, die wir den Boomern dann so gern vorhalten. Das Verständnis von Personen, die miteinander ein Spiel des Gebens und Nehmens von Gründen spielen, ist nicht irgendeine luftige Idee einer liberalen Gesellschaft, sondern schon jetzt die ganz konkrete Funktion des Aushandelns gemeinsamer Lösungen, die die Arbeitswelt erfüllt. „Gerade sie kann uns mit Menschen zusammenbringen, denen wir sonst nie begegnen würden, die eine andere Herkunft, andere Vorstellungen, andere Werte haben – dieser Vielfalt zu begegnen ist für die einzelnen Bereichen und für den sozialen Kitt einer Gesellschaft unerlässlich", so die Wirtschaftsethikerin Lisa Herzog.[16]

Moderne Wissensarbeit ist Überzeugungsarbeit, schon allein weil Spezialisten sich von Nichtspezialisten nur sehr schlecht kontrollieren lassen: Wie werden aus notwendigen Klimazielen Maßnahmen, die Menschen in ihren Spezialbereichen zum Handeln bringen können? Auch jene, die Schwierigkeiten haben, ihre Verhaltensmuster zu hinterfragen. Auch jene, die vielleicht nur in Ruhe auf ihre Rente hinarbeiten wollen, die eventuell auch das Gefühl haben, dass diese Ziele einfach nur die nächste Sau sind, die durchs Organisationsdorf getrieben wird.

Man mag über diese Frage spotten und sich zu einem Kommentar hinreißen lassen, der eine mehr oder weniger verschleierte Variation von „Scheiß auf die Boomer" ist, aber dann zeigen wir auch kein Interesse daran, was es bedeutet, in einer demokratischen Marktwirtschaft Mehrheiten zu gewinnen, aus Verantwortung echte Wertschöpfung zu generieren und Menschen zu überzeugen, für die Verzicht und Klimaverantwortung etwas anderes bedeutet als für mich zarten Millennial.

Der erste und der zweite Gipfel

Für die Frage, was es bedeutet, sich in einem neuen Zusammenhalt von Alt und Jung der Jahrhundertherausforderung des Anthropozäns zu widmen, ist dem amerikanischen Autor David Brooks ein schönes Bild gelungen, mit dem wir dieses Kapitel abschließen wollen.[17] In einer Reihe von Interviews mit Menschen über 70 fiel ihm auf, dass deren Arbeitsbiografie oft eine gleiche Form hatte: die Form einer doppelten Gipfelbesteigung. Seine Gesprächspartner haben ihre Ausbildung gemacht, so Brooks, und sich dann im Hinblick auf eine Karriere einen bestimmten Gipfel vorgenommen. Okay, da möchte ich rauf, das ist die Karriere, die ich mir vorstelle: so viel Geld, so einen Titel, so einen Traumjob. Dann kraxelten sie los. Viele erreichten dieses Gipfelkreuz, sie steckten auch sehr viel Arbeit hinein, aber waren dort oben von der Aussicht enttäuscht. Andere kamen dem Gipfel nah genug, um zu merken, dass der Blick von dort oben doch nicht so großartig sein würde. Andere merkten, dass ihnen der Weg dorthin ein Leiden verschafft hatte. In allen Fällen fanden sich die Bergsteiger jedenfalls in einem unerwarteten Tal wieder und stellten fest: Ich glaube, das war nicht mein Berg. Sie entdecken dann einen zweiten Gipfel, manche oft erst im Alter von 50 oder 60. Der Gipfel lockt mit anderen Aussichten: Es geht mehr um Gemeinschaft und Demut, mehr um Werte als um Wert. Brooks sagt, dass der erste Berg eine Identität aufbaut und ein Ego füttert. Und dass der zweite Berg diese Dinge überwindet. Auf dem Weg zum ersten Gipfel gibt es eine Lektion in Demut, auf dem Weg zum zweiten Gipfel werden wir wirklich besser, besser im Leben. Dieser zweite Gipfel kann ganz extreme Formen annehmen. Ich kenne Menschen, die teilweise sogar sehr lukrative Jobs verlassen haben, um in eine Töpferei zu gehen oder Hausmann zu werden, manche hat der erste Gipfel aber auch gebrochen, es war zu spät für einen zweiten Berg. Es ist schade für Organisationen, wenn sie die Menschen, die zum zweiten Gipfel schreiten, nicht bei sich halten können, wenn der durchaus weise Blick auf den zweiten Gipfel nicht zu einer Triebfeder für ein verantwortungsvolleres Wirtschaften wird.

Beide Gipfel machen ein rundes Arbeitsleben aus. In einer Organisation können die Menschen, die auf den ersten Gipfel sprinten, voller Unverständnis sein für jene, die diesen Gipfel hinter sich gelassen haben und nun eine scheinbar weniger imposante Bergwanderung unternehmen – richtige Low-Performer! Die Menschen auf dem Weg zum zweiten Gipfel wiederum haben für den Enthusiasmus der jugendlichen Erstbesteiger oft wenig übrig – die rennen ja nur Karotten hinterher! Organisationen müssen beide Perspektiven wirken lassen. Die ungetrübte, erbarmungslose Energie eines hungrigen Novizen auf dem Weg zum Gipfel und die geläuterte, befreite Perspektive einer alten Kletterveteranin.

7 Zeit
Vom Hamsterrad des Hetzens zum zeit-gemäßen Arbeiten

„Für einen Burnout habe ich keine Zeit."
Tobias W., Start-up-Unternehmer

Gib mir einen festen Punkt, und ich hebe die Welt aus ihren Angeln, so das Hebelgesetz des Archimedes. In der Einleitung mussten wir bereits erkennen, dass die Suche nach der einen und endgültigen Lösung gegen die Klimakrise, nach dem einen archimedischen Punkt, von dem sich unser Wirtschaften dann wie von selbst in eine enkeltaugliche Bahn lenken ließe, eine Illusion ist. Die Sehnsucht nach der einen Silver Bullet wird in Zeiten komplexer Polykrisen immer eine Sehnsucht bleiben. Für manche ist One Size Fits All gar der zentrale Denkfehler der Moderne.[1] Das Denken in Allzwecklösungen entstammt dem industriellen Paradigma und greift viel zu kurz in einer Welt des Anthropozäns, in der Firmen Teil komplexer adaptiver Systeme sind, die tief eingebettet sind in soziale, ökologische und ökonomische Abhängigkeiten, die außerhalb ihres Machtbereichs, wohl aber in ihrem Gestaltungsbereich liegen (➤ Organisationsverständnis) – wo es eben immer vieles zu beachten gibt und nicht nur eines zu tun.

Wenn man mir aber eine Pistole auf die Brust setzen und mich mit dem Kinobesuch einer deutschen Komödie bedrohen würde, falls ich nicht endlich den einen Punkt nenne, von dem allein aus schon so viel zu erreichen wäre, dann würde auch ich vorsichtig damit rausrücken, von wo aus sich unsere Welt tatsächlich in eine bessere Bahn heben ließe.

Es ist unser Umgang mit Zeit. In diesem Kapitel geht es darum, was mich am Thema Zeit so fasziniert, warum unser Umgang mit Zeit in der Arbeitswelt so katastrophal für Mensch und Natur ist und welche Wege uns helfen können, um zeitintelligent zu arbeiten. Zum Schluss geht es sogar um höchst konkrete Praktiken: wann du E-Mails schreiben solltest und wann nicht und welchen Kaffee du wann trinken solltest.

Unser gehetzter Umgang mit Zeit sowie unsere Unfähigkeit, sich Zeit zu lassen und Dingen Zeit zu geben, bestimmen maßgeblich, wie wir unsere und die planetaren Ressourcen abschöpfen. Dieser Umgang mit unserer Zeit verhindert radikal Empathie und Verantwortung, weil dies zeitintensive Praktiken sind, und steht zu allem, was wir über die erholungsbedürftige menschliche Kognition wissen, in massivem Widerspruch. Denn auch an den wissenschaftlichen Erkenntnissen hetzen wir vorbei, selbst an nobelpreiswürdigen Erkenntnissen, wie wir am Ende dieses Kapitels sehen werden. Statt einen verantwortungsvollen Umgang mit der Schöpfung bleibt uns nur die Erschöpfung.

Aber jetzt mal langsam. Schauen wir uns erst einmal an, wie Zeitlichkeit unser Leben bestimmt. Dass unser Sein grundsätzlich ein Sein in geteilter Zeit ist, viel mehr sogar, als es ein Sein in gemeinsamen Räumen ist, das haben wir spätestens durch Remote Work gelernt. Was unsere gemeinsamen Arbeitspraktiken verbindet oder trennt, was sie ermöglicht oder verhindert, ist eine Frage der Zeitlichkeit: viel mehr des Wann als des Wo. Zeit ordnet, Zeit gibt und nimmt Möglichkeiten, Zeit schafft Abfolgen, weil alles seine Zeit hat. Zeit ist der faszinierende Grund dafür, dass nicht alles auf einmal passiert, wie der Zeitforscher Jonas Geißler es auf den Punkt bringt.

Funfacts zum Thema Zeit

Das Thema Zeit ist so umwerfend, dass man sich damit komplett aus der Welt herauspromovieren könnte, bevor man sich überhaupt dem Problem Zeit in der Arbeitswelt zugewendet hat. Hier ein paar Funfacts aus verschiedenen Wissensbereichen für das nächste Partygespräch.

- Die Physik weiß, dass Zeit relativ ist:[2] Ein Mensch, der an der Küste lebt, altert minimal langsamer als jemand, der in den Bergen lebt, weil Masse die Zeit um sich verlangsamt.
- Die Hirnforschung weiß, dass wir die Welt in einem Zeitfenster von 15 Sekunden wahrnehmen.[3] Das nennen wir einen Moment, wie wir aus Kapitel II wissen. Der Rest ist Vergangenheit oder Zukunft. Schuld daran ist das Hirnareal des Nucleus suprachiasmaticus, der ein paar Zentimeter hinter der Stirn liegt und durch seine Verbindung zu den Sehnerven obendrein lichtempfindlich ist – weil unser Zeitempfinden sich im Gegensatz zu der maschinellen Zeit nach den Rhythmen der Natur richtet. Die Zeit der Natur ist unsere Zeit. Eine Tatsache, auf die ich noch zurückkommen werde.
- Die Psychologie zeigt, wie schlecht wir darin sind, Zeiträume nicht mit Arbeit zu füllen. In einem Experiment an der Universität von Virginia sollten Probanden für 15 Minuten in einem leeren Raum sitzen und über ein Thema ihrer Wahl nachdenken.[4] Sie hatten die Möglichkeit, sich selbst per Knopfdruck einen schmerzhaften, aber nicht tödlichen Elektroschock zu verpassen. Die Teilnehmer haben vor dem Experiment vehement verneint, dass sie dies tun würden. Dann aber, im leeren Zimmer, griffen zwei Drittel der Männer und ein Viertel der Frauen zum Elektroschocker. Lieber irgendetwas tun, als „nichts“ zu tun. Auch wenn dieses Irgendetwas ein Elektroschock ist. Ein Proband wollte es richtig wissen. Er gab sich in der Viertelstunde ganze 190-mal den Schock.
- Aus der Linguistik wissen wir, dass jeder Mensch in jeder Kultur räumliche Metaphern für Zeit verwendet: „Ein Termin folgt dem nächsten“, „Die Vergangenheit liegt hinter uns“, „Wir bewegen uns auf die Deadline zu“ – obwohl natürlich die Deadline, genau wie der Termin und die Zukunft, keine physische Entität in einem Raum ist. Aber die Raumgestaltung unterscheidet sich in den Sprachen: In Sprachen wie Deutsch, Hebräisch, Polynesisch, Japanisch und Bantu blickt die Sprecherin in die Zukunft. Die Zeit fließt von einem Punkt vor ihr durch ihre aktuelle Position – die Gegenwart –

und zurück in die Vergangenheit.[5] Beim Aymara-Stamm, der hoch in den Anden lebt, ist das anders. Für sie liegt die Zukunft hinter ihnen und die Vergangenheit vor ihnen: weil sie die Zukunft ja genauso wenig sehen können wie das, was hinter ihnen passiert. Und die Gegenwart das ist, was gewachsen und präsent ist, wie die Pflanzen, die sie vor sich sehen. Eigentlich plausibel.

- Die Altertumswissenschaften können hinzufügen, dass die Antike zwei Wörter für „Zeit" verwendete, die einen wichtigen Unterschied haben: „Kronos" nannten sie die quantitative Zeit, die getaktete Abfolge von gleich langen Einheiten, also das, was ein Chronometer misst – so heißen heute ja noch Uhren ab zehntausend Euro. „Kairos" meint die qualitative Zeit: der günstige Zeitpunkt, die Gunst der Stunde, das Gefühl, zur richtigen Zeit am richtigen Ort zu sein. Kronos wurde als bärtiger Greis mit Sichel und Stundenglas dargestellt – er mahnt an das gnadenlose Ablaufen der Zeit, daran, dass wir schon mit unserer Geburt dem Tod entgegengehen. Kairos wird auf antiken Reliefs als Jüngling mit Flügeln an den Füßen dargestellt. Also jemand, der so schnell auftaucht, wie er wieder verschwunden ist. Er hat einen lockigen Schopf, aber einen kahl geschorenen Hinterkopf – vielleicht daher unsere Vorstellung, „die Gelegenheit beim Schopfe zu packen". Wer die Gunst der Stunde nicht ergreift, greift ins Leere. Die Umwandlung von Kairos in Kronos, das alleinige Interesse an quantitativer Zeit, trägt zu einer Entzauberung der Welt bei, die Max Weber schon beschrieb.[6]

Die Welt der Arbeit? Not so much fun

Blicken wir auf die Welt des Arbeitens heute, so zeigen Studien alles andere als Funfacts. Stattdessen zeigen sie die katastrophalen Folgen, die Gehetztheit in der Arbeitswelt mit uns und ganz entscheidend auch mit unserer Umwelt anrichtet.

- Wir haben keine Zeit für Konzentration: Eine Studie untersuchte das Phänomen der „überlasteten Aufsichtsratsmitglieder" (das sind Manager, die in drei oder mehr Aufsichtsräten aktiv sind). Sie zeigte, dass derart gehetzte Aufsichtsräte wesentlich weniger verlässlich bei der Überwachung von Fehlverhalten sind, so etwa im Umweltbereich.[7] Eine weitere Studie von der Universität Harvard ergab, dass CEOs 60 Prozent ihrer Zeit in Meetings und 25 Prozent am Telefon oder bei öffentlichen Veranstaltungen verbringen, während 15 Prozent für alles andere übrig bleibt, also Reisen, E-Mails, Lesen und dann vielleicht auch noch ein bisschen Nachdenken.[8] Besonders schockiert mich die Forschung zu „unterbrochener Arbeit“, also dazu, wie wir unsere ungestörte Arbeitszeit durch Unterbrechungen in immer kleinere Teile zerfallen lassen. Beschäftigte in Deutschland werden 15-mal pro Stunde unterbrochen – also alle vier Minuten.[9] Eine andere Studie zeigt, dass wir nach einer Unterbrechung neun Minuten brauchen, um wieder einen konzentrierten Geisteszustand zu erreichen.[10] Rechnet man beides zusammen, bleibt da nicht viel Geisteszustand übrig.

- Wir haben auch keine Zeit für Empathie: Israelische Forscher untersuchten, unter welchen Bedingungen Richter die Anträge von Strafgefangenen auf Aussetzung des Restes einer Freiheitsstrafe zur Bewährung annahmen und wann sie diese ablehnten.[11] Sie stellten fest: Es hängt maßgeblich davon ab, ob die Richter vor der Entscheidung eine Pause einlegen konnten oder durcharbeiteten. Bei jeder Entscheidungsrunde ohne vorherige Pause sank die Wahrscheinlichkeit eines für den Gefangenen günstigen Urteils kontinuierlich, von rund 65 Prozent am Anfang auf fast null. Legten die Richter dann aber eine Pause ein, schnellte die Wahrscheinlichkeit einer Entscheidung zugunsten der Gefangenen wieder auf rund 65 Prozent an. Gehetzte Richter entscheiden also gegen Angeklagte. Sie haben keine Kapazitäten frei, um von ihrem Standarddenken abzuweichen, sind gedanklich vielleicht auch schon beim nächsten Fall. Solltest du also einmal vor Gericht stehen: Versuche einen Termin nach der Mittagspause zu bekommen.
- Wir nehmen uns nicht einmal Zeit für Erfolg. Denn nur die wenigsten arbeiten wie der wohl berühmteste Praktiker des

Nichthetzenlassens Warren Buffett. „Er hat eine Menge Zeit zum Nachdenken, sagt sein Geschäftspartner Charlie Munger, „wenn man sich seinen Terminkalender ansieht, steht da manchmal einfach ein Friseurtermin. Dienstag: Haarschneidetag."[12] Mit anderen Worten: Dienstag ist hetzfreie Zone. Und damit eine Zeit für Reflexion. Was Hermann von Helmholtz, den Universalgelehrten und revolutionären Forscher, zu neuen Ideen brachte, war ähnlich: ein ungestörter Waldspaziergang auf langsam ansteigender Höhe.

Gehetzte Menschen in gehetzten Firmen in einer gehetzten Gesellschaft

Unkonzentriert, verantwortungslos und oft mit mäßigem Erfolg: In unserer Arbeitswelt jenseits des Multimilliardärs Buffett ist das Gehetze epidemisch. Es gibt gehetzte Individuen, gehetzte Organisationen und ganze gehetzte Industrien.

Und alle hetzen sie an ihrer eigentlichen Aufgabe vorbei. Denn in einer Wissensgesellschaft gewinnen jene, die reflektierte Entscheidungen treffen und dafür ihre kognitiven Kapazitäten nutzen können. Dass wir Gehetztheit statt Reflexionsfähigkeit als den Indikator von Produktivität sehen, ist für Professor Cal Newport, einen kalifornischen Informatiker (dem wir erneut begegnen werden ➤ Körper), der größte Denkfehler unserer Arbeitswelt. Gerade im Anthropozän, wo es darauf ankommt, neue Pfade auszuprobieren, den Status quo zu hinterfragen, andere in Ruhe und mit guten Argumenten zu überzeugen und kognitive Standards zu durchbrechen, brauchen wir Geduld und Konzentration für das Einüben eines enkelfähigen Wirtschaftens. Sonst entscheiden wir uns wie die überarbeiteten israelischen Richter weiterhin für die Standardoption und bleiben im Gefängnis des zerstörerischen Wirtschaftens.

Ich kenne gehetzte Organisationen, die alle paar Wochen auf einen Megatrend aufspringen und dann gedanklich schon beim nächsten Sprung sind: Im ersten Quartal sollte das Geschäftsmodell innoviert werden, doch kurz darauf ging es dann um New Work, dann gab es einen hektischen Umzug ins neue Headquarter, wofür alle Prozesse abgebrochen wurden (wie überraschend kann die Fertigstellung eines Bauprojekts sein?), dann ging es kurz um Nachhaltigkeit, und dann erinnerte man sich wieder an die Auseinandersetzungen mit dem Geschäftsmodell.

Wir allen kennen Menschen, die beim Aufstehen an die E-Mail denken, beim E-Mail-Schreiben schon an das Meeting, beim Meeting schon an die Beschlussvorlage, beim Verfassen der Beschlussvorlage schon an das nächste Aufstehen und an die E-Mail, das Meeting usw. Na ja, wir kennen uns ja selbst. In der Reparaturmoderne, in der unsere Vorgängergenerationen uns einiges zum Ausbessern überlassen haben, gibt es eben viel zu tun, besonders für ambitionierte Menschen und Unternehmen. Aber gerade diese Reparaturmoderne verlangt, dass wir die Herausforderung nun richtig und reflektiert angehen und nicht einfach nur anders falsch machen.

Die Gehetztheit hat außerdem einen hohen kognitiven Preis. Das menschliche Gehirn hat selbstverständlich Grenzen, was Aufmerksamkeit, Erinnerungsvermögen und die Verarbeitung von Informationen angeht. Multitasking überschreitet diese Grenzen, Monotasking wäre eigentlich ein viel wichtigerer Anglizismus. Wenn Arbeitende aber vor lauter Hetzerei nie ganz bei der Sache sein können, nie in den Flow geraten, führt dies auch zu der allseits zu beobachtenden Sinnleere (➤ Sinn).

Es gibt deshalb wohl nichts, an dem man unsere toxische Arbeitskultur und unser umweltschädliches Dogma in der Arbeitswelt so unmittelbar und direkt erkennen kann wie an unserem Umgang mit Zeit. Keine anderen Praktiken verdeutlichen so stark, wie wir uns zu einem ausgebrannten Wrack machen und den Planeten zu einer Schutthalde. Das sind Praktiken, die in der Großen Beschleunigung, die noch nicht wusste oder wissen wollte, wie sehr der Planet leidet, recht gut funktioniert haben (➤ Planet). Zumindest wenn es darum ging, den Planeten und uns einzuheizen. Die Uhr, nach der wir arbeiten, ist auf Profit eingestellt und nicht auf Mensch, nicht auf Natur. Und heute stellen wir in ihrem Takt fest:

Für das Einlernen neuer, besserer und gesünderer Praktiken haben wir gar keine Zeit.

Zeitintensive Praktiken: Alles ist möglich – nichts geht mehr

Verantwortung ist eine zeitintensive Praktik. Krisen zu bewältigen ist zeitintensiv, Menschlichkeit ist zeitintensiv, gesellschaftliche Willens- und Meinungsbildung ist zeitintensiv. Und zeitintensive Praktiken sind heute in der Welt des Kronos auf Speed im Verschwinden begriffen, wie der Philosoph Byung-Chul Han schreibt: „Zeitintensiv ist auch die Wahrheit. Wo eine Information die andere jagt, haben wir keine Zeit für Wahrheit."[13] Wie können wir uns Zeit nehmen für verantwortungsvolle Entscheidungen? Für Erkenntnisgewinn? Für ein Erneuern von Ressourcen, unserer eigenen sowie der natürlichen?

Eine der größten Herausforderungen für unsere Arbeitswelt besteht darin, sich von dem reinen Fokus auf Busyness zu lösen, um Zeit für zeitintensive Praktiken zu gewinnen. Natürlich können und wollen wir kein klösterliches Leben in der Arbeitswelt führen, aber wir müssen lernen, organisiert und diszipliniert zu sein, wenn es darum geht, uns mit wichtigen Entscheidungen zu beschäftigen, die eben nicht gehetzt zu beantworten sind: Fragen, die mehr als ein reines „Weiter so" betreffen.

Deshalb ist heute eines der größten Probleme in unserer Unternehmenswelt nicht, dass zu wenig getan wurde, sondern zu viel von allem – zu viele Ablenkungen und Unterbrechungen, zu viel, das nur der Form halber getan wird, zu viel Halbherziges, Halbgares und insgesamt eben zu viel Gehetze. Einfach alles abarbeiten. Willkommen in der Zuvielisation! Dieser Modus erschwert uns, zwischen Wichtigem und Unwichtigem zu unterscheiden, was ja eigentlich der Kern von jeder gebildeten Auseinandersetzung ist. Jahrhundertherausforderungen wie Klimakrise oder digitale Transformation können wir aber nicht bewältigen, wenn sie nur ein weiteres To do auf einer Liste abzuhetzender Dinge sind. In diesem „rasenden Stillstand" ist dann alles möglich – aber nichts geht mehr.[14]

Wir müssen die Fetischisierung von Busyness beenden

Nun ist dieser gehetzte Umgang mit Zeit nicht nur etwas, was wir selten hinterfragen, nein, wir glorifizieren ihn sogar. Praxeologisch gesprochen: Wir haben erlernte positive Gefühle für diese Praktiken des Hetzens. Ein Manager berichtet mir, dass ihm schon in der Schulzeit in den 1990ern eingetrichtert worden sei, dass jede Pause Produktivität koste. Es gibt unzählige Beispiele dafür, wie sehr wir Gehetztsein und Busyness als Maßstab für gutes Business und funktionierendes Arbeiten ansehen. Wir leben in einer Zeit, in der es beispielsweise viel normaler ist, am Wochenende eine Arbeits-E-Mail zu schreiben, als in der Arbeitswoche ins Kino zu gehen. Es viel normaler ist, einen Vormittag mit acht Zoom-Calls vollzustopfen, als die Zeit nur einer schwierigen Herausforderung zu widmen und sich die Nachdenkzeit zu nehmen, die manche Themen eben brauchen. Wir leben in einer Zeit, in der es für die meisten schon wie eine postkapitalistische Utopie wirkt zu schlafen, wenn man müde ist, und aufzustehen, wenn man sich erholt hat, so die Kulturhistorikerin Mika Tokumitsu.[15] Wir alle kennen Jobs, in denen man sich tagsüber durch Calls und E-Mail-Berge kämpft, um dann Abends irgendwie zu den wichtigen kognitiven Nachdenkaufgaben zu kommen. Das ist in unserer Welt alles normalisiert.

Wer davon spricht, dass sie „wieder viel zu viel Termine hat", oder dass „die Arbeit mich wirklich ganz in Schach hält", dass er „leider zu busy ist für den Spaziergang im Park" oder dass sie „eine krasse Deadline hat und gar nicht weiß, wie sie diese bewältigen soll", sagt das nicht mit der Haltung eines geschundenen Arbeitssklaven oder eines sehr schlechten Projektmanagers, sondern mit einem gewissen Stolz. In einer Welt, die sich mit großer Eile an den Abgrund heranarbeitet, gilt es auch noch als besonders verdienstvoll, überarbeitet zu sein. Schaut her, wie dumm ich arbeite!

Der Organisationsforscher Sascha Friesike beobachtet, dass auch in den Utopien zur Zukunft der Arbeit dieser Fetisch seinen Glanz behält.[16] Man möge doch nur einmal „Zukunft der Arbeit" in der Google-Bildersuche eingeben, sagt er, und was man dort finde, seien Arbeitswelten, in denen kein Mensch zur Ruhe kommen und sich auch nur für ein paar Minuten am Stück konzentrieren könne. Es gibt große wuselige Lounges, es gibt zahlreiche Aufgeklappte-Laptops-und-Kaffee-Situationen, sehr viel buntes Chaos. Diese Zukunftsbilder zeigen mehr eine Art „Wo ist Walter?“ für Hipster als eine Vision der fokussierten Wissensarbeit. Wie soll man in diesen Welten je etwas Anständiges erledigt bekommen?, fragt Friesike vollkommen zu Recht.

Besinnungslose Betriebsamkeit

In der Arbeitswelt ist das Gehetze ganz natürlich und internalisiert. Dies hat viel mit der spezifischen Form unserer nun oft postindustriellen Arbeit zu tun, wie der Psychologe Stefan Grünewald erklärt.[17] In der Welt des Handwerks waren wir nach einem Arbeitstag stolz, ein Werk verrichtet zu haben, etwas Haptisches geschaffen, etwa einen Tisch gebaut zu haben. Wir waren rechtschaffen müde, das Werk war anfassbar und konkret anschaulich in der Welt. Auf Anspannung folgte Entspannung. Heute in der postindustriellen Welt ist der Mensch während seiner Arbeit an so vielen digitalen Prozessen beteiligt, dass er am Ende des Tages gar nicht weiß, was er gemacht hat, die Produkte sind nie ganz fertig, selten anfassbar, was uns eben nicht das Gefühl einer fertigen Leistung gibt. Wir spüren nur: Da war wieder sehr viel – Telefonate, E-Mails, Besprechungen, Präsentationen, Abstimmungen. So wird allein der Grad der Erschöpfung zum Maßstab des Erfolgs. Grünewald nennt dies die „besinnungslose Betriebsamkeit“. Die Arbeitsforscherin Linda Empson fragt deshalb zu Recht: „Wenn du so erfolgreich bist, warum arbeitest du dann noch 70 Stunden die Woche?“[18]

Unanfassbarkeit, sozusagen das Unkonkrete, sowie Unsicherheit gehen bei der postindustriellen Arbeit Hand in Hand. Das Ergebnis sind Hetzerei und Stress. Im postpandemischen Büro mit mehr Remote-Arbeit und weniger Reise- und Pausenzeit verdichtet sich diese Gehetztheit noch einmal. Und mit dieser Verdichtung schließen sich auch die Scheuklappen gegenüber allem, was außerhalb des Dogmas des Gasgebens liegt: Wir verlieren den Blick für alles, was schiefläuft, wir verlieren die Freiheit für ein Handeln außerhalb ausgetretener Wege, wofür man eben einmal kurz innehalten und umdenken müsste.

Um die Arbeitswelt zu enthetzen, sind jetzt drei Dinge essenziell: Wir müssen verstehen, dass hektische Aktivität nicht das Gleiche ist wie Schnelligkeit. Wir müssen uns selbst, unsere Psyche und unseren Körper besser beobachten, um der Gehetztheit im richtigen Moment zu entkommen. Und wir müssen die zyklische Zeit in uns und um uns herum verstehen, die mit der linearen Zeit unseres Arbeitens auf ganz gefährliche Art kollidiert.

Weniger machen heißt mehr richtig machen

Es ist faszinierend, wie sehr wir dazu neigen, Gehetztheit mit Schnelligkeit zu verwechseln. Dabei kann man doch schnell sein, ohne gehetzt zu sein – eben im Flow. Und aus eigener Erfahrung: Man kann auch sehr gut gehetzt sein, ohne wirklich voranzukommen. Gehetzt zu sein ist ein Zustand der Angst, des Gefühls der Eile, oft sogar des Nicht-genug-Seins, ein innerer Druck, der sich sehr zwingend und selbstverständlich anfühlt. Das ist alles nicht der Fall, wenn wir schnell sind, dann sind wir ganz bei der Sache, in uns gekehrt, ohne ablenkende, ohne oft auch selbstabwertende Gedanken.

Klar, wir alle wollen Leistung und schnelle Ergebnisse liefern. Das gibt uns das Gefühl, dass der Laden in Bewegung ist. Aber es ist wichtig, Bewegung nicht mit Effektivität zu verwechseln. Wichtig ist, dass Bewegung einer Richtung folgt. Sonst ist es hektisches Zittern. Für viele der führenden Tech-Unternehmen, von denen Außenstehende glauben, sie hätten im Sturm die Welt erobert, war eigentlich konzentrierte Geduld die Superpower. Geduld bedeutet zu verstehen, dass ein Übernachterfolg zehn Jahre Vorbereitung braucht. Die Leistung dieser Unternehmen war es, sich auf eine Sache punktuell und intensiv zu konzentrieren, und damit auch die Fähigkeit zu entscheiden, was nicht zu tun ist, und das sein zu lassen – *find the one thing and slow down to go fast*, lautet ein Silicon-

Valley-Mantra, das einen gewaltigen Unterschied zu vielen Konzernen zeichnet. Dort eher: *Do everything faster!* In Start-ups ist gutes Leadership hingegen vor allem Meta-Problem-Solving, also ein Nachdenken über das Problemlösen auf der Arbeit und ein Blick darauf, dass die richtigen Probleme die richtige Zeit der Problemzuwendung bekommen.

Weniger erfolgreiche Unternehmen hetzen stattdessen, was dort oft eine hohe Form des Schauspiels annimmt: Wir machen Kolleginnen, Vorgesetzten und mittlerweile oft auch Freunden sehr gern vor, wie unglaublich beschäftigt wir sind. Das gibt uns eine Art von Validierung. Wir inszenieren uns als Helden der Arbeit und lenken uns und andere damit auch von unangenehmen Themen ab. Zu sagen, dass man die letzten sechs Stunden an dem einen tüfteligen Problem gebastelt hat und dass es noch etwas Zeit braucht, weil es echt schwierig ist, wird nicht goutiert. „So viel Zeit möchte ich auch einmal haben", sagen die Leute und wenden sich wieder ihren PowerPoint-Folien zu. Reflektierendes Arbeiten an einem echten Problem wird von Arbeitssimulanten nicht als wirkliche Arbeit bewertet. Stille Bewunderung dagegen, wenn ich etwa sagte, ich sei in den letzten sechs Stunden in zehn Meetings gewesen. Das macht die Hetzerei dann eben auch so ansteckend. Wir erleben in der Arbeit eine soziale Norm zur Ineffizienz. Ein teurer Spaß: Angestellte in Deutschland verbringen bei einer 40-Stunden-Woche etwa 1,5 Tage in Meetings, von denen durchschnittlich 35 Prozent irrelevant sind. Die Studie, die dies untersucht hat, fügt auch eine Kostenschätzung hinzu: Allein die Zeit durch irrelevante Meetings verursacht für Unternehmen jährliche Kosten in Höhe von etwa 114 Milliarden Euro (wie viel Knoppers man davon kaufen könnte!).[19] Das vorgeblich Ökonomische, der volle Kalender, die „wichtigen" Meetings, all das entpuppt sich als ausgesprochen unökonomisch.

Vordenker wie der Publizist Markus Albers werden deshalb nicht müde zu betonen, wie wichtig Asynchronität in einer Welt ist, in der man sich jederzeit mit allen möglichen Menschen in Echtzeit zusammenschalten kann.[20] Wir haben so mächtige digitale Werkzeuge zur Hand, so Albers, doch in unserem Umgang mit ihnen müssen wir lernen, wann wir uns von ihnen unterbrechen lassen wollen. Asynchronität heißt, dass wir in der Arbeit größere Zeitspannen definieren, in denen wir nicht gestört werden und so konzentriert arbeiten können. Es gibt Unternehmen, die deshalb wieder mehr auf E-Mails setzen oder – ganz spannend – ihre Mitarbeiter ermutigen, statt andere mit Zoom-Calls zu unterbrechen, diesen ein Video zu schicken. Ich bin übrigens sehr glücklich damit, seit zwei Jahren vormittags keine Videokonferenzen mehr zu machen.

Selbst rein gewinnorientierte Organisationen, denen die Umwelt so gleichgültig ist wie mir das Outfit von Kim Kardashian auf der letzten Met Gala, müssten also eigentlich verstehen, dass diese *glorifaction of being busy* nichts mit Produktivität zu tun hat, dass „gehetzt" eben oft das Gegenteil von „schnell" ist, genauso wie „gut gemeint" das Gegenteil von „gut gemacht". Mit dieser Erkenntnis wären alle Unternehmen für eine Zukunft der Arbeit, die aus verantwortungsvollem Wirtschaften in vernetzten Ökosystemen, vorsichtigem Einschätzen von Risiken und einer radikalen Bereitschaft zum Lernen besteht, einfach besser gewappnet.

Arbeitshelden im Urlaub

Jenseits der organisationalen Gehetztheit müssen wir im Sinne der Praxistheorie (➤ Theorie) die zugrunde liegenden Routinen erkennen, mit denen wir Gehetztheit jeden Tag neu ins Spiel bringen. Wir müssen für eine enthetzte Zukunft unsere eigenen Praktiken beobachten: Transformation braucht innere Transformation. Der Achtsamkeitsexperte Gil Fronsdal empfiehlt all jenen, die im Gehetztsein gefangen sind, zunächst eine Vollbremsung: Wie wäre es, in dem Moment, in dem man merkt, wie das Gehetztsein aufkommt, radikal zu stoppen, alles stehen und liegen zu lassen?[21] Dann ganz genau zu spüren, wie sich der Körper schon verkrampft hat. Oft erkennen wir den Moment aufkommender Gehetztheit gar nicht mehr, so Fronsdal, dafür gilt es aber, ein Bewusstsein zu schärfen. Allein auf körperlicher Ebene (➤ Körper). Die Gehetztheit in unserer Gesellschaft ist so allgegenwärtig, dass sie scheinbar ohne Gründe auskommt, sie ist einfach nur da. Wichtig ist es deshalb, die Quellen dieses Drucks erkennen zu wollen und zu können. Zu verstehen, was auf dieser Bühne eigentlich für ein Stück gespielt wird. Das Erkennen von dem, was Gehetztheit auslöst, was uns verkrampfen lässt, mag unangenehm sein, genau deswegen hat Busyness ja so eine ablenkende Funktion. Dahinter liegen vielleicht ein Festkrallen an Glaubenssätzen und manchmal sogar tief sitzende Ängste, wie etwa nur einen Wert zu haben, wenn man besinnungslos busy ist.

Wie machtvoll die Verdrängungsfunktion der Gehetztheit ist, können wir im Urlaub erleben: Da haben wir ganz viel Zeit. Was unangenehm sein kann. Nun bekommen Themen, die wir verdrängt haben, ihren Zeit-Raum. Ein Grund dafür, warum wir uns im Urlaub mehr streiten. Themen gelangen an die Oberfläche, es scheint schwer, sich mit Busyness abzulenken. Und man kann ja nicht schon Vormittags mit einem Spritz anfangen. Im Urlaub haben wir die Chance und das Risiko zugleich, uns selbst zu hinterfragen – vielleicht auch unser Arbeiten. Das ist ein Grund, warum ein Recht auf Freizeit so wichtig ist.

Aber viele können es nicht lassen. Sie quälen sich im Urlaub mit einem Gebirgsmarathon ab oder mit anderen leeren Leistungen, lenken sich also wieder mit Busyness ab und machen den Urlaub zur Arbeit – diesen Treiber vermute ich auch hinter dem Phänomen Workation, der Idee, im Urlaub zu arbeiten, die seit der Pandemie die Runde macht. Die große Denkerin Susan Sontag hat schon in den 1970er Jahren beobachtet, dass sich insbesondere Touristen aus Ländern mit heftiger Arbeitsethik (Japan, Deutschland, USA) im Urlaub gern auf etwas stürzen, das sie an Arbeit erinnert.[22] Sie fotografieren dann unaufhörlich alles ab, was ihnen vor die Nase kommt. Sie fotografieren, als würden es von ihnen allein abhängen, das Gesamtphänomen Paris, Florenz oder Istanbul für die Nachwelt zu bewahren. Zuhause klagen sie dann, dass sie für ein Sortieren der Fotos gar keine Zeit mehr haben. Durch die Hektik des Knipsens und Filmens kamen im Urlaub zumindest keine unangenehmen Themen auf. Und damit auch keine Chance, sich zu verändern, weder im Urlaub noch auf der Arbeit.

Zyklische Zeit vs. lineare Zeit – ein Missverständnis, das den Planeten an den Abgrund bringt

Dass ein besserer Umgang mit Zeit auch verantwortungsvolleres Arbeiten im Anthropozän bedeutet, liegt auf der Hand: Wir brauchen mehr Zeit, um jenseits des Standardmodus Entscheidungen zu treffen und nicht unreflektiert zu handeln wie die gestressten Haftrichter. Mehr Zeit, um ein Auge für Abweichungen wie Umweltvergehen zu haben und andere als „normal" geltende Dinge zu Abweichungen zu erklären. Mehr Zeit, um sich Themen zu stellen, die wir verdrängen – ich hätte da ein „kleines": die Erde! Wir brauchen mehr Zeit, um Arbeit innerhalb der planetaren Grenzen zu verbessern und nicht gehetzt über alle Grenzen hinaus falsch zu arbeiten. Langsames Vorgehen wird uns diesen Ort am schnellsten bringen.

Doch die Verknüpfung zwischen Zeit und Umwelt ist noch grundsätzlicher, wenn wir den Zeitforschern Jonas und Karlheinz Geißler folgen.[23] Für den dritten Ansatz (neben dem Verständnis, dass gehetzt nicht das Gleiche wie schnell ist, und dem Wahrnehmen der inneren Gehetztheit) bringt das Geißler'sche Vater-und-Sohn-Duo eine wichtige Unterscheidung ins Spiel: Es gibt die Rhythmik von Maschinen und die Rhythmik der Natur. Als biologische Wesen ist unser Zeitverständnis ein zyklisches, ein Auf und Ab, wie die Jahreszeiten, Tag und Nacht, der weibliche Zyklus, wie auch das eben nur zeitweise Wachsen und dann wieder Weichen von Ökosystemen.

Unser Arbeiten folgt aber einem linearen, maschinellen Zeitverständnis, so Geißler und Geißler weiter, folgt einem Sekundenzeiger, tick-tick. Mit jeder Sekunde kommt eine Sekunde dazu, tick-tick. Mit dieser Logik muss jedes Wachstum ins Unendliche gehen, tick-tick, so zerarbeiten wir auch uns über jegliche Belastungsgrenzen hinaus, tick-tick, und so bauen wir die planetaren Ressourcen ab, tick-tick. Wir sind als Kulturwesen Anhänger einer linearen „Zeit ist Geld“-Logik, und zugleich bleiben wir doch auch Naturwesen. Damit sind wir auf Regeneration angewiesen, müssen also ein zyklisches Zeitverständnis respektieren. Genau hier begegnen wir wieder der Zweigesichtigkeit des Menschen im Anthropozän. Dass wir unser zyklisches Zeitverständnis wieder mehr achten sollten, das ruft uns all das Dingliche in unseren Praktiken schmerzhaft in Erinnerung: die ökologischen Ressourcenkrisen, die vom Burnout ausgebrannten Arbeitenden, die unter der Arbeit ächzenden Körper.

Für Geißler und Geißler sind Umweltkrisen deshalb im Kern Zeitkrisen. Wir erliegen einem Missverständnis, wenn wir alles einem linearen Zeitverständnis opfern. Wie die antiken Griechen brauchen wir zwei Begriffe für Zeit. Es gibt eine Zeit für Anspannung, wo mir der Gott Kronos im Nacken sitzt, und es gibt eine Zeit für Entspannung, die ebenso ein produktiver Teil der Arbeit ist, wo mir Kairos begegnet, der junge Gott der Gelegenheit. Diesen Unterschied zu verstehen, sollte zu einer tiefen Grundeinsicht für ein enkeltaugliches Wirtschaften werden. Die mosaische Traumdeutung im Buch Genesis gibt einen ähnlichen Rat: Bedenke, sagt Josef dem Pharao, dem CEO des alten Ägypten, dass auf sieben fette Jahre sieben magere Jahre folgen. Verausgabe dich nicht, und halte Raum für Phasen der Ruhe. Das macht Josef nicht nur zum ersten Strategieberater der Geschichte, sondern auch zum Urvater des regenerativen Arbeitens.

Zeitvielfalt ist für Geißler und Geißler das Schlüsselwort für ein zyklisches Zeitverständnis innerhalb bestehender Arbeitspraktiken. In einer Wirtschaft, die von ihren Folgen immer mehr eingeholt wird, sei „es nicht länger produktiv, allein die Schnelligkeit zu kultivieren, sondern verschiedene Zeitformen, die in ihrem Zusammenspiel die Regeln der Marktwirtschaft mit den ökosozialen Folgen verbinden“.[24]

In der Gegenwart der Sinnkrisen und der immer auch notwendigen Regenerationsbedürfnisse müssen Arbeitsorte zu Reallaboren der Zeitvielfalt werden, wo etwa Jobsharing, die Viertagewoche und andere Arbeitszeitmodelle ausprobiert werden. Auch jenseits der Arbeitszeitreduktion experimentieren Organisationen deshalb mit Entschleunigung. Ich durfte ein Unternehmen begleiten, in dem es Stillarbeitszonen und ganze Korridore gibt, in denen Telefonate und Meetings nicht getätigt werden dürfen und eine ruhige Atmosphäre herrscht – mit extraflauschigen Teppichböden! Und es gibt Unternehmen, die dem Nappuccino frönen: einem Cappuccino, gefolgt von einem Nickerchen.

Gestatten, ich bin der Löwe

Im Theorieteil habe ich erklärt, warum ich keinen Ratgeber schreibe (➤ Theorie). Neue Wege entstehen im Gehen, und diese Wege werden immer eigensinnig sein: abhängig von der jeweiligen Situation in der jeweiligen Organisation, nicht ein Schema F für alle möglichen Kontexte. Ich kann niemandem das Gehen dieser Wege abnehmen, kann nur versuchen, Richtungsgeber zu sein. Doch geht es um einen gesunden Zeitumgang, kann ich relativ konkret werden. Die zeitliche Organisation von physiologischen Prozessen wird in der Chronobiologie seit Jahren umfassend erforscht, und weil es um etwas Physiologisches geht, lassen sich einigermaßen generalisierbare Hinweise ableiten – man könnte fast sagen: Time-Hacks!

Ich habe das Glück, über meine Zeit flexibel zu verfügen, was zunächst eher zu einer Verdichtung als zu einer Zeitvielfalt führte. Die Große Beschleunigung ist eben auch in unseren Köpfen. Zunächst war ich einfach die ganze Zeit auf Vollgas. Selbstbestimmt am Limit, jippie! Dann lernte ich Sebastian Kernbach kennen, einen Life-Design-Forscher. Er zeigte mir, dass wir Menschen unterscheidbare Zeitzyklen haben, die wir kennen und beachten sollten. Er zeigte mir, dass wir verschiedene Chronotypen sind. Dass unterschiedliche Menschen unterschiedliche innere Uhren haben, zeigt auch die alltagssprachliche Unterscheidung zwischen der früh aufstehenden Lerche und der nachtaktiven Eule. Doch die Chronotypen sind da viel genauer. Dort gibt es Bären, die bei Sonnenaufgang langsam und behäbig aufwachen, gegen Mittag aktiv und zum Nachmittag langsam (bären-)müde werden. Es gibt aber auch Wölfe, die morgens schläfrig sind und im Laufe des Tages immer aktiver werden und erst kurz vor Tagesende am aktivsten sind. Und es gibt Löwen, die geborene Frühaufsteher sind: Sie haben ihre stärkste Zeit am Morgen, wachen schnell und voller Tatendrang auf, brettern den Gazellen hinterher und bauen dann stetig ab. Meistens haben die jeweiligen Leistungskurven ein klares Hoch, das je nach Typ morgens, mittags oder abends ist, meist haben sie dann aber noch ein zweites Plateau jeweils in der anderen Tageshälfte, die sogenannte zweite Luft.[25]

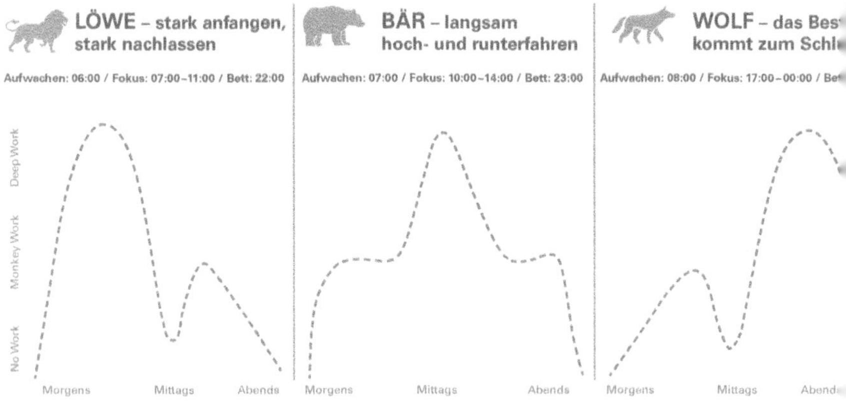

Drei Chronotypen

Zu wissen, dass ich ein Löwe bin – metaphorisch gesprochen, keine Sorge, mir geht's gut! –, hat mir dabei geholfen, die Vormittagszeit für „Deep Thinking" zu priorisieren und eben nicht am Anfang des Tages E-Mails zu schreiben, um abends daran zu scheitern, anständige Gedanken zu haben. Es hat mir auch geholfen, nicht mehr Menschen zu beneiden, die von ihren Nachtschichten schwärmen – der „All-Nighter" ist in Beratungskreisen ja ein merkwürdiges Statussymbol, mittlerweile auch an Universitäten. Man sollte keinen Wolf beneiden, wenn man selbst keiner ist. Das wäre eines Löwens nicht würdig. Mit dem Wissen darüber, welcher Typ man ist, auch welche Typen ein Mitarbeiter ist und wie Arbeitsprozesse entsprechend abgestimmt werden können, arbeiten mittlerweile recht viele Unternehmen gerade aus dem Tech-Sektor. Das macht die Mitarbeiter smarter, gesünder und auf dem Arbeitsmarkt attraktiver.

Unabhängig davon, welche Kurven man hat – das lässt sich gut herausfinden, indem man für ein paar Tage sein Energielevel im Stundenrhythmus notiert –, kommt das Spannendste erst. Beim genaueren Blick auf die jeweiligen Kurven zeigte mir Sebastian Kernbach weitere wichtige Phasen. Neben dem Höhepunkt der Leistungsfähigkeit, der beim Löwen links ist, beim Bären in der Mitte und beim Wolf rechts, gibt es auch Wendepunkte, an denen wir von einer Entspannung ganz langsam in die Anspannung übergehen oder von einer Anspannung in die absolute Entspannung: morgens beim Aufstehen, unter der Dusche, abends beim Kochen. In diesen Phasen erleben wir eine kognitive Lockerung, die für uns sehr wertvoll ist, gerade *weil* sie weitab ist vom Tunnel der Hyperanspannung. Diese Phase gilt es zu schützen und zu genießen. Auch für bessere Arbeit. Hier entstehen Ideen des Anders-Machens, hinterfragende Gedanken, unerwartete Einfälle und eben all das, was uns durch Gehetztheit entgeht. Mit meiner Tochter mache ich morgens früh eine Kinderwagenrunde – eine Strecke, die für uns so legendär ist wie der Große Preis von Monaco für die Formel 1 oder die Etappe über die Champs Élysées für die Tour de France. Natürlich mache ich diese Runde nicht, um auf bessere Ideen für meine Arbeit zu kommen. Die kommen aber in dieser Zeit ganz von allein. Weil ich mir die Ruhe dafür genommen habe.

In einer Phase wird stets ein typischer Fehler gemacht. Es ist die Phase, in der wir merken, wie die Energie absinkt. Das ist bei mir ungefähr zur Mittagszeit, das berühmte Suppenkoma. Die typische Reaktion unserer Arbeitswelt auf diesen Energieabfall ist das Tanken von einer Menge Koffein, letztlich ein Nervengift. Dies blockiert kurzfristig den Energieabfall. Aber, wie Sebastian Kernbach hervorhebt: Man kommt auch nicht auf ein zweites Plateau. Auf eine „zweite Luft“, die sich bei mir etwa am späteren Nachmittag einstellt und ideal zum Beispiel für das Abarbeiten von E-Mails ist. Wer mit einem doppelten Espresso versucht, die Energiephase zu verlängern, schneidet sowohl die entspannende Tiefphase als auch ein zweites Hoch radikal ab. Dann ist die Luft raus, und später ist sogar das E-Mail-Schreiben schwer. Wenn also Kaffee, dann nur mit Nickerchen im Anschluss als kleiner Nappuccino!

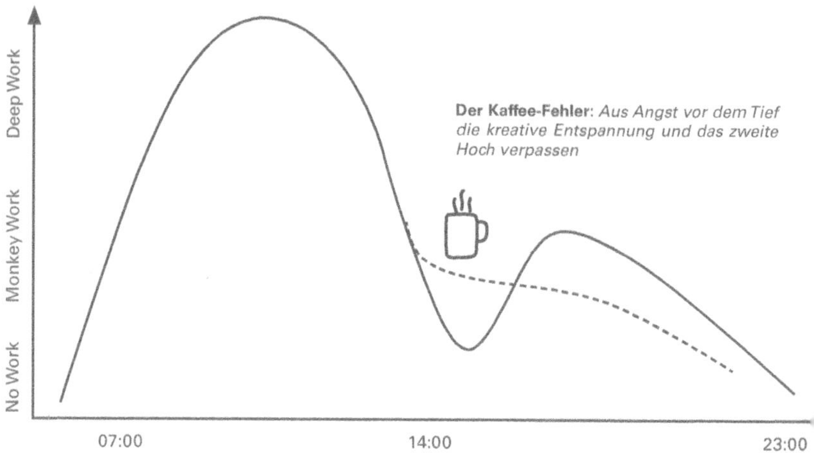

Der Kaffee-Fehler

Nobelpreiswürdige Forschung – könnte man ja mal beachten

Die Chronobiologen Jeffrey C. Hall, Michael Rosbash und Michael W. Young konnten nachweisen, dass die Grundeinstellung dieser Zyklen genetisch vorgegeben ist, wofür sie 2017 sogar den Nobelpreis bekamen. Auf die Arbeitswelt bezogen lässt sich ableiten, dass Menschen keine Maschinen sind, die dauerhaft auf ein Zeitregime der Gehetztheit eingestellt werden können oder sich umprogrammieren lassen. Wir sind natürliche Wesen mit natürlichen Rhythmen des Auf und Abs – auch wenn diese Wellenkurven jeweils unterschiedliche Formen annehmen. Missachten wir diese Rhythmen, steigt unser Risiko für Burnout und Krebs, weil unsere Reparatursysteme bei all der Gehetztheit nicht in Gang kommen – das hat Till Rönneberg erforscht.[26] Der Münchener Chronobiologe plädiert deshalb für einen Arbeitstag von 16 Stunden, innerhalb dessen dann aber alle arbeiten, wie es ihre Chronobiologie vorgibt:

Löwen schon ab 6 Uhr und Wölfe bis in die Nacht. Das Denken in Chronotypen ist nicht nur ein Time-Hack, es hilft auch, uns unserer zyklischen Natur zu nähern und damit unser Arbeiten mehr mit der Umwelt zu verbinden – vielleicht sogar Leben zu retten?

Hier ist also ein Praxiswandel gefragt. Das heißt für das Mindset beispielsweise: Wir brauchen eine Arbeitskultur, in der wir chronobiologische Unterschiede genauso berücksichtigen wie andere Diversity-Dimensionen, in der wir Deep-Work-Phasen respektieren und aufpassen, nicht einem Chronotype-Bias zu unterliegen. Will heißen: Bären sind nicht faul, weil sie so langsam auf Betriebstemparatur kommen, Wölfe keine manischen Chaoten, weil sie gern spät arbeiten. In Sachen Skillset sollten wir etwa wissen, welche Chronotypen ich und mein Team sind und wie ich Arbeit über die jeweilige Tageskurve verteilen kann. Dafür ist ein Toolset wichtig: Wir können schauen, dass wiederkehrende Meetings idealerweise für alle Chronotypen kompatibel sind, dass es vielleicht Ruheräume gibt, dass wir Surveys anbieten, mit denen wir unseren Chronotypen erfassen können.

Zweifelsohne ist die Möglichkeit der freien Zeiteinteilung zum größten Teil ein Privileg der Schreibtischarbeiter (wobei das Handwerk hier oft auch gute Karten hat) – Privilegien aber, die zum Wohle der Gesundheit, der Arbeit und letztlich auch der Allgemeinheit genutzt werden können. Viele andere Arbeitsfelder, wie die industrielle Schichtarbeit, sind viel tiefer in der maschinellen Logik. Das heißt aber nicht, dass die Arbeit, die beispielsweise am Fließband stattfindet, nicht auch von einem regenerativen Zeitbewusstsein profitieren würde: Es wird dort beispielsweise ignoriert, so Arbeitszeitexperte Guido Zander, „dass Schichtpläne mit 42 Stunden Wochenarbeitszeit so anstrengend sind, dass die zusätzlichen 2 Stunden wieder durch Krankheit verloren gehen und sich die Produktivität eher reduziert und insgesamt sogar weniger rauskommt als in einer 40-Stunden-Woche“.[27] Dieser Ignoranz liegt ein lineares Denken zugrunde, so Zander weiter, „kein Wunder, denn es ist so schön einfach und von Kindheit an erlernt. Wenn Emma in 1h 60 Äpfel pflücken kann, dann müssen es in 10h automatisch 600 sein. Die richtige Antwort ‚weniger als 600, weil Emma das Tempo nicht 10h durchhält', hätte wohl kein Mathelehrer akzeptiert."

Apropos Mathe: Während du all dies gelesen hast, hast du vielleicht schon 23-mal deine E-Mail gecheckt, wurdest 82-mal unterbrochen, hast vielleicht schon versucht, parallel zehn andere Sachen zu machen, oder warst bereits mental in der Zeit nach der Lektüre und all den wichtigen To-dos. Streiche doch mal eine Sache von deiner To-do-Liste, setze dich auf eine Parkbank, oder nimm dir für etwas anderes einfach einmal doppelt so viel Zeit. Vielleicht flitzt der schnelle Kairos herbei und setzt sich zu dir auf die Bank?

8 Sichtbarkeit
Von unsichtbarer Arbeit zur Wahrnehmung, was den Laden am Laufen hält

„Sie nennen es Liebe.
Wir nennen es unbezahlte Arbeit.“
Silvia Federici[1]

Bevor es ans Eingemachte geht – und das wird es bei dieser Veränderungsdimension zweifellos! –, zunächst ein kleiner Ausflug: Wir begeben uns in den überfüllten Hörsaal einer amerikanischen Ostküstenuniversität der 1970er Jahre. Cordhosen, Lockenmähnen, riesige Brillen. Andächtige Stille, Bleistifte kratzen auf Notizblöcken. Wir lauschen einer Vorlesung der weltberühmten Anthropologin und mittlerweile recht betagten Margaret Mead. Eine Studentin nimmt all ihren Mut zusammen, meldet sich und fragt die Koryphäe, was das erste Zeichen von menschlicher Zivilisation gewesen sei. Der ganze Hörsaal rechnet mit einer Antwort, in der es etwa um Angelhaken, Tontöpfe oder Feuersteine geht. Manche schütteln den Kopf über diese Erstsemesterfrage. Aber nein. Mead beginnt, einen fünfzehntausend Jahre alten menschlichen Oberschenkelknochen zu beschreiben. An diesem speziellen Fund eines prähistorischen Knochens lasse sich etwas Besonderes erkennen, so Mead: Der Knochen war einmal gebrochen, aber konnte dann wieder verheilen. Ein Tier stirbt, wenn es sich das Bein bricht, sagt Mead: „Es kann nicht vor einer Gefahr weglaufen, nicht zum Fluss gehen, um zu trinken, nicht nach Nahrung jagen. Es wird einfach zur Beute für umherstreifende Fressfeinde. Kein Tier überlebt einen gebrochenen Oberschenkel lange genug, um den Knochen heilen zu lassen."[2] Ein gebrochener verheilter Oberschenkelknochen aber zeigt, dass sich jemand anderes die Zeit genommen hat, beim Verletzten zu bleiben, die Wunde zu verbinden, die Person in Sicherheit zu bringen und sie bis zur Genesung zu pflegen – „Jemandem in einer schwierigen Situation zu helfen, das ist der Beginn der Zivilisation."

Was ist der Sinn von Wirtschaft?

Schauen wir nun auf unsere gegenwärtige Zivilisation, auf Ökonomie und Arbeitswelten. Stell dir dazu einmal vor, wir hätten bei allen Berechnungen, mit denen wir diese Systeme auf Spur halten, mit den Bruttoinlandsprodukten, den Gewinn-und-Verlust-Rechnungen, den Arbeitslosenquoten, den größten Faktor einfach übersehen. Und stell dir vor, die Lohnlücke zwischen Männern und Frauen läge in Deutschland gar nicht bei 18 Prozent, was ohnehin schon der vorletzte Platz in der EU ist, sondern – wenn wir diesen übersehenden Faktor miteinberechnen – bei mehr als 45 Prozent?

Das ist kein Fiebertraum eines um den Schlaf gebrachten Volkswirts. Das ist die Realität, denn unser Wirtschaftsbegriff hat tatsächlich diesen massiven blinden Fleck. Bei diesem systematisch übersehenen und herausgerechneten Wertschöpfungsfaktor handelt es sich um die Care-Arbeit, um die un- und unterbezahlte Arbeit, die alle Tätigkeiten des Sorgens und Kümmerns umfasst: das Pflegen von Alten, das Betreuen von Kindern, die Nachbarschaftshilfe, das Engagement in der Umwelthilfe oder im Sportverein, die emotionale Arbeit für den Freund, der seinen Job verloren hat, das Aufräumen, Spülen, Kindergeburtstagsgeschenkebesorgen.

Dass wir uns umeinander kümmern, macht uns erst zum zivilisierten Menschen, wie Mead sagt. Dass wir uns aber im abgedunkelten Hintergrund der Arbeitswelt um so vieles kümmern, das macht auch die Ökonomie erst zu jener gut geölten Maschine, die auf dem Rücken von größtenteils Frauen richtig Gas geben konnte (➤ Planet).

Ökonomie, was war das noch mal? War das nicht die Sorge um den gemeinsamen Welthaushalt (Oikos bedeutet schließlich Haushalt und Nomos das für alle geltende Gesetz)? Die feministische Theologin Ina Praetorius sagt, dass Wirtschaften im eigentlichen Sinne Care ist.[3] Alle Menschen sind vom ersten bis zum letzten Tag ihres Lebens bedürftig. Weshalb sich fast alle an den zahlreichen Praktiken beteiligen, die sich „Arbeiten“ oder „Ökonomie“ nennen. Wirtschaften ist also nichts anderes als die Fürsorge von Menschen dafür, dass alle bekommen, was sie zum Leben brauchen. Damit das Zusammenleben gelingt, brauchen wir sicher auch Bankdirektorinnen, aber eben auch ganz fundamental Care-Arbeit: den Vater, der sich zuhause um seine Kinder kümmert, die ehrenamtliche Schwimmlehrerin, den Krankenpfleger.

Schockierende Zahlen zur Care-Arbeit

Wir müssen feststellen, dass in einer dreifachen Ironie ein Großteil dieser essenziellen Care-Praktiken nicht bezahlt, nicht berechnet und nicht von Männern geleistet wird. Eben unsichtbar gemacht wird. Wäre Care-Arbeit auch nur mit Mindestlohn entlohnt, so die Ökonomin Mascha Madörin, wäre sie in der Schweiz mit 360 Milliarden Euro der größte Wirtschaftszweig, noch vor Banken und Pharmaindustrie.[4] Und sogar vor Luxusuhren und Fiskalkreativität!

In Deutschland zeigt die Lebenseinkommenslücke (Gender Lifetime Earnings Gap), dass Frauen über das ganze Leben hinweg 49 Prozent weniger Einkommen als Männer erzielen.[5] Die Gehaltskurve der Frauen steigt nur halb so hoch wie die der Männer. Schauen wir uns den Verlauf der Kurve genau an, sehen wir auch, wo die beiden Kurven am deutlichsten auseinandergehen: nach der Geburt eines Kindes. In diesem Moment passiert etwas, was die Ungleichheitsökonominnen „Post Maternity Drop“ nennen: Um durch das Spannungsfeld zwischen Familie (d. h. unbezahlter Care-Arbeit) und bezahlter Arbeit zu navigieren, verlassen Frauen die Lohnarbeit, steigen danach oft nur in flexible Teilzeitjobs ein, die häufig im Niedriglohnsektor liegen und selten Aufstiegschancen bieten.[6] Diese Lebenseinkommenslücke steht also in einem direkten Zusammenhang zu der Care-Arbeits-Lücke zwischen Frauen und Männern. Vor der Geburt eines Kindes gehen die beiden Gehaltskurven lange nicht so weit auseinander – es geht also eben nicht darum, dass Frauen „einfach Karriere nicht wollen". Die Care-Arbeits-Lücke befindet sich dann auch – wenig überraschend – in einer ähnlichen Größenordnung wie das Gender Lifetime Earnings Gap: Sie liegt bei 52 Prozent – sprich: Frauen leisten also 1,5-mal so viel unbezahlte Care-Arbeit wie Männer.

Und dann gibt es noch den unterbezahlten Teil der Care-Arbeit, den wir ja schon irgendwie als Arbeit begreifen, den wir sogar in Krisenzeiten mit dem Prädikat „systemrelevant" versehen und mit Balkonapplaus würdigen. In der Pandemie wurde deutlich, wie sehr auch diese Krise von Frauen gestemmt wurde: In Kliniken machen die weiblichen Beschäftigten 76 Prozent aus. Ärztinnen, Schwestern, Hebammen und das Reinigungspersonal. Im Lebensmittelhandel sind es 73 Prozent. Plus 92,9 Prozent Pädagoginnen im Kindergarten.[7] Alle verdammt systemrelevant, alle verdammt am Limit. Genau wie unser Planet.

Die Zwillingskrise unbezahlter Arbeit: zulasten von Frauen und Natur

Die Parallele zur Umweltkrise drängt sich auf: Auch dort bereichern wir uns an Ressourcen, auf dessen Regeneration und Unterhalt wir keinen Wert legen. Wir blenden Umweltfolgekosten aus. Wenn nach Ina Praetorius die Wirtschaft daraus besteht, allen zu geben, was sie zum (Zusammen-)Leben brauchen, dann müssen wir im Anthropozän (➤ Planet) diese Vorstellung auch auf die nichthumane Welt ausweiten, zu der wir ebenfalls in Abhängigkeitsverhältnissen stehen, die uns ebenfalls das Wirtschaften erst ermöglicht. Auch die Natur bietet uns unbezahlte und doch so nützliche Fürsorgearbeit an.

Diese Arbeit der Natur nennen Wissenschaftlerinnen Ökosystemleistungen.[8] Dazu gehört zum Beispiel die Produktion von Gütern, so unterschiedlich wie Holz, Meeresfrüchte, Futtermittel, biomassebasierte Brennstoffe, Naturfasern, zahlreiche natürliche Arzneimittel und die natürlichen Vorprodukte von unzähligen Industrieprodukten. Dazu gehören aber auch Dienstleistungen der Reinigung, des Recycling und der Erneuerung, etwa von Abwasser oder Luft. Obendrein ermöglicht die Natur sogar kulturelle Angebote zur Freizeitgestaltung, wie die Waldwanderung oder den Tag am Meer, die sogar spirituelle und religiöse Bedürfnisse erfüllen können.

Beide Regenerationssysteme, ob Natur oder Care, werden nicht angemessen bepreist und daher auch nicht in ihren Leistungsgrenzen wahrgenommen: Es ächzt in dieser Logik die fürsorgende Mutter (oder der Vater) genauso wie der Sauerstoff spendende Baum, der zwischen immer mehr versiegelten Flächen sein Dasein fristen muss. Die globalen Berechnungen für unbezahlte menschliche Arbeit schwanken zwischen 70 und 80 Prozent des weltweiten Bruttoinlandsprodukts; für Ökosystemleistungen sogar zwischen 70 und 250 Prozent des Bruttoinlandsprodukts.[9] Man sieht also: Das ist kein blinder Fleck, das ist ein ganzer Kontinent. Ihn mitzudenken, würde unsere Ökonomie komplett umkehren – weshalb es auch nicht geschieht.

Dabei sind Natur und Care nicht nur die zwei Systeme, die wir ausbeuten, sondern auch die zwei Systeme, die wir zur Regeneration überhaupt zur Verfügung haben. Systeme, die für eine bessere Zukunft der Arbeit in den Vordergrund gehören. Und zusammengebracht werden müssen: „In den Unternehmen sind es die Frauen, die wissen, wie man über den Klimawandel spricht“, so deshalb Rachel Delacour, Gründerin einer Softwareplattform für CO_2-Reduktion. Auch wenn Aussagen, die die Menschheit in zwei homogene Gruppen teilen, meistens mit Vorsicht zu genießen sind, sollten wir Folgendes ernst nehmen: Wer Care-Arbeit kennt, kennt den Wert und die Mühen von Regeneration. Kennt wirkliche Arbeit. Arbeit, die eben wirklich unverzichtbar ist.

Wenn all das aber in unserem Denken und Sprechen von Arbeit nicht vorkommt, dann stellt sich das, was wir meinen, wenn wir „Arbeit" sagen, als extrem ausgrenzend heraus. Und auch ein wenig idiotisch. Weil die Breite des Tätigkeitsspektrums, das essenziell ist, um unsere Wirtschaft auch am Laufen zu halten, gar nicht vorkommt. Du sitzt den ganzen Tag vor Zoom und kickst E-Mails von dir weg? Das nennt man selbstverständlich Arbeit! Du erziehst deine Kinder, engagierst dich für die Integration von Geflüchteten oder hilfst den Nachbarn beim Einkaufen? Das nennt man doch nicht Arbeit!

Was unsichtbar (gemacht worden) ist, ist deshalb aber nicht unwichtig. Es ist Zeit, Care-Arbeit als zentrales Fundament unserer Wirtschaft an allen Punkten unseres Lebens sichtbar zu machen. Und wie wir sehen werden, wird das dann nur der Anfang für eine neue Mehrdimensionalität in der Arbeit sein.

Schritt 1: Ökonomische Wirklichkeit ausweiten

Wo fangen wir also an? Für ein neues Verständnis von Care-Arbeit müssen wir zunächst an die Ausbildung derer ran, die sich zur Arbeitsweltgestaltung berufen fühlen. Man kann sechs Jahre Wirtschaft studiert und dann noch mal acht Jahre mit großen Konzernen gearbeitet haben, so wie ich, ohne jemals von Care-Arbeit gehört zu haben. Genauso wie wirtschaftliche Bildung mehr auf den Kontext von Unternehmen (➤ Organisationsverständnis) eingehen muss, müssen auch Care-Themen ins Curriculum. Ansonsten ist unsere Wirtschaftswissenschaft nämlich – Achtung, schwieriger, aber schöner Begriff – kryptonormativ. Das heißt, sie erklärt uns bestimmte Dinge, die uns dann als ganz selbstverständlich und natürlich vorkommen – etwa dass Altenheime ein Spekulationsobjekt sein können –, und versteckt gleichzeitig andere Phänomene – etwa dass es einen informellen Pflegesektor gibt, in dem mehr als fünf Millionen Zu- und Angehörige, zum Großteil selber noch berufstätig, ihre Verwandten unbezahlt pflegen müssen, weil es sonst keiner täte, und dass diese am Ende ihrer Kräfte sind.[10]

Wirtschaft ist eben nicht nur, was wir einberechnen, sondern auch was wir ausberechnen. Care-Arbeit mit den etablierten Methoden zu berechnen, ist schwer, erklärt Forscherin Christa Binswanger:[11] Weil sie Beziehungsarbeit ist, bilden Produkt, Produzent und Konsument eine schwer zu trennende Einheit. Zeitabläufe sind ebenfalls oft nicht planbar oder vorhersehbar. Dies passt nicht in den an der Industrialisierung geschulten ökonomischen Werkzeugkasten. Aber muss sich hier die Wirklichkeit der Theorie anpassen? So wie die Leistungen der Umwelt oder auch der Wert digitaler Daten müssen wir auch Care ökonomisch messbar machen, wie vereinzelte Volkswirtinnen wie Mascha Madörin erforschen. Fahrlässig wäre es, Care weiter zu ignorieren, nur weil es nicht zu unseren Methoden passt.

Schritt 2: Care in der Bildung – oh, das ist ja auch Wirtschaft!

Ist das Fach mit neuen Werkzeugen ausgestattet, lassen sich damit mehr Probleme der echten Welt begreifen. Und dann wird es auch attraktiver für Menschen, die ein Interesse an dieser Welt haben. Menschen mit diverseren Hintergründen und auch Menschen, die nicht einem moralischen Minimalismus frönen, der die Wirtschaftsausbildung derzeit dominiert (➤ Organisationsverständnis). Um das mal nett zu sagen.

Noch herrscht eine große Lücke zwischen Ökonomenproblemen und Echte-Welt-Problemen: Laut einer Studie erkennen zwar auch Wirtschaftsstudenten Ungleichheit als das drängendste wirtschaftliche Problem unserer Zeit. Aber noch wird in den meisten Lehrbüchern das Thema lediglich an den Kernlehrplan angehängt.[12] Oft mit dem Argument, dass Studierende ja erst mal das Handwerkszeug lernen müssen. Aber ließe sich das nicht an Problemfällen lernen?

In amerikanischen Lehrbüchern wurden eine deutliche Unterrepräsentation von Frauen sowie geschlechtsspezifische Verzerrungen diagnostiziert.[13] Da wird dann der Bierkonsum oder die Produktion von Sportwagen berechnet, statt Fallbeispiele zu Ungleichheit und Klimawandel anzubieten – na dann Prosit! Diese soziale Irrelevanz führt dazu, dass für viele das Fach Wirtschaft einfach sehr langweilig und auch ein wenig abstoßend ist. Das wiederum führt zu einer deutlichen Homogenität. Ich hatte eine einzige Ökonomikprofessorin in meinem ganzen Studium – vier Universitäten, drei Professoren namens Matthias, eine Professorin.

Dass ökonomische Bildung auch anders gehen kann, probierte das amerikanische Hamilton College in einem langjährigen Experiment aus: Hier wurden veränderte Kurse unterrichtet, die das breite Spektrum an sozialen Themen abdecken, die Ökonomen untersuchen können. Dies führte umgehend dazu, dass die Noten der weiblichen Studenten besser wurden. Als die Studentin Carina Krusell den überarbeiteten Kurs belegte, war die Freude groß, dass sie eine Analysetechnik lernen konnte, die die Gehaltsdiskriminierung von Menschen mit schwarz klingenden Namen untersuchte. „Der Kurs hat mir klargemacht: Oh, das ist ja auch Wirtschaft."[14] Ein Experiment von vielen, mit dem die Wissenschaft der Ökonomik wieder an die Realität der Ökonomie gebracht wird und an ihre fürsorgende Kernaufgabe.

Schritt 3: Care in die Lohnarbeit integrieren

Nach der Ausbildung auf den Arbeitsmarkt geworfen, muss Care dann natürlich besser mit klassischer Arbeit vereint werden – die Mammutaufgabe! Die Managementforscherin Gudrun Sander nutzt hier das Bild einer „undichten Leitung":[15] Selbst wenn auf der Einstiegsebene eine gute Geschlechterverteilung erreicht wird, stellt sich die Frage, wer befördert wird. Und wann. Erstens finden die großen entscheidenden Karrieresprünge meist in der sogenannten Rushhour des Lebens statt, also in den 30ern, die tragischerweise auch die Zeit ist, wo Frauen mit der Schwangerschaft und dem Großteil der Care-Arbeit von Kindern beschäftigt sind, wo also der Post Maternity Dip einschlägt. Zweitens geschehen die entscheidenden Karrieresprünge meist nur, wenn wir in Vollzeit arbeiten, was viele Frauen wegen der Care-Arbeits-Last danach aber zu selten können.

Würde man also einen Karrierepfad geschlechterdiskriminierend gestalten wollen, könnte man es fast nicht besser hinbekommen. Wenn wir aber in Zukunft ohnehin viel länger in Lohnarbeit stecken, dann sollten wir uns doch überlegen, ob wir die große Beförderungsorgie nicht auch später im Leben ermöglichen können (womit wir dann auch beim Thema Altersdiskriminierung wären, ➤ Zusammenhalt). Dann sollten wir uns auch einmal ernsthaft fragen, warum Teilzeitarbeit oft als so eine Art Zwischenstatus zwischen „richtiger Arbeit" und Kündigung wahrgenommen wird. Beruflicher Aufstieg, also organisationaler Machtgewinn, ist stark dadurch geprägt, was wir als Macht verstehen. Da geht es uns um Beherrschung, und beherrschen tue ich, wenn ich immer alle E-Mails lese, immer im CC bin, mir keiner den Stecker zieht, immer auf Sendung bin (➤ Zeit). Aber ist das wirklich Macht oder nicht eher Ohnmacht?

Unter diesem Machtbegriff leiden ja nicht ausschließlich die Frauen, für die solche Machtpositionen erschwert werden, sondern auch Männer selbst, die einen beruflichen Aufstieg scheinbar nur hinbekommen, wenn sie andere Wirkungsfelder radikal ausschließen. Wer sich wirklich um andere kümmern soll, kümmert sich auch um sich selbst. Wer das nicht kann, der leidet darunter, und es ist dann nicht mehr lang, bis auch die „Untergebenen" mitleiden dürfen. Fürsorge und Selbstfürsorge bedingen einander: Liebe deinen Nächsten wie dich selbst. Das Jesuswort als Leadership-Prinzip.

Als Vater, der sich die Care-Arbeit 50/50 mit der Mutter teilt, was aus vielen Gründen nicht leicht und aus noch mehr Gründen großartig ist, treffe ich oft auf ein Unverständnis bei Männern, das meist an einem verengten Arbeitsbegriff liegt: „Du arbeitest also weniger." Worauf ich antworten sollte: „Nein, Freundchen, ich arbeite doppelt", aber eine solche Entgegnung fällt einem ja so spontan nie ein. Noch öfter treffe ich bei Männern aber auf einen mehr oder weniger unverhohlenen Neid – es gibt viele, die es bereuen, dies nicht so gemacht zu haben. Viele, die das Gefühl haben, für die Arbeit zu viel geopfert zu haben. So viele Opfer, dass man sich dann gewissermaßen aus psychohygienischen Gründen eine „natürliche“ Rollenverteilung einredete: Die Kinder brauchten ja nur die Mama! Das sei schon richtig so. Für viele schien der Preis zu hoch, eine gleichmäßigere Verteilung von Care- und Lohn-Arbeit anzustreben, was auch daran liegt, dass Aufstiegsperspektiven nur existieren, wenn jemand maximal verfügbar ist. Dies ist ein faustischer Pakt, der Männern – ich glaube, sogar allen Männern, um auch mal etwas Allgemeines über Geschlechter sagen zu können – ganz viel Schmerz abverlangt. Wenn Regenerationsarbeit und eine funktionierende Beziehung zu den Menschen, die mir etwas bedeuten – *people I care for* –, für Manager in Machtpositionen (also in Verantwortungspositionen!) nicht möglich ist, dann bin ich mir nicht sicher, ob wir hier überhaupt von Macht in der richtigen, verantwortungsvollen Weise sprechen können.

Eine gute Führungsperson ist doch wie eine Gießkanne. Sie ist dafür da, Empathie, Orientierung, Leidenschaft und Integrität an ihr Team zu spenden, so dass dieses wachsen und so alle in Ina Praetorius' Sinne einen nützlichen ökonomischen Beitrag leisten können. Doch womit wird die Gießkanne selbst gefüllt? Bieten Überarbeitung, komplette Aufopferung für den Job und eine Isolation von allen anderen Lebensbereichen wirklich das Reservoir an positiver Energie, das die Gießkanne weitergeben kann? Oder braucht die Gießkanne nicht eher Ausgeglichenheit, das Gefühl, auf vielen Ebenen wirksam zu sein, und die Möglichkeit, Energie aus verschiedenen Lebensbereichen zu schöpfen? Bin ich nicht viel mehr in einer mächtigen Führungsposition, wenn ich beeinflussen kann, ob sich andere entfalten können, wenn ich Offenheit für die Welt um mich herum habe, wenn ich die Neugierde habe, neue Erfahrungen einzubringen, und wenn ich die Ausdauer habe, die Beziehungen aufrechtzuerhalten, die die Gemeinschaft mit neuen Ideen und Erfahrungen bereichern? Wie sehr wäre dies dann ein Machtbegriff des Kümmerns? Wie sehr würde man dann nicht vielleicht sogar sagen: Die Erfahrung von Care-Arbeit macht dich zu einer besseren Chefin?

Schritt 4: Care am Lebensabend – Beispiel globale Sorgeketten

Aber damit ist es nicht getan. Am Ende der sogenannten Karriere – was dem Wortsinn nach „Fahrstraße" bedeutet (lateinisch *carrus*, der Wagen) und damit die Raserei auf enger Strecke schon mitdenkt – sind wir alt und brauchen Pflege und begegnen umso mehr der Care-Arbeit. Die Soziologin Sarah Schilliger erforscht globale Sorgeketten, in denen Care-Arbeit ausgelagert wird: In die Schweiz kommen billigere Pflegekräfte aus Frankreich und nach Frankreich noch billigere aus Togo.[16] Nach Deutschland kommen Kräfte aus Polen und nach Polen Kräfte aus der Ukraine und in die Ukraine Kräfte aus Belarus. Und im Irak lernte ich eine Putzfrau aus Burkina Faso kennen.

All diese Personen hinterlassen Lücken in den Herkunftsländern und verschärfen dort die Ungleichheit, sehr viele leben unter arbeitsrechtlich fragwürdigen Bedingungen und höchst prekär in dem Land ihrer Arbeit. Ein besonders schockierender Teil der unterbezahlten Care-Arbeit. Die Durchhaltekraft des bereits erwähnten informellen Pflegepotenzials hingegen, also das unbezahlte Einspringen der Verwandten, sinkt seit Jahrzehnten, was an der verdichteten Arbeitswelt (➤ Zeit) und an der demografischen Entwicklung liegt: Es wird immer mehr Pflegebedürftige für immer weniger Pflegende geben.

Am Ende eines Lebens kommt dann obendrein noch das Gender Pension Gap, also die Rentenlücke, ins Spiel: Wenn Frauen weniger an Lohnarbeit beteiligt waren, weil sie mehr Care-Arbeit leisten mussten, beeinträchtigt das natürlich ihre Rente. Die Alterssicherung von Frauen war 2019 in den Gebieten der ehemaligen DDR um 20 Prozent, im ehemaligen Bundesgebiet sogar um 49 Prozent niedriger als die von Männern – ein massiver Treiber von Altersarmut und finanzieller Abhängigkeit.[17] Gleichzeitig fällt für Frauen im hohen Alter sogar noch neue Care-Arbeit an, nämlich das Pflegen ihrer oft rapider alternden Männer, die man ja nicht ins Heim abschieben möchte, wenn man selbst scheinbar noch so fit ist. Diese informelle Care-Arbeit durch Seniorinnen drückt in den letzten Lebensjahren die Lebenserwartung von Frauen ganz massiv, wie mir eine Ärztin berichtete. Eine doppelte Krise: Die Care-Arbeit in der Karriere kommt den Frauen teuer zu stehen, die Care-Arbeit in der Rente ist dann auch noch lebensgefährlich. Madonna, Heidi Klum und Brigitte Macron zeigen, was ökonomisch und medizinisch geboten ist: jüngere Männer heiraten!

Was ist los mit einer Arbeitswelt, die mit der Hälfte der Bevölkerung so umgeht? Wachstum um jeden Preis ist los! Die Arbeit als Produktion neuer Dinge (wir denken an den Homo faber, ➤ Haltung) wird viel mehr gewürdigt als das regenerierende Erhalten eines bestehenden Systems: Als „produktiv" angesehene Arbeit muss immer etwas Neues herauskloppen, der Erhalt von Bestehendem wird nicht als produktiv angesehen. Der wird sogar von Selbstdarstellungsgenies wegdisrupted (➤ Sinn). Alles Stehende verdampft.

Der desolate Zustand unseres Planeten und unserer Regenerationssysteme macht den Wechsel von einem quantitativen Wachstum als einem ewigen Mehr hin zu einem qualitativen Wachstum, zu einem wirklichen Besser, zu einer entscheidenden Aufgabe für die Zukunft der Arbeit. Care-Arbeit ist heute nicht das, was wir „Arbeit" oder „Wirtschaft" nennen, aber es ist das wirkliche Fundament unserer Ökonomie. Deswegen ist es Zeit, unser Wirtschaftsverständnis vom ausgrenzenden Kopf auf die versorgenden Füße zu stellen.

But wait, there's more! – Ein wirklich umfassendes Arbeitsverständnis

Machen wir uns auf diesen Weg, drehen wir unseren Arbeitsbegriff auf diese Art um, entsteht noch viel mehr daraus. Care-Arbeit ins Sichtfeld zu rücken, kann uns alle befreien aus dem beengenden Verständnis, dass Lohnarbeit allein unser Tätigsein ausmacht und allein Sinnquelle sein darf. Es kann den Weg weisen in eine Welt, wo es heißt: Arbeit ist nicht (nur) das, wofür ich bezahlt werde. Arbeit ist, wo ich wirksam sein kann. Das wäre ein Arbeitsbegriff, der „umfassend" im doppelten Wortsinne ist: Er umfasst wirklich alles, wo wir uns für das engagieren, was wir zum Leben brauchen, und er betont das Umfassende an der Arbeit, das für uns Sorgende.

Wie wohltuend eine solche Weitung des Begriffs für unsere heutige Arbeitswelt wäre, daran erinnert uns ständig die lästige Partyfrage: „Uuund, was machst du so?“ Von außen werden wir auf unseren (Lohnarbeits-)Beruf reduziert. Daran liest man dann unseren Wert ab – hinter der Frage steckt ja meist: „Wie darf ich dich sozioökonomisch einordnen?“ Besonders problematisch an der eindimensionalen Vorstellung vom Mensch-als-Beruf ist, dass auch wir unsere Identität dann um diesen einen Job aufbauen (➤ Sinn). Nur im Job wollen wir uns restlos selbst verwirklichen – nicht in Natur, Familie oder Ehrenamt. Was wir dem Job dabei alles abverlangen: Lebenssinn soll sich dort finden, Kollegen sollen Freunde sein, die Firma eine (Ersatz-)Familie. Ach ja, und gutes Geld soll auch noch verdient werden. Damit werden wir zu dem, was Hannah Arendt in Homo faber und Animal laborans sah, konformistisch auf Arbeit und Konsum gepolte Wesen. Ebenso wissen Psychotherapeuten: „Wer seine Sinnbedürfnisse aus nur einer Quelle schöpft, landet früher oder später bei uns auf der Couch.“ Das ist immerhin gut für deren Zukunft der Arbeit. Von einer Resonanz mit unserer sozialen und biologischen Umwelt und einer enkeltauglichen Zukunft der Arbeit lenkt uns dieser verengte Blick aber ab.

Die Praktiken eines ausgrenzenden Arbeitsbegriffs

Wie kommt ein solch verengter Arbeitsbegriff in unsere Welt, wenn er doch so massiv von der eigentlichen Bedeutung von Arbeit und Wirtschaft abweicht? Praxistheoretisch lässt sich die Verdrängung jeglicher Arbeit, die keine Lohnarbeit ist, mit drei Strategien erklären: der Abwertung von allen anderen Tätigkeitsformen, der Opfergabe und dem Weitergeben eigener Schmerzen.

Praxistheoretikerinnen entdecken häufig, dass bestimmte Praktiken aufgewertet werden, indem andere Praktiken abgewertet werden: Bei Studierenden einer Business School zeigt ein „All-Nighter“ in der Bibliothek, was für ein Durchstarter er ist (und nicht etwa, wie schlecht er Zeitmanagement betreibt), wer hingegen vor einer Prüfung in den Bergen wandern geht, „hat einfach nicht das nötige

Commitment". Genauso ist eben E-Mail-Ping-Pong „richtige Arbeit" und Kindererziehung nicht. Solche Aufwertungs-Abwertungs-Strategien zeigt auch die bereits erwähnte ominöse Partyfrage. Auf „Was machst du?" mit „Ich kümmere mich um mein Kind, und nebenbei arbeite ich in einer Versicherung" zu antworten, wäre bereits verwegen und höchst irritierend. Natürlich sollst du sagen: „Ich arbeite in einer Versicherung", besser noch: „Ich bin ein passionierter Key Account Manager in der Shenanigan Insurance." Das mit dem Kind kannst du dann später erwähnen, und bezeichne es bitte immer als ablenkende Belastung. Sonst denkt noch jemand, dass du dich „nur" um dein Kind kümmerst, was für ein *low-performing life!* Hier wird also eine Art der Arbeit auf ein Podest gestellt, hinter dem dann alle anderen Arten der Arbeit beschämt versteckt werden.

Die zweite Strategie kommt aus der Religiosität. Wenn man Menschen dazu bringen will, wirklich an eine Fiktion zu glauben, so erklärt es der Historiker Yuval Noah Harari, müsse man dafür sorgen, dass sie ein möglichst großes Opfer für diese Fiktion bringen.[18] Warum wird von Liebhabern klassischerweise erwartet, dass sie ihren Angebeteten Diamantringe schenken?, fragt Harari. Wenn der Liebhaber ein so großes finanzielles Opfer bringt, muss er sich selbst davon überzeugen, dass es sich lohnt und richtig ist. Dieselbe Logik sehen wir auch dann am Werke, wenn sich kaum jemand eingestehen kann, einen verkorksten Urlaub gemacht zu haben. Er war doch so teuer! Je kürzer der Urlaub, desto eher würde man seine Verkorkstheit zugeben. Sonst ist das Opfer an die Fiktion des guten Urlaubs zu hoch für solche Eingeständnisse. Wir sehen diese Logik auch an den Praktiken der Entkörperung in Organisationen, wo wir uns mit harten Opfern unser Körpergefühl abtrainieren (➤ Körper) und danach umso mehr der Organisation gehören. Und wir sehen diese Logik eben auch dann am Werke, wenn unser enger Arbeitsbegriff gerade dadurch glaubhaft und verehrenswert gemacht wird, dass wir alle anderen Formen des Wirksamseins für ihn geopfert haben.

Dieser Schmerz – man könnte auch sagen: fehlende Self-Care – wird dann drittens wie von Geisterhand weitergetragen. In einem Unternehmen, das ich eine Zeit lang begleitet habe, gab es eine neue Kollegin, die pünktlich um 18 Uhr ihre Sachen packte und sich auf den Weg in den Feierabend machte. Der wesentlich ältere Chef begegnete ihr dabei und sagte nur einen Satz, hörbar für möglichst viele im Raum: „Das hätte ich mir früher nicht erlauben können" – was für eine hochinteressante, fast schon tiefenpsychologisch aufgeladene Aussage! Wie mag dieser Satz wohl in seinen Gedanken, im Unausgesprochenen, weitergegangen sein? Höchstwahrscheinlich meinte er damit nicht: „Das hätte ich mir früher nicht erlauben können ..., aber als Geschäftsführer möchte ich, dass die neue Generation ein besseres Arbeitsumfeld hat." Vielleicht meinte er eher: „Das hätte ich mir früher nicht erlauben können, ... und das sind die unveränderlichen Regeln, an die auch du dich halten musst." Oder er meinte sogar: „Das hätte ich mir früher nicht erlauben können, ... und weil ich so ein hohes Opfer geben musste, fehlte mir die Stärke, diese Praktiken heute zu verändern."

Unser Arbeitsbegriff ist mit Schmerz verbunden. Schmerz erleben nicht nur die Arbeitenden, die durch dieses enge Verständnis an den Rand gedrängt werden. Schmerz erleben auch die Menschen, die innerhalb des verengten Arbeitsbegriffes durchaus „erfolgreich" arbeiten, aber dafür so vieles opfern. Die Folgen davon begegnen uns in vielen Veränderungsdimensionen in diesem Buch. Dieser Schmerz bringt uns in Gehetztheit (➤ Zeit), isoliert uns von unserem Leib (➤ Körper), führt zu Verantwortungskrisen (➤ Organisationsverständnis) und lässt keinen Platz für politisches Handeln (➤ Haltung). Über Arbeit anders zu reden, praxistheoretisch gesprochen, einen Bedeutungswandel zu initiieren, kann deshalb schon einen ersten Weg zum Wandel ermöglichen.

Probier doch mal:

- „Ich bin ehrenamtlich in der Umwelthilfe, was mich total begeistert und eine tolle Aufgabe ist. Ach ja, und ansonsten bin noch Direktor einer Bank."
- „Was ich so mache? Ich stehe auf einer Party, trinke Rotwein und höre mir blöde Fragen an. Lass uns lieber über das neue Harry-Styles-Album reden."

- „Mein Mann kümmert sich um Kinder und Haushalt, er ist da einfach viel geschickter und leidenschaftlicher als ich, es müssen die Hormone sein! Aber natürlich ich helfe ich ihm ab und zu, wenn ich kann und möchte."
- „Die Kollegin sollte befördert werden. Was sie in Teilzeit leistet und dadurch an neuen Impulsen und Energie einbringt, das schafft jemand in Vollzeit einfach gar nicht!"
- „Unsere Bankdirektorin ist regelmäßig offline, um Zeit für die Umwelthilfe zu haben – so eine *powerful leaderin!*"

Mehrdimensionale Arbeit könnte für uns alle die bessere Arbeit sein

Eine Weitung des Arbeitsbegriffs, dem es gelingt, Care-Arbeit miteinzubeziehen, gäbe uns auch die Möglichkeit, unsere grundsätzliche Mehrdimensionalität im Tätigsein zu entdecken. Vielleicht hat die Pandemie dafür einen Weg gebahnt: Viele – wohlgemerkt nicht alle (➤ Anerkennung)! – arbeiten jetzt oft, *wo* es ihnen ins Leben passt, manche sogar etwas mehr, *wann* es ihnen passt. Der Job kann sich nun ein wenig mehr nach uns richten als wir nach ihm. Wir haben, zumindest in der Schreibtischarbeit, nun die Möglichkeit, den Job stärker einzubetten in all das, was uns sonst noch ausmacht, statt uns ihm ganz auszuliefern. Beim Durchstehen dieser Krise haben wir uns verstärkt gefragt: Welche Tätigkeit raubt mir Energie? Welche Tätigkeit gibt mir Energie? In den von mir geführten Bewerbungsgesprächen hörte ich es immer mehr: „Montags arbeite ich an meiner Graphic Novel", „Ich möchte nebenbei Fotograf bleiben", „Mir ist die Zeit bei meinen Eltern in der Pandemie sehr wichtig geworden." Da wird nicht mehr ein Job als Lebensmittelpunkt gesucht. Da wird der Job zu einer Facette des Menschen. Die kollektive Nahtoderfahrung der Pandemie sorgte bei vielen für eine Prioritätenverschiebung, was viele Arbeitgeber zu schmerzhaften Erkenntnissen führte. Für manche Arbeitnehmerinnen eröffnete sich aber ein Raum für das (restliche) Leben: Fürsorge für sich selbst, für andere, für die Natur.

Aus der Praxistheorie auf diese Veränderung des infrastrukturellen Toolsets (das Büro ist nun zuhause) geblickt, wissen wir aber auch, dass dies kein Selbstläufer ist: Um Freiheiten in Gebrauch zu nehmen, muss sich auch das Mindset ändern (Arbeitgeber müssen zu einer Vertrauenskultur kommen, zuhause muss ich mir meine Energie zwischen Lohnarbeit und anderen Anforderungen aufteilen können, was Arbeitgeber ebenfalls verstehen müssen) und für manche auch das Skillset (wenn Papa nun mehr zuhause ist, muss ihn auch interessieren, wo die Waschmaschine steht). Alte Praktiken sind sehr hartnäckig, und deshalb lässt sich in vielen Bereichen zeigen, dass im Home Office bisher die Arbeit eher entgrenzt als eingehegt wurde. Der Lernprozess eines Arbeitens von überall ist noch lange nicht abgeschlossen.

In einer solchen mehrdimensionalen Arbeitswelt, die schon allein örtlich weniger Grenzen zwischen Lohntätigkeit und anderen Beschäftigungen zieht, steckt aber nach wie vor das Potenzial zur Selbstentfaltung und zu einem besser ausbalancierten Leben. Es gibt dafür zahlreiche prominente Beispiele: die Psychologin, die nebenbei Romane schreibt (und mal eben den Nobelpreis bekam: Olga Tokarczuk), der Polizist, der sich als Fotograf in die Kunstgeschichte einschreibt (der großartige Arnold Odermatt), der Rapper, der vielleicht einen so entspannten Flow hat, weil er auch Kinderarzt ist (Dexter). Heute ist es für viele von uns leichter denn je, die eigene Mehrdimensionalität zu entdecken, weil sie nun die technischen Möglichkeiten dafür haben (und die Verhandlungsposition in Zeiten des Fachkräftemangels). Diese Mehrdimensionalität muss nicht komplett in der Lohnarbeit liegen, sie muss nicht immer Care-Arbeit im engeren Sinne betreffen, die im Übrigen ja nicht nur Menschen mit Kindern machen müssen.

Diese Mehrdimensionalität kann auch eine neue Perspektive auf die Sinnfrage bieten. Sie dreht die Frage nach dem Sinn nämlich um und akzeptiert, dass es mehr Sinnquellen gibt als nur den Job: Nicht die Arbeit bringt mir Sinn, sondern ich bringe Sinn in die Arbeit. Arbeit ist das Gefäß, ich fülle es.

Auch für den Planeten die bessere Arbeit

Wir brauchen hier also ein Umdenken, um eine gerechtere Arbeitswelt zu erschaffen. Wir brauchen es, um die psychologische Sicherheit und Ausgeglichenheit zu gewinnen, die uns vor einer Burnout-Gesellschaft schützt. Wir brauchen es, um Sichtbarkeit zu schaffen für die Systeme, auf denen unsere Ökonomie grundsätzlich aufbaut. Wir brauchen dies auch, um damit die Erzählung unserer Lebensläufe mehr an unser wirklich gelebtes Leben zu rücken.

„Neu" wäre dieses Arbeitsverständnis eigentlich gar nicht, es begreift nur endlich, in welcher Welt wir schon lange leben: in einer Welt der Abhängigkeit und Mitverantwortung. In einer Welt, die nicht allein ein Marktplatz oder ein Büro ist. Die Chancen stehen gut dafür, dass wir dies endlich einsehen. Für den Politikwissenschaftler Heinz Bude durchläuft gerade jetzt in dieser Zeit der multiplen Klima-/Pflege-/Migrationskrisen unser „Geist der Solidarität" ein Update, weil jetzt „alle gemeinsam empfinden, wie verwundbar sie sind. Diese kollektive Empfindung beschränkt sich eben nicht auf spezifische Gruppen. Daraus ergibt sich zumindest ein Gefühl wechselseitiger Sorge und Verantwortung. Das ist etwas, was uns längerfristig befassen wird."[19] Das können schon Umrisse einer neuen Ökonomie und eines neuen Arbeitsverständnisses sein. Für eine Welt, die wir schon immer bevölkerten.

Sowohl die Ressource Mensch als auch die Ressource Natur sind begrenzt (ebenso übrigens die Ressource Vertrauen in unser System). Wir sind in einer Welt, die nicht nur kurzatmig Neues herausjubeln, sondern sich auch ganz maßgeblich auf den Erhalt unserer ökologischen und psychosozialen Systeme konzentrieren sollte. Der alte Arbeitsbegriff, in dem immer irgendwas „disrupted" wird, in dem immer von Gewinnern und nie von Verlierern gesprochen wird (➤ Anerkennung) und wo Menschen sich dafür feiern, dass sie „always-on" sind (➤ Zeit), reicht für die notwendigen Neuerungen nicht. Auch nicht ein Wirtschaftsverständnis, das keinen Wert in einem Baum sieht, solange dieser nicht gefällt ist, oder für Care-Arbeit höchstens ein paar symbolische Verlegenheitsaktionen übrig hat. In einem neuen Arbeitsbegriff werden wir nicht mehr eindimensional und isoliert vor uns hin schuften, sondern mehrdimensional wirken und sorgen. Kein Schuftender, sondern ein Schützender führt in die Zukunft. Eine Bewahrerin unserer Talente, unserer Umwelt, unserer Gesellschaft. Das wäre Arbeit, die sich wieder lohnt – *an economy that cares!*

9 Körper
Von der Entkörperlichung zum Spüren von Verantwortung

„Wenn ich den Arm ausstrecke, reiche ich genau dahin,
wohin mein Arm reicht/
Nicht einen Zentimeter weiter./
Ich gelange nur dahin, wohin ich gelange, und nicht, wohin ich denke./
Ich kann mich nur dahin setzen, wo ich bin./
Und das macht lachen, wie alle absolut wahren Wahrheiten./
So richtig aber lachen macht, dass wir immer an anderes denken/
Und uns außerhalb unseres Körpers herumtreiben."
Fernando Pessoa[1]

Der Informatiker Calvin Newport ist keiner, der zu großen Gefühlsausbrüchen neigt. Als er aber ein Video über Anna Rubincam entdeckte, musste er dazu flugs einen Blogpost verfassen.[2] Und dort wurde der Amerikaner, der in seiner Doktorarbeit einen wahren Schmachtfetzen über „verteilte Berechnungen von Funknetzwerken" verfasste, plötzlich ziemlich emotional: „Wenn man Anna Rubincam sieht, ist es schwer, nicht einen Anflug von Wehmut zu verspüren." Im besagten Video sieht man Anna bei ihrer Arbeit in London. „Irgendetwas an ihrem Tun, bei dem sie ganz allein in einer minimalistischen Kammer steht und Stunde um Stunde mit hart errungenem Können kognitive Abstraktionen in konkrete Realität umsetzt, scheint so wahr zu sein", begeistert sich Newport. In der Arbeit von Rubincam, die bei Weitem nicht so angesehen, lukrativ oder intellektuell ist wie Newports Professur an einer Ivy-League-Universität, erkennt der Professor aber Großes, vielleicht sogar Größeres: „Anna vermittelt eine Vorstellung von Arbeit, die eng mit unserer Existenz übereinstimmt. Was uns von Primaten unterscheidet", hebt er dann doch etwas professoral ab, „ist doch unsere Fähigkeit, die Welt symbolisch zu verstehen. Das erlaubt uns, einen abstrakten Plan zu entwerfen, den wir dann in etwas Reales umsetzen. Für diesen letzten Schritt werden wir mit einem Gefühl der Zufriedenheit belohnt und für sein Fehlen mit einem Gefühl der ängstlichen Leere bestraft." – Warum muss eigentlich jeder Professor immer Grundsatzaussagen über den einen Unterschied zwischen Tier und Mensch machen? Ich halte mich da an Heinz Erhardt und sage: Was den Mensch vom Tier wirklich unterscheidet, ist, dass Ersterer eine Brille trägt.

Zurück zu Annas Arbeit. Das kurze Video darüber zeige ich in jeder meiner Vorlesungsreihen zur Zukunft der Arbeit – auch für die Studierenden gehört dieser Clip neben der Besprechung, welche Themen klausurrelevant sind, zu den emotionalsten Momenten in meinem Kurs. Aber was macht Rubincam nun? Welche Arbeit kann so tief, berührend und bedeutungsvoll sein, dass selbst ein Zusehen schon so berührt? Hat sie besonders brillante Excel-Shortcuts? Rockt sie ein Zoom-Meeting nach dem nächsten? Sehen wir, wie sie bei einer Gehaltsverhandlung so richtig abräumt? Nein, der Blogpost, den Newport über sie verfasste, heißt „The Stone Carver in the Age of Computer Screens" – denn Anna ist Steinbildhauerin.

Wir sehen, wie sie archaische Werkzeuge in ihren Händen wiegt: Meißel, Messzirkel, Pendel.[3] Wir sehen, wie eine weitere Frau auftaucht. Wie diese Modell steht und Anna ihrem Gesicht ganz nahe kommt, Proportionen misst, Zeichnungen anfertigt. Wie Anna das Gesicht wie eine Landschaft erforscht, das Tal zwischen Nase und Stirn, den Abhang am Kinn, die Hochebene vom Ohr zum Auge. Wie sie dann in Seelenruhe eine Tonskulptur auf Basis dieser Erkundungen anfertigt. Schließlich steht sie vor einem kolossalen Marmorblock, den sie unter größter Anstrengung, beim Aufwirbeln von Staub und zum stählernen Klang ihrer Meißel, spaltet. Anna Rubincam sagt, dass für viele Steinbildhauer diese Arbeit selbst schon genug Lohn ist. Die Möglichkeit, sich mit Demut und Zeit Material zu widmen, das aus der Erde kommt, und daraus etwas zu formen, was den eigenen Vorstellungen zeitloser Schönheit entspricht. Die Möglichkeit, auf einzigartige Weise ein Zeugnis von einer tiefen Begegnung mit einem Menschen, Tieren oder der Natur abgeben zu können. Die Möglichkeit, mit eigenen Händen etwas zu schaffen, was einen selbst überdauern wird. All das sei doch schon der größte Lohn. Und allein dabei zuzusehen, wie Schritt für Schritt aus dem groben Block das Porträt des Modells auftaucht, lässt verstehen, warum Anna diesen harten Beruf so liebt.

Was Annas Arbeit ausmacht, ist das Körperliche: Sie muss alle ihre Sinne zum Einsatz bringen, braucht unglaublich viel Geduld, macht eine Menge Lärm und Dreck, Staub, Schweiß, Splitter. Und sie braucht – was ich vorher über diesen Job nicht gedacht hätte – sehr viel Einfühlungsvermögen, um aus dem Modell, das sie so stark verinnerlichen muss, eine Skulptur zu machen. Genauso respektvoll muss sie sich dafür den Materialien der Natur, dem Marmorblock und dem Ton, nähern. Der Ton verzeiht noch viel, der Marmor aber nichts, so Anna. Wie sie einen Körper kennenlernt und daraus einen Steinkörper schafft, so spürt sie auch ihren Körper, ihre Erschöpfung, ihre Kraft. In einer Sequenz, in der sie vom Fahrrad steigt und in ihr Studio geht, sieht man: Auch ihr Körper ist durch die Skulpturarbeit geformt.

Wir haben vergessen, dass wir Körper sind

Blicken wir nun auf die vertrautere Welt der „Wissensarbeit", stellt sich die Frage, wie sehr diese solche Erfahrungen von Tiefe bietet, die uns ja allein schon das Zuschauen bei Annas Arbeit gibt. Und ob wir uns das Fehlen dieser Erfahrungen eigentlich leisten können im Hinblick auf die Verbundenheit mit unserer Mitwelt, auf die Zufriedenheit in unserem Tun.

Was unsere Arbeit ausmacht, ist in vielerlei Hinsicht das Gegenteil: Unser Tätigkeitsspektrum ist sehr eng, beschränkt etwa auf das Formulieren von Texten. Die sinnliche Wahrnehmung ist dafür eingeschränkt, idealerweise scheint etwas Tageslicht auf den Bildschirm. Unsere Bewegungen sind hochreduziert, etwa auf das Tippen auf einer Tastatur – ist das Fokus, oder sind das schon Scheuklappen?

Auch das Werk ist in der Wissensarbeit etwas anderes: Was herauskommt, wird nie so fertig und real sein wie eine Marmorbüste. Die PowerPoint-Präsentation existiert im digitalen Nirgendwo, sie könnte immer noch einmal mit wenigen Klicks verbessert oder – Gott bewahre – gelöscht werden. Es gibt nichts, das uns das Gefühl einer fertigen Leistung gibt, wenig, das überdauert, nichts, das fühlt, nichts, das verbunden ist. Mit Heidegger gesprochen: nichts, was körpert. Nicht die Arbeit, nicht die Ergebnisse, nicht wir selbst. Am Ende eines langen Tages stehen wir nicht voller Genug-tuung – ein so schönes Wort! – vor einem neuen Werk, sondern spüren eher die dumpfe Erschöpfung, die oft der einzige Gradmesser für unseren Erfolg ist (➤ Zeit). Klar, am Ende einer langen Kette von arbeitsteiligen Prozessen existiert meist schon etwas, auf das die PowerPoint ja abzielte: eine bessere Gasturbine, ein absatzstärkeres Automobil, eine smartere Versicherungspolice oder ein gerechteres Gesetz. Aber unser Arbeitsbereich in der sogenannten Wissensarbeit bleibt winzig und abstrakt. Diese Arbeitsteilung ist hocheffizient und Zeichen einer fortgeschrittenen Volkswirtschaft, aber sie ist auch Quelle von Entfremdung und Unzufriedenheit – das alte Marx'sche Dilemma. Deswegen gehen wir am Wochenende zu einem Steinbildhauerkurs – zum Ausgleich! Neu wäre mir aber, dass Anna oder irgendjemand aus ihrer Gilde am Wochenende einen PowerPoint-Kurs macht. Zur Entspannung oder „um sich endlich mal wieder selbst zu fühlen".

Eine Studie im Auftrag der IKK, die viele Handwerker versichert, hat 2023 in einer Erhebung 700 Handwerker zur Zufriedenheit mit ihrer Arbeit befragt und dies mit etwas mehr als 1300 Arbeitnehmern anderer Berufe verglichen. Die Handwerker gewinnen. Der Frage, ob ihr Job sinnvoll ist, stimmen 91,8 Prozent der Handwerker zu, während es in der Gesamtbevölkerung nur 69 Prozent sind. Handwerk kann das Gefühl von spürbarem und unmittelbarem Fortschritt in einer Art geben, wie es andere Formen der Arbeit niemals können: „Jeder Heizungsinstallateur, der eine Wärmepumpe verbaut, kann sich abends schlafen legen in der Gewissheit, die Energiewende ein kleines Stück vorangebracht zu haben", kommentierte die *Süddeutsche* die Studie.[4]

Nun rettet uns Anna Rubincam zwar nicht unbedingt vor der Klimakrise, aber sie macht diese erstens auch nicht schlimmer und erlebt zweitens in ihrer Arbeit eine tiefe Qualität der verbundenen Körperlichkeit, die für ein sinnvolles Arbeiten im Anthropozän doch eine interessante Spur ist. Eine Spur, die, wenn auf andere Berufe übertragen, doch zu mehr Resonanz und Verantwortung führen kann. Und diese Spur ist der Körper – auch die Sprachverwandtschaft von Sinn und Sinnlichkeit bringt uns auf diese Spur. Was am Ende nämlich bleibt, wenn alle Präsentationen gehalten und alle E-Mails verschickt sind, ist der Körper, ausgebrannt oder ausgeglichen, abgeschottet oder verbunden. Deswegen widme ich ihm die letzte Veränderungsdimension dieses Buches. Können wir das, was unserer Arbeitswelt für eine verantwortungsvolle Zukunft fehlt, in Körpern finden? Setzt Verantwortung nicht ein Spüren voraus? Können wir in dem Maße, in dem wir uns selbst fühlen, uns auch in andere Körper einfühlen? In dem Maße, in dem wir mit unseren Sinnen arbeiten, auch mehr Sinn in der Arbeit finden? Können wir in dem Maße, in dem wir mit unseren Körper Bleibendes schaffen, uns auch mehr verantwortlich für Bleibendes fühlen? *Let's get physical!*

Wir sind nur Geist … sagt unser Gehirn

Wir haben an zahlreichen Stellen gesehen, dass die Arbeit im Anthropozän eine Arbeit in Separatismen ist (➤ Haltung, ➤ Sichtbarkeit, ➤ Organisationsverständnis, ➤ Zeit). Die Mutter aller Trennungen ist aber die von Geist und Körper. Sie macht unser westliches Denken seit Jahrhunderten ganz zentral aus. Wir Menschen seien alleinige Vernunftwesen, die überhaupt erst Menschen sind, weil sie denken. Nur deren Denken allein kann sie in eine Nähe zu Gott bringen, so René Descartes, einer der Väter des Leib-Seele-Dualismus. Tiere hingegen seien nur Automaten aus Fleisch, die in den Worten von Nicolas Malebranche, einem Bewunderer Descartes, „essen, ohne Genuss zu verspüren, schreien, ohne Schmerz zu verspüren, wachsen, ohne es zu wissen“.[5] Tiere sind es, „die nichts begehren, nichts fürchten, nichts wissen". Wo Menschen nur Geist sind, sind Tiere nur Körper. Et voilà, hiermit wurde eine saubere Abtrennung von Kultur und Natur, Mensch und Mitwelt, Wirtschaft und Ökologie vorgenommen, die bis heute durch unsere Köpfe geistert. Wohlgemerkt ist dieses Denken, das auch stark von der griechischen Antike geprägt ist, nicht irgendein obskures Ideengebäude ultrareligiöser Eiferer aus dem 17. Jahrhundert. Oder zumindest nicht nur: Die beiden waren auch die größten Philosophen ihrer Zeit – die Schriften von Malebranche erreichten zu seinen Lebzeiten bereits China, was ziemlich unglaublich ist, obwohl er selbst sein Pariser Kloster kaum verließ. Die Trennung von Geist und Körper (auf Katholisch: Seele und Leib) war theologisch wichtig, um ein Leben nach dem Tod plausibel zu machen – wie sonst konnte man ein Leben nach dem Tod erklären, wenn Leichen doch sichtbar verrotten?

Diese Überzeugung hallt in vielen unserer Praktiken nach, auch wenn sie weit entfernt von Religiosität sind. Denken wir an das Gehabe der Start-up-Welt, in der stolz ist, wer extrem wenig schläft. An den „Macher-Typ, der sich von so kleinen Bitches wie der Natur überhaupt nichts sagen lässt", wie Ronja von Rönne es so treffend ausdrückt.[6] In einem Job mit wirklicher Verantwortung, beispielsweise als Busfahrer, wäre dies höchst fahrlässig. Körperfeindlichkeit wird gern als Zeichen einer visionären Geistestätigkeit gesehen, eines Geniestatus sogar. Ich habe selbst erlebt, wie in meinem Arbeitsumfeld Menschen stolz waren, durch zwei Burnouts geläutert zu sein – Gratulation zur Depression! Auf seine Grenzen in der Arbeitswelt zu achten, ein simples „Nein, das schaffe ich nicht auch noch", bleibt so kontrovers wie Gluten im Szenebezirk.

Entkörperung geschieht immer zweifach

Wenn man dieser Entkörperungslogik auf die Spur kommt, dann sieht man bereits an Malebranche und Descartes, dass Entkörperung stets doppelt geschieht: Der eigene Leib und das Leibliche auf der Welt, die Mitwelt, werden zugleich abgewertet. Wer den Körper vergisst, vergisst auch die anderen Körper. Wer meint, dass dies sie zu einer besonderen Denkerin macht, denkt letztendlich weltfremd.

Aber denkt sie überhaupt noch? Durch die Kognitionswissenschaften wissen wir mittlerweile, wie untrennbar Körper und Geist voneinander sind, wie sehr der ganze Körper denkt – ich habe mir beispielsweise letztens so abnormal den Hinterkopf an einer offenen Küchenschranktür gestoßen, dass ich mich allein dadurch Gott plötzlich sehr nahe gefühlt habe. Mein Küchenschrank widerlegt Descartes. Zahlreiche Studien und ein ganzer Forschungsbereich der Embodied Cognition mit verrückten Experimenten zeigen, wie wir mit dem Körper denken (wir kommen gleich dazu).

Und selbstverständlich wissen wir auch, dass Tiere nicht einfach nur Automaten aus Fleisch sind. Im Intelligenz(en)-Kapitel begegnen wir dem tiefen Wissen der Tierwelt. Doch was heißt diese Körper-Geist-Verschränkung für eine zukünftige Arbeitswelt? Für ein Handeln, das gleichzeitig kopflastig und doch abhängig von funktionierenden Körpern ist? Im Folgenden möchte ich mich auf zwei Dimensionen konzentrieren, die ganz entscheidend sind, um den Körper an einer besseren Welt der Arbeit teilhaben zu lassen. Da ist die Biophilie, die uns – lieber René und lieber Nicolas – vielleicht wirklich von den Tieren unterscheidet (da ist sie wieder, die Tier-Mensch-Unterscheidung). Und da ist das Mitdenken des Körpers in alltäglichen Arbeitspraktiken.

Biophiles Bewusstsein stärken

Biophilie, die Liebe zum anderen Leben, ist für den Biologen Andreas Weber das bestimmende Merkmal unserer Art. Er stützt sich dabei auf den Psychologen Erich Fromm und den Biologen Edward O. Wilson. Für Fromm „besteht unser tiefstes Anliegen darin, Leben spendend und somit schöpferisch zu handeln".[7] Wilson hat herausgearbeitet, dass wir „ohne anderes Leben, ohne die mehr-als-menschliche-Welt kein seelisches Gleichgewicht entwickeln können".[8] Kein anderes Tier ist auf die Weise biophil wie wir, so Weber. Wenn Habichte Zuneigung zu Mäusen zeigen, dann um sie zu fressen. Und selbst wenn Ameisen Blattläuse hüten, dann um von ihnen Zuckerwasser zu melken. Aber wir umgeben uns mit anderen Lebewesen aus purer Freude. Ich merke das an meiner Tochter: Das Interesse am Hund der Nachbarin, an der Taube auf dem Dach scheint aus der Tiefe ihrer Existenz zu kommen. Weber vermutet einen evolutionären Grund: „In der langen Prähistorie der menschlichen Gattung [wirkt Biophilie] als Korrektiv zu ihrer ebenfalls beispiellosen Macht, Ökosysteme zu verändern und zu vernichten."[9]

Heute leben wir in einem tragischen Paradox: Wir sind biophil genug, um dem anderen Leben zugeneigt zu sein, aber nicht biophil genug, um dieser Zuneigung ausreichende Priorität einzuräumen. Die Biophilie der Kinder tritt bei Erwachsenen in den Hintergrund – so fällt auch das Korrektiv für unser Arbeiten weg. Meine Tochter ist fasziniert von den unterschiedlichen Blättern, ihrem Lichtspiel und Rascheln auf unserem morgendlichen Spaziergang. Ich bin fasziniert, wenn vor dem Park wieder der alte Alfa Romeo Giulietta parkt. Das interessiert sie aber gar nicht – *che impertinenza!* Ich habe mir nun ein Büchlein zum Nachschlagen besorgt: *Bäume am Blatt erkennen*, heißt es. Ich muss vorbereitet sein, wenn sie alt genug zum Fragenstellen ist! Wir müssen uns diese Biophilie wieder ins Bewusstsein rufen, und getreu der Praxistheorie gibt es dafür drei Ressourcen (➤ Theorie): Skillset, Mindset und Toolset.

„Das ist ein Blatt … von einem Blätterbaum!"

An meinem verzweifelten Bücherkauf sieht man es. Naturkenntnis ist eine Lernaufgabe. Womöglich gibt es einen Zusammenhang zwischen einer umweltschädlichen Arbeitswelt und der Tatsache, dass wir eben gar nicht genau wissen, *welcher Umwelt* wir schaden. Empathie setzt Kenntnis voraus. Als Nahbereichsaltruisten helfen wir eher dem, dem wir im Aufzug begegnen, als der, die am anderen Ende der Welt ist. Geschweige denn dem, der ein Blauwal und deshalb selten in Aufzügen vorzufinden ist. Es ist eine Bildungsaufgabe für Eltern, Schulen, Universitäten und Unternehmen, dass wir nicht nur die Skills haben, einen Alfa Giulietta von einem Giulia zu unterscheiden – was lächerlich einfach ist! –, sondern eben auch eine Birke von einer Linde. Der Weg zur nachhaltigen Transformation kann für manch einen mit einem Waldausflug beginnen.

Doch jenseits von Skills muss man diese Kenntnisse auch erwerben wollen. Nicht jeder hat eine Tochter, die eines Tages hartnäckig fragen wird: „Was ist das für ein Blatt, Papa?", und einen Vater, der sich dann blamieren würde: „Das ist selbstverständlich ein Blatt von einem Blätterbaum, Liebes!" Was zieht uns zu diesem Wissen vom anderen Leben? Ich habe die Hoffnung, dass es „in" wird, sich in der Natur auszukennen. Kleidung, mit der man drei Tage in einem Gebüsch nächtigen könnte, tragen momentan die urbanen Hipster. An meinem Geburtstag war ich Pilzesammeln – mit einer Unternehmerin, einem Journalisten, ein paar Psychologen. In meiner Bubble werden solche Beschäftigungen immer angesagter. Dass der Journalist so viel besser Pilze erkennen und unterscheiden konnte als alle anderen, das hat den Rest sehr gewurmt. Wir wollen beim nächsten Sammeln unbedingt nachziehen – Eitelkeit ist eben ein gigantischer Veränderungstreiber (➤ Theorie).

Ironischerweise kann uns gerade Technologie wieder Lust auf Biophilie machen. Nachdem ich so viel über Solutionismus gelästert habe (➤ Haltung), muss ich nun tatsächlich eine App empfehlen, die noch besser ist als mein Blätterbuch. Sie heißt iNaturalist und ist von der California Academy of Sciences entwickelt worden. Mit ihr kann man Tiere und Pflanzen in der Umgebung identifizieren. Dafür reicht ein schlechtes Foto, die App gleicht das Bild dann mit Geodaten ab. iNaturalist ist wie der Großvater, der dir über jedes Tier eine spannende Geschichte erzählen kann. Damit werde ich den Journalisten beim nächsten Pilzesammeln schachmatt setzen!

Zugleich ist iNaturalist ein Citizen-Science-Projekt, denn die Aufnahmen werden mit Angabe von Zeitpunkt und Ort der Wissenschaft zugänglich gemacht. iNaturalist ist für viele Forscher ein entscheidendes Werkzeug zum Ermitteln von Biodiversität: Über 100 Millionen verifizierte Beobachtungen sind vermerkt. Ich bin hierbei vor allem für die Eppendorfer Gänse zuständig. Die App zeigte mir, dass die Gans, die mir im Hayns Park begegnete, eine ägyptische Nilgans ist. Diese wurde bereits im 18. Jahrhundert von Sammlern nach Europa gebracht, sagt sie mir. Und schon denke ich über Migration nach und das Heimischwerden im fremden Land. Schon bin ich zugleich bei Themen der Menschheit wie bei Themen der Natur. Das ist die grandiose Verbindungsleistung dieser App, die aus einer Masterarbeit zweier Studenten entstanden ist. Weil iNaturalist Bilderkennung auf Basis künstlicher Intelligenz nutzt, ist sie übrigens auch ein Beispiel für meine Vision, mit KI dem Reichtum der Natur näherzukommen (➤ Intelligenzen).

Biophilie ins Büro bringen

„Es ist schön, die Namen von Bäumen, Vögeln, Insekten, Sternen zu kennen“, so der Autor Ian McEwan auf die Frage, was er gern früher gewusst hätte.[10] Was hat aber die Arbeitswelt davon, etwas über die Körper um uns herum, Tiere, Pflanzen, Himmelskörper zu wissen? Sie hat etwas davon, weil wir auf diese Körper angewiesen sind, wenn wir nicht weiter in einem naiven und gefährlichen Unternehmensverständnis verharren wollen (➤ Organisationsverständnis). Sie hat etwas davon, weil unsere Körper auf der Arbeit eingebettet und angewiesen sind auf die umgebenden Körper der Natur. Wenn wir von den Wesen um uns herum wissen, wir ihnen einen Namen geben, dann bekommen sie eine Existenz in unserer Welt. Jegliche Art von Arbeit, die sie erhalten will, braucht dieses Wissen. Dabei reichen Abstraktionen wie CO_2-Bilanzierungen oder schwurbelige Greenwashing-Poesie eben nicht. Solange sich die „Natur“ so abstrakt durch unsere CSR-Unterlagen schleicht, interessiert sie uns nicht wirklich. Solange wir nicht wissen, welcher Wald neben unserem Werk steht, welche Vögel neben unserer Kantine nisten, welchen Flüssen wir für unsere Fabrik das Wasser entziehen, interessiert uns die Natur nicht.

In der Schöpfungsgeschichte der drei abrahamitischen Religionen erschafft Gott die Tiere und erlaubt den Menschen, ihnen einen Namen zu geben. Ein pädagogischer Kniff, weil sich daraus ein Schutz- und Fürsorgeanspruch ableitet. Bleibt bei all unserem Tun die Natur aber einfach nur das „Grüne", dann ist die Schöpfung bald auch Geschichte. Tragischerweise ist es so, dass an Orten, die am meisten von Natur entfernt sind, die Entscheidungen mit den größten Folgen für sie getroffen werden.

Die Bewegung des Biophilen Designs möchte deshalb mit der Gestaltung von Arbeitsräumen die Umwelt be-denkbar machen. Es ist der Versuch, in der Architektur und Innenarchitektur die Aspekte der Umwelt stärker etwa in die Entwicklung von Büros mit einzubeziehen: Hier geht es um die Verwendung von natürlichem Licht, von Pflanzen in einer natürlichen Anmutung (der Kräutergarten auf dem Bürodach) sowie ein Aufbrechen der Grenze zwischen Natur und Gebäude, indem man Terrassen und Waldwege mit einplant oder durch eine Glaswand direkt in den Wald blicken lässt. Ein Überwinden unserer Spaltung als Kultur- und immer auch Naturwesen.

Wer Verantwortung für diese Welt übernehmen will, muss Verantwortung spüren können: In den Tagen, an denen ich diese Zeilen verfasse, wurde der Klimawandel in Form von nie gesehenen Hitzewellen spürbar. Eine Zeit lang ließ sich im Juli 2023 der folgende wahnsinnige Satz sagen: „Die vier heißesten Tage der letzten 100.000 Jahre waren die letzten vier Tage!"[11] Wenn du das liest, wurden diese Rekorde womöglich schon wieder in den Schatten gestellt. Apropos Schatten: Diese Hitzeirritationen kommen nah genug an die Arbeitswelt, um dort eine Debatte über notwendigen Praxiswandel anzustoßen.

Amtsärzte fordern nun eine Siesta an Arbeitstagen, was unser deutsches Mindset ganz schön herausfordert. Wir müssen lernen, dass lange Mittagspausen nicht von Faulenzern, sondern von verantwortungsvollen Leistungsträgern gemacht werden.[12] Arbeitende erweitern ihr Skillset beispielsweise mit dem Wissen, unter welchen Bedingungen sie „hitzefrei" einfordern könne, oder mit der Erkenntnis, dass die gefühlte Hitze von individuellen Faktoren abhängt wie Fitness und Hormonhaushalt, dass es also auch hier

Risikopersonen gibt. Arbeitgeber machen sich in Sachen Toolset Gedanken, inwiefern sie Räume für ausreichende „Entwärmungsphasen“ schaffen können und wie sie Temperatur, Wind und Luftfeuchtigkeit monitoren können. Merke: Geht's an den Körper, ist der Praxiswandel nicht weit. So hätte ich nie gedacht, einmal mit deutschen Personalvorständen ernsthaft über Siesta zu diskutieren.

Wie man den Eiffelturm kleiner macht

Nun zu den verrückten Experimente der Kognitionsforschung, die zeigen, dass unser Körper mehr weiß, als wir denken. Die Embodied-Cognition-Forschung untersucht, wie unsere körperlichen Zustände unser Urteilen beeinflussen, wie diese Zustände sogar Fundament für jegliches Urteilen sind. Für radikale Kognitionsforscher sind Entscheidungen ganz von „Bauchgefühlen“ geprägt. Die Begründungen, die wir uns zurechtlegen, sind Rationalisierungen im Nachgang für etwas, das wir vorher schon gefühlt haben.[13] Nicht das Abwägen von Argumenten, sondern die körperlichen Impulse, die dem vorausgehen, machen uns zu Entscheidern. Die Kognitionsforscher haben Unmengen an empirischen Evidenzen. Sie haben gezeigt, dass eine erhöhte Herzrate, Raumtemperatur oder die Sauberkeit eines Zimmers unsere moralischen Urteile verändert.[14] Sind Gedanken nur geschickt verpackte Gefühle? Zumindest scheint beides nicht voneinander zu trennen zu sein.

Wissensarbeit, die nicht fühlt, wäre also nur halbe Wissensarbeit. Folgen wir der Embodied Cognition, ist der Körper ein zentraler Wissensträger und jegliche Wissensarbeit auch Körperarbeit. Es ist nicht einmal nur so, dass Zustände des Körpers die Zustände des Geistes beeinflussen. Wenn sich Kognition über unser Gehirn, über unseren Körper bis hin zu unserer Umwelt ausbreitet, dann lassen sich diese Zustände gar nicht sauber in ein Denken oder Fühlen trennen. Dann „denkt“ der ganze Organismus in uns. Viele spannende Experimente können dies belegen: Ein Experiment zeigte, dass der Eiffelturm uns kleiner vorkommt, wenn wir uns nach links lehnen, und größer, wenn wir uns nach rechts lehnen.[15] Wenn wir die Größe eines Objektes schätzen, haben wir dabei nämlich ein Maßband im Kopf: links niedrige Zahlen und rechts hohe Zahlen, zumindest in der westlichen Kultur. Schon allein unsere Körperhaltung beeinflusst also unser Denken. Was mir noch keine Studie zeigen konnte, ist, wie ich meinen Chef dazu bringe, sich ganz stark nach rechts zu lehnen, während ich mit ihm über mein Gehalt verhandele ...

Ein weiterer Beweis, dass Wissen aus dem Körper aufsteigt, kennen wohl die meisten: Du streitest dich mit jemandem. Es eskaliert. Mal fliegen Teller. Mal Beleidigungen. Wir suchen genervt die Distanz voneinander, gehen in die Natur, kommen zur Ruhe, fragen uns, warum wir uns überhaupt gestritten haben. Und dann erst, lange nach dem Streit, in der Ruhe, steigt das Wissen über den Auslöser des Streits aus unserem Körper herauf: Ah ja, es ging um das letzte Knoppers!

Wir können viele scheinbar kognitive Dinge machen, Streiten, Entscheidungen treffen, E-Mails schreiben, ohne einen mentalen Zugriff auf weite Teile unseres Wissens zu haben. Trotzdem treibt es unsere Handlungen. Spaziergänge in der Ruhe sollten deshalb nicht erst nach einem Streit geschehen. Ein besseres Spüren kann uns zu bewussterem Handeln bringen. Stattdessen arbeiten wir so, als hätten wir keine Körper, als wären wir nur Maschinen.

Entkörperung in Organisationen: toxisch nach innen, toxisch nach außen

Der Kulturtheoretiker Klaus Theweleit hat den Prozess zum maschinenartigen Arbeiten anhand von Soldaten in den 1910er Jahren analysiert.[16] Hier wurden Männer, die in Theweleits Worten „noch nicht zu Ende geboren waren", also eigentlich noch Jungs waren, dazu gebracht, sich das kollektive Groß-Ich der Armee überzustülpen. Und ihre Körper abzustülpen. Mit gemeinsamen Hymnen und Ritualen, Schlafentzug, Bestrafungen und sinnlosen disziplinierenden Arbeitsexzessen wurden die Einzelkörper aufgebrochen und zu einem neuen Armeeleib zusammengefügt. Viele empfanden die Überwindung von Gefühlen, Verletzbarkeiten, von Zeichen der Herkunft und der Individualität sogar als Befreiung! Statt des eigenen vulnerablen Körpers verfügten sie nun über einen gemeinsamen gestählten Körperpanzer. Einen Panzer, aus dem sie sich nicht wieder befreien konnten. Der sie in die tödlichen Schützengräben des Ersten Weltkriegs schickte. Und manche sogar noch in den Zweiten Weltkrieg.

Sosehr dies Betrachtungen aus extremen Zeiten sind, begegnen uns viele Entkörperungspraktiken auch heute noch, besonders in hochambitionierten Unternehmen. „Das ist mir egal. Wir können die Leute jederzeit austauschen und neue anheuern. Alles, was zählt, ist die Firma", so Theranos-CEO Elizabeth Holmes zu ihrem Engineering-Direktor, der sich darüber beschwerte, dass mit ihrer neuen Idee die Mitarbeiter zu schnell ausbrennen würden.[17] Die junge Holmes, die immer Steve-Jobs-artig einen schwarzen Rollkragen trug, hatte die fabelhafte Idee, eine 24/7-Arbeitszeit für die Engineering-Abteilung ins Spiel zu bringen. Als Gründerin des Medizin(!)-Start-ups Theranos führte sie eine Firma, an dessen Erfolg von Henry Kissinger über Rupert Murdoch bis Larry Ellison sehr viele glaubten. Die sich dann als der größte Betrug in der Geschichte des Silicon Valley entpuppte. Außer einer hochtoxischen Arbeitskultur hatte die Firma nämlich nichts zu bieten – die großartigen Geräte, die sekundenschnell Bluttests auswerten sollten, stellten sich als Täuschungen heraus. Heute sitzt Holmes eine elfjährige Haftstrafe in einem texanischen Gefängnis ab, vermutlich nicht im Rollkragenpullover. Der Wirtschaftsethiker Guido Palazzo leitet aus dem Theranos-Fall eine Daumenregel ab:[18] Was nach innen toxisch ist, ist es auch nach außen. Ein Unternehmen mit einer missbräuchlichen Kultur kann nicht führend im Bereich der Gesundheit sein. Wie wir mit unseren Körpern umgehen, so gehen wir auch mit den Körpern um uns herum um. Eine Denkweise, die auf Ausbeutung programmiert ist, wirke in beide Richtungen, so Palazzo.

Drei Wege, den Körper ins Arbeiten zu bringen

Körperliche Resonanz mit (digitalem) Arbeiten zu verbinden, ist daher eine entscheidende Aufgabe für viele Organisationen und hängt immer vom Kontext ab. Drei Schlaglichter möchte ich aber werfen, die einfach und schnell umzusetzen sind.

Für das erste Schlaglicht müssen wir umblättern – was ja auch eine körperliche Tätigkeit ist – zum Kapitel zur ➤ Zeit: Dort sehen wir nicht nur, dass unsere Erschöpfung uns davon abhält, richtige Entscheidungen zu treffen – so wie die israelischen Richter. Dort lernen wir auch, wann genau die Zeiten sind, in denen unsere Kollegen, mein Team oder ich selbst, uns regenerieren sollten. Wir machen uns mit unserer Chronobiologie vertraut.

Das zweite Schlaglicht kommt auch aus eigener Erfahrung. Weil Bewegung dem Denken hilft,[19] halte ich viele Meetings beim Spazierengehen ab. Ich ermutige Unternehmen, über Spaziergangsrouten nachzudenken, Wege zu definieren, die jeweils eine halbe oder eine Stunde Strecke bedeuten, diese Routen im Büro aufzuhängen oder in die digitalen Kalender einzupflegen. „17 Uhr Strategiemeeting @ Kleine Waldrunde“, heißt es dann. Bei den Bewerbungsgesprächen, die ich so abgehalten habe, gab es noch andere Vorteile: Bewerber können nicht so gut schauspielern, wenn sie nicht riskieren wollen, gegen eine Laterne zu laufen. Und ich auch nicht, was die Unterhaltung viel authentischer macht. Mit dem Eindruck, den man so hinterlässt, konnten wir uns vielleicht von anderen Arbeitgebern absetzen. Nach der Logik: Mit wem ich spazieren gehe, den mag ich. Mehr zumindest als den, der mich zwischen Tischplatte und Stuhl in einem fremden Raum einklemmt. Obwohl das Büro in Berlin-Mitte war und unsere Spaziergänge wahrlich nicht den Charme kleiner Waldrunden hatten, war die Erfolgsquote dieser Gespräche überragend.

Das dritte Schlaglicht kommt vom Neurowissenschaftler Simon Ludwig, den ich beim Bouldern kennenlernte – eine körperliche Betätigung, bei der man danach gut in ein entspanntes Gespräch kommt. Er berichtete mir von seinem Start-up, in dem er Teambuilding mit körperlicher Arbeit verbindet, was ich natürlich sehr interessant fand. Unternehmen fürchten alle den Fachkräftemangel, so Ludwig, aber sie investieren im Schnitt weniger als einen Tag im Jahr für Teambuilding, um die Arbeitsatmosphäre zu verbessern. In seinem Teambuilding-Ansatz zeigt er Büromenschen, wie man gemeinsam aus Holz ein Floß baut, eine kleine Telefonzelle schreinert oder eine kleine Bar für den Pausenraum entstehen lässt. Mit einem Marktforschungsunternehmen hat er zum Beispiel ein elf Meter langes Floß gebaut, auf dem auch der Freund schipperte, der mir Simon vorstellte.

Auch wenn auf einem Company-Floß immer die Gefahr besteht, zu einer Organisation zu werden, die dich auch in der Freizeit nicht loslassen mag (➤ Sinn), so steckt in dem handwerkerlichen Ansatz eine tiefere Erkenntnis: Etwas Echtes zu bauen, macht echt was mit dir. Das würde auch die Steinbildhauerin Anna unterschreiben. Handeln kommt von Händen. Der Kern menschlicher Erfahrung ist unser Handlungsbewusstsein, die Fähigkeit, auf die Welt einzuwirken und die Wirkung dieser Handlungen wahrzunehmen, so der Motorradmechaniker und Philosoph Matthew Crawford.[20] Dieses Handeln sei in unserer digitalen Arbeitswelt in der Krise. Wenn wir nicht mehr glauben, Einfluss auf die Welt zu haben, fühlen wir uns auch nicht mehr verantwortlich. Manuelle Arbeit hingegen zeige uns, dass wir die Konsequenzen unseres Handelns nicht einfach ignorieren können. Mit dem, was wir wirklich in die Welt schaffen, treten wir zwangsläufig in Beziehung. Das Handwerk leistet damit eine moralische Bildung, von der auch Wissensarbeiter profitieren können. In Hinblick auf menschliche Beziehungen und auf Beziehungen zu nichthumanen Wesen.

Öffnet das Universum doch ein bisschen mehr!

Ob es um den Kopf öffnende Spaziergänge geht, um ein neues Ausleben unserer Liebe zur Schöpfung oder um das gemeinsame Handwerkern: Unser Körper ist eine reiche Quelle von Eindrücken, die unsere Arbeit verantwortungsvoller machen wird. Es ist eigentlich verwunderlich, wie weit wir es mit der Entkörperung geschafft haben.

Salman Rushdie bespricht in einem schönen Essay einen Roman von Saul Bellow. Dort hört die Hauptfigur einen angeketteten Hund laut bellen. Der Protagonist stellt sich vor, dass das Bellen des Hundes ein Protest gegen die Grenzen seiner Erfahrungswelt ist, gegen seinen angeketteten Körper. „Um Gottes willen", so hört er den Hund brüllen, „öffnet doch das Universum ein bisschen mehr"– und natürlich ist hier nicht die Rede von Hunden oder nicht nur von Hunden.[21] Das Verlangen nach tieferer Erfahrung und Verbindung, die eben über den Körper vermittelt wird, ist der Grund, warum uns Anna Rubincams Arbeit so beeindruckt: „Um Gottes willen, öffnet das Universum doch ein bisschen mehr."

Die letzten Seiten, die ersten Schritte

„Jedem Anfang wohnt ein Zauber inne."
Hermann Hesse

In diesem Buch habe ich die Voraussetzungen beleuchtet, die die Arbeitswelt erfüllen muss, um sich der Zukunft zu verantworten. Verantwortung setzt ein Spüren-Können und damit Körperbewusstsein voraus. Verantwortung setzt Konzentration voraus und damit Zeit. Setzt menschliche Intelligenz voraus. Setzt eine Haltung jenseits des Konsumierens und Produzierens voraus.

Dieses Buch ist kein Ratgeber: Bücher über Nachhaltigkeit, die mit erhobenem Zeigefinger (und so humorlos!) Regeln unters Volk bringen, gibt es so viele wie achtlos weggeworfene Coffee-to-go-Becher, wie der Kollege Stefan Grabmeier so treffend formuliert hat. Wer sind diese Titanen, die für jede Situation und jeden Menschen den passenden Rat haben? Ich bin es nicht. Ich bin der, der nicht glaubt, dass Ratgeber funktionieren. Wir sind Praxiswesen, keine Textverarbeitungsprogramme.

Wenn ein Buch doch ein bisschen zum Wandel beitragen kann, dann damit, dass es bestehende Arten des Arbeitens in Zweifel zieht: Zweifel ist der Weisheit Anfang. Zweifel schafft Raum für Neues. Statt ein selbstgerechter Ratgeber möchte ich Zweifelstreuer gewesen sein, damit sich auf diesem Acker Eigensinn entwickeln kann, gern auch in Reibung zum Text.[1] Bei jeder Leserin, jedem Leser ein anderer Eigensinn, eine andere Art, Veränderungsdimensionen zu verstehen: Was bedeutet ein zyklisches Zeitverständnis in meinem Wirkungskreis? Wie kann ich mein Team postnaiv führen? Was hieße Embodied Work bei uns?

Ich wünsche mir, dass dies kein Buch ist, das in Wohnzimmer und Büros abgeworfen wird, sondern der Anfang einer gemeinsamen Reise ist. Deshalb würde ich mich freuen, von deinen eigensinnigen Versuchen, die Arbeitswelt enkelfähiger zu machen, zu erfahren. Schreib mir an Worksurvivebalance@gmail.com.

Auch für mich kommen nun praktische Schritte: Ich werde eine längere Lesetour machen, die aber „Lesetour" genau nicht sein will. Kein Frontalunterricht, sondern Erprobungsraum – vielleicht werden wir uns dort begegnet sein? – Bämm, Futur II!

Die letzte Seite ist zugleich der erste Schritt. Hier löst sich die Trennung zwischen Autor und Leser, hier ist die Schwelle von Text zu Praktiken erreicht – hier übergebe ich dir den Staffelstab.

Lass dich herausfordern von der irritierenden Arbeitswelt da draußen. Herausfordern von Illusionen, die wir uns dort machen. Herausfordern von Möglichkeiten, die wir übersehen. Herausfordern, dir diese Sache mit einem erneuerten Blick anzuschauen. Herausfordern, in diesem Schauspiel namens Arbeit eine neue Rolle einzunehmen. Und wenn du nicht weißt, was du tun sollst, warte einfach aufmerksam. Bis du es weißt.

Your move!

Dein Hans

PS: Als Souvenir an unsere gemeinsame Zeit kannst du dir das „Manifest der enkeltauglichen Arbeit" mitnehmen.

MANIFEST DER ENKELTAUGLICHEN ARBEIT

Diese Fakten sind für uns selbstverständlich:

WER VON DER **ZUKUNFT** DER ARBEIT SPRICHT, DARF VON DER ZUKUNFT DES PLANETEN NICHT SCHWEIGEN.

WER UNTER **ZUKUNFT** DER ARBEIT VERDICHTUNG, BESCHLEUNIGUNG UND VEREINZELUNG VERSTEHT, MEINT OLD WORK, NICHT NEW WORK.

DIE **ZUKUNFT** DES PLANETEN, VOR DER DIE UMWELTBEWEGUNG IMMER GEWARNT HAT, IST DERWEIL LÄNGST GEGENWART GEWORDEN.

DIE ARBEIT

... AUF DIESEM PLANETEN IST ES, DIE IHN AN DEN RAND DES ABGRUNDS GEBRACHT HAT.

... MUSS UMSTEUERN FÜR EINE GEMEINSCHAFTLICHE BEWÄLTIGUNG DER KLIMAKRISE.

... ABZUSCHAFFEN IST KEINE LÖSUNG, SONDERN LENKT UNS DAVON AB, SIE VERANTWORTUNGSVOLLER ZU MACHEN.

Deswegen werden wir in der Arbeitswelt...

...neben dem Herstellen und Verbrauchen die **Haltung** des Handelns entdecken.

... unsere **Organisationen** nicht als isolierte Profitmaximierungsmaschinen sehen.

... ein Forum errichten, wo jede Tätigkeit **Anerkennung** verdient.

...unsere Menschliche Intelligenz mit Künstlichen und Ökologischen **Intelligenzen** in Einklang bringen.

... kritische Fragen nach dem größeren **Sinn** aushalten.

...statt unnötige Generationenkonflikten auszutragen, lieber nötigen **Zusammenhalt** erkämpfen.

...zu einem besseren Umgang mit **Zeit** kommen.

...dem unverzichtbaren und verdrängten Teil der **Care-Arbeit** **Sichtbarkeit** geben.

...auf unsere **Körper** als Träger von Wissen und Hinweisgeber von Grenzen hören.

Danke an …

Sara Weydner für das Lektorat. Bernd Rusinek für die Stilberatung. Stephan Meyer für die Ermutigung. Karoline Rütter, Johannes Nöltner, Shlomo Babeit, Felicitas Behler, Sebastian Böttcher und Thymian Bussemer für den Praxis-Austausch. Marc Hübscher, Björn Müller, Eva Horn, Thomas Beschorner und Markus Scholz für den Theorie-Austausch. Den Club of Rome Deutschland und seinem Think Tank 30 für den kritischen Idealismus. Nina Martin, Christian Uhle und Dennis Fischer für publizistische Kniffe. Den „Staatsempfang" für Wissensreisen – nicht nur in Arbeitswelten. Den Hof zu Fall für inspirierende und die RespectResearchGroup für disziplinierende Schreibräume. Den Studierenden meines Kurses „Navigating the Future of Work" für die allmähliche Verfertigung der Gedanken beim Lehren (und: Diskutieren!). Lea Falk-Rusinek für alles.

Anmerkungen

Willkommen im Anti-Anti-Arbeits-Club!

1 Tom Cashman, Somehow We Ended up Here, Twitter, 2.9.2021, https://t.co/7f9WywixPE (alle Links wurden zuletzt am 22.6.2023 abgerufen).

2 Hartmut Rosa, In der Arbeit finden wir die Welt, in: Neue Zürcher Zeitung, 16.9.2019, https://www.nzz.ch/meinung/in-der-arbeit-finden-wir-die-welt-ld.1507472?reduced=true.

3 Alice Ahlers, Interview mit Jule Specht, „Die Persönlichkeitsentwicklung ist niemals fertig", in: Zeit Online, 12.5.2018, https://www.zeit.de/wissen/2018-05/psychologie-persoenlichkeit-entwicklung-alter-forschung/.

4 Jakob Arnold, Beruf: Handwerker sind begehrt – und besonders glücklich, in: Süddeutsche Zeitung Online, 3.3.2023, https://www.sueddeutsche.de/wirtschaft/handwerk-arbeit-glueck-1.5762363.

5 Eckart von Hirschhausen, Wir haben einen planetaren Notfall, in: Journal Frankfurt, 12.12.2022, https://www.journal-frankfurt.de/journal_news/Gesellschaft-2/Eckart-von-Hirschhausen-Wir-haben-einen-planetaren-Notfall-Sich-darum-nicht-zu-kuemmern-waere-unterlassene-Hilfeleistung-40110.html.

6 Otto Scharmer, Dem Nadelöhr begegnen, Presencing Institute, 8.4.2021, https://presencing-publications.medium.com/dem-nadel%C3%B6hr-begegnen-ein-artikel-von-otto-scharmer-7fa038a6ca71.

7 Eva Horn, Anthropozän zur Einführung, Hamburg 2022, S. 20.

8 Michael S. Aßländer/Bernd Wagner (Hg.), Philosophie der Arbeit. Texte von der Antike bis zur Gegenwart, Berlin 2017, S. 12 f.

9 Dirk von Gehlen, Das Pragmatismus-Prinzip. 10 Gründe für einen gelassenen Umgang mit dem Neuen, München 2018.

Die Herausforderung

1 Die Zukunft des Planeten

1 Debatte im Harvard Museum of Natural History, Cambridge, MA, 9.9.2009.

2 Eva Horn, Anthropozän zur Einführung, Hamburg 2022, S. 104.

3 Zitiert nach ebd., S. 104.

4 Ebd., S. 20.

5 Ebd., S. 67.

6 The Economist, Francisco Goya's Vision of War is Powerful and Urgent, in: The Economist, 20.12.2022, https://www.economist.com/culture/2022/12/20/francisco-goyas-vision-of-war-is-powerful-and-urgent.

7 The Economist, Welcome to the Anthropocene, in: The Economist, 26.5.2011, https://www.economist.com/leaders/2011/05/26/welcome-to-the-anthropocene.

8 Ebd.

9 Horn, Anthropozän zur Einführung (wie Anm. 2), S. 20.

10 Ebd., S. 9.

11 Ebd., S. 7.

12 WWF, Living Planet Report 2022, https://www.wwf.de/living-planet-report.

13 Vaclav Smil, Harvesting the Biosphere. What We Have Taken from Nature, Cambridge, MA 2012.

14 Harald Welzer, Nachruf auf mich selbst, Frankfurt am Main 2021, S. 11.

15 Bruce Wilkinson, Humans as Geologic Agents. A Deep-Time Perspective, in: Geology 33 (2005), Nr. 3, S. 161–164.

16 Bärbel Hönisch u. a., The Geological Record of Ocean Acidification, in: Science 335 (2012), Nr. 6072, S. 1058–1063.

17 Reinhold Leinfelder, Anthropozän ausgerufen, in: SciLogs – Der Anthropozäniker, 1.4.2016, https://scilogs.spektrum.de/der-anthropozaeniker/anthropozaen-golden-spike-berliner-regierungsviertel/.

18 Angel T. Bautista u. a., A Historical Record of the Impact of Nuclear Activities Based on 129I in Coral Cores in Baler, Philippines, in: Journal of Environmental Radioactivity (2021), Nr. 227, 106508.

19 Jan Zalasiewicz u. a., The Geological Cycle of Plastics and their Use as a Stratigraphic Indicator of the Anthropocene, in: Anthropocene (2016), Nr. 13, S. 4–17.

20 Linsey E. Haram u. a., Extent and Reproduction of Coastal Species on Plastic Debris in the North Pacific Subtropical Gyre, in: Nature Ecology & Evolution 7 (2023), Nr. 5, S. 687–697.

21 Anthropocene Working Group, Newsletter, Vol. 5, September 2014, http://quaternary.stratigraphy.org/wp-content/uploads/2018/08/Anthropocene-Working-Group-Newsletter-Vol-5.pdf.

22 Ebd.

23 Frank Böttcher, Journalismusforum 2023. Bericht und Interview, https://seminar.ard-zdf-medienakademie.de/journalismusforum/.

24 J. R. McNeill/Peter Engelke, The Great Acceleration. An Environmental History of the Anthropocene Since 1945, Cambridge, MA 2016.

25 Max Roser, The Short History of Global Living Conditions and Why It Matters That We Know It, in: Our World in Data, 2020, https://ourworldindata.org/a-history-of-global-living-conditions.

26 Dipresh Chakrabarty, The Climate of History. Four Theses, in: Critical Inquiry 35 (2) 2009, S. 197–222, hier S. 208.

27 Hartmut Rosa, Die Zukunft ist nicht zu sehen, in: taz, 15.12.2022, https://taz.de/!5902948/.

28 Ebd.

29 Lea de Gregorio, Interview mit Wolfgang Lauterbach. „Wer reich werden will, sollte aggressiv sein“, in: Zeit Online, 26.4.2023, https://www.zeit.de/arbeit/2023-04/reichtum-persoenlichkeit-soziologie-wolfgang-lauterbach-interview.

30 Miya Tokumitsu, Die Zeit nach dem Kapitalismus. Wie wir unsere Zeit organisieren, wenn wir von den Zwängen des Kapitalismus frei sind, in: Jacobin, 14.4.2020, https://jacobin.de/artikel/zeit-arbeit-kapitalismus/.

31 Susanne Mierau, Füreinander sorgen. Warum unsere Gesellschaft ein neues Miteinander braucht, Berlin 2023.

32 Lars Hochmann, In den letzten Wochen ..., in: LinkedIn, 4.6.2023, https://www.linkedin.com/embed/feed/update/urn:li:share:7074282417552777216.

33 Leif Wenar, Is Humanity Getting Better?, in: The New York Times, 15.2.2016, https://archive.nytimes.com/opinionator.blogs.nytimes.com/2016/02/15/is-humanity-getting-better/.

2 Die Zukunft der Arbeit

1 Zitiert nach: Friedrich von Bodenstedt, Die Lieder des Mirza-Schaffy, Berlin 2013, S. 57.

2 Günther Ortmann, „Gute Organisation“ – ein leerer Signifikant. 21 Thesen zu Organisation, Moralität und Performativität, in: Zeitschrift Führung + Organisation (2022), Nr. 1, S. 4–9.

3 Aisha Counts, Meta Employees Are Selling the Metaverse, But Not Working In it, in: Bloomberg News, 2.6.2023, https://www.bloomberg.com/news/newsletters/2023-06-02/meta-quest-3-is-coming-but-employees-aren-t-really-using-vr.

4 Wall Street Journal, The Facebook Files, 1.10.2021, https://www.wsj.com/articles/the-facebook-files-11631713039.

5 Jenny Odell, How to Do Nothing. Resisting the Attention Economy, Brooklyn, NY 2019, S. xiv.

6 Eva Horn, Anthropozän zur Einführung, Hamburg 2022, S. 22.

7 Ebd.

8 Hans Rusinek, Parallelen. Start-up-Gründer und die 68er. Die Revoluzzer von heute, in: Deutschlandfunk Kultur, 6.3.2018, https://www.deutschlandfunkkultur.de/parallelen-start-up-gruender-und-die-68er-die-revoluzzer-100.html.

9 Benjamin von Stuckrad-Barre, Noch wach?, Roman, Hamburg 2023, S. 82.

10 Kamal Munir u. a., From Patañjali to the “Gospel of Sweat“. Yoga’s Remarkable Transformation from a Sacred Movement into a Thriving Global Market, in: Administrative Science Quarterly 66 (2021), Nr. 3, S. 854–899.

11 Frithjof Bergmann, Neue Arbeit, neue Kultur, Freiamt im Schwarzwald 2004.

12 Tim Seitz, Design Thinking und der neue Geist des Kapitalismus. Soziologische Betrachtungen einer Innovationskultur, Bielefeld 2017, S. 34.

13 Harald Welzer, Nachruf auf mich selbst, Frankfurt am Main 2021, S. 68.

14 Der Spiegel, Konzerne haben Klimaziele – aber keinen Plan, sie zu erreichen, in: Spiegel Online, 16.2.2023, https://www.spiegel.de/wirtschaft/soziales/umweltschutz-konzerne-haben-klimaziele-aber-keinen-plan-sie-zu-erreichen-a-a7d6adbb-be8b-4a31-a8a0-86c161062cb7.

15 Klaus Spremann/Pascal Gantenbein, Finanzmärkte. Grundlagen, Instrumente, Zusammenhänge, Konstanz [4]2016, S. 14.

16 Donald Sull, When It Comes to Culture, Does Your Company Walk the Talk?, in: MIT Sloan Management Review, 21.7.2020, https://sloanreview.mit.edu/article/when-it-comes-to-culture-does-your-company-walk-the-talk/.

17 Harry G. Frankfurt, On Bullshit, Princeton, NJ 2005.

18 Christopher Grey, A Very Short, Fairly Interesting and Reasonably Cheap Book About Studying Organizations, London [4]2017, S. 29.

19 Horn, Anthropozän zur Einführung (wie Anm. 5), S. 10.

20 Tess Riley, Just 100 Companies Responsible for 71 % of Global Emissions, Study Says, in: The Guardian, 10.7.2017, https://www.theguardian.com/sustainable-business/2017/jul/10/100-fossil-fuel-companies-investors-responsible-71-global-emissions-cdp-study-climate-change.

21 Thomas Beschorner/Marc C. Hübscher/Matthias Kettner, Kulturalistische (Wirtschafts)Ethik, in: Zeitschrift für Wirtschafts- und Unternehmensethik 22 (2021), Nr. 3, S. 377–410.

22 Elinor Ostrom, A Polycentric Approach for Coping with Climate Change, The World Bank, Policy Research Working Paper, Nr. 5095, Oktober 2009, http://dx.doi.org/10.2139/ssrn.1934353.

23 Horn, Anthropozän zur Einführung (wie Anm. 5), S. 116.

24 Ebd., S. 117.

25 Ebd.

26 Ostrom, A Polycentric Approach.

27 Welzer, Nachruf auf mich selbst (wie Anm. 12), S. 24.

28 Björn Müller, Unternehmungstum, in: Jörg Metelmann/Harald Welzer (Hg.), Imagineering. Wie Zukunft gemacht wird, Frankfurt am Main 2020, S. 73–104, hier S. 79.

29 En-ROADS, Climate Scenario, https://en-roads.climateinteractive.org/scenario.html.

30 Müller, Unternehmungstum (wie Anm. 27), S. 74.

31 Stephan Kosch, Interview mit Marc Wittmann. Wir sind die Zeit, in: Transform, 11.3.2022, https://transform-magazin.de/zeitwahrnehmung/.

3 Praxistheorie für Praxiswandel

1 India Bourke, Interview mit Richard Powers. “Climate Change is a Psychological Problem”, in: The New Statesman, 31.8.2022, https://www.newstatesman.com/encounter/2022/08/richard-powers-interview-climate-change.

2 Andreas Reckwitz, Grundelemente einer Theorie sozialer Praktiken. Eine sozialtheoretische Perspektive, in: Zeitschrift für Soziologie 32 (32), Nr. 4, S. 282–301.

3 Harald Welzer, Nachruf auf mich selbst, Frankfurt am Main 2021, S. 17.

4 Eva von Redecker, Interview mit Christian Tschirner und Lynn Takeo Musiol, in: nachtkritik.de, 22.4.2020, https://nachtkritik.de//recherche-debatte/inside-endzeit-texte-zur-klimakrise-5-interview-mit-der-philosophin-eva-von-redecker-ueber-die-moeglichkeiten-einer-revolutionaeren-umgestaltung-unserer-wirtschafts-und-lebensverhaeltnisse.

5 Rahel Jaeggi, Kritik von Lebensformen, Berlin 2013.

6 Thomas Beschorner/Marc C. Hübscher/Matthias Kettner, Replik-Replik. Kulturalistische (Wirtschafts)Ethik im Resonanzraum, in: Zeitschrift für Wirtschafts- und Unternehmensethik 22 (2021), Nr. 3, S. 475–491.

7 Welzer, Nachruf auf mich selbst (wie Anm. 2), S. 14.

8 Thomas Beschorner/Marc C. Hübscher/Matthias Kettner, Kulturalistische (Wirtschafts)Ethik, in: Zeitschrift für Wirtschafts- und Unternehmensethik 22 (2021), Nr. 3, S. 377–410.

9 The Economist, Travel Patterns Have Changed for Good. Transport Systems Should, Too, in: The Economist, 19.5.2022, https://www.economist.com/leaders/2022/05/19/travel-patterns-have-changed-for-good-transport-systems-should-too.

10 The Economist, How Hand-Washing Explains Economic Expansion, in: The Economist, 1.8.2020, https://www.economist.com/books-and-arts/2020/08/01/how-hand-washing-explains-economic-expansion.

11 Norbert Elias, Über den Prozess der Zivilisation, Frankfurt am Main 1976, S. 12.

12 Martin Häusler, Als ich mich auf den Weg machte, die Erde zu retten. Eine Reise in die Nachhaltigkeit, hrsg. v. Eckart von Hirschhausen, München 2023.

13 Beschorner/Hübscher/Kettner, Kulturalistische (Wirtschafts)Ethik (wie Anm. 7).

14 Chris Bolton, Cycling to Work. "It's Just What We Do ...", in: What's the Pont, 23.10.2016, https://whatsthepont.blog/2016/10/23/cycling-to-work-its-just-what-we-do-could-social-practice-theory-help/.

Die Veränderungsdimensionen

1 Haltung

1 Friedrich Hebbel, Brief vom 3.10.1840, aus: Friedrich Hebbels Briefwechsel mit Freunden und berühmten Zeitgenossen, hrsg. v. Felix Bamberg, Berlin 1890, S. 154.

2 Hannah Arendt/Günther Anders, Schreib doch mal „hard facts" über dich. Briefe 1939–1975, München 2016, S. 23.

3 Hans Rusinek, Die berufliche Sinnkrise in der Krisenkonstellation des Anthropozäns, in: Zeitschrift für Wirtschafts- und Unternehmensethik 23 (2022), Nr. 3, S. 305–332.

4 Ellen Schrecker, Trumpism Is the New McCarthyism, in: The Nation, 21.5.2018, https://www.thenation.com/article/archive/trumpism-is-the-new-mccarthyism/.

5 Hannah Arendt, Home to Roost. A Bicentennial Address, abgedruckt in: Sam Bass Warner, Jr. (Hg.), The American Experiment. Perspectives on 200 Years, Boston 1976, S. 3–6, hier S. 4.

6 Rusinek, Die berufliche Sinnkrise (s. Anm. 2).

7 Jason W. Moore, The Capitalocene Part II. Accumulation by Appropriation and the Centrality of Unpaid Work/Energy, in: The Journal of Peasant Studies 45 (2018), Nr. 2, S. 237–279.

8 Michael J. Sandel, Was man für Geld nicht kaufen kann. Die moralischen Grenzen des Marktes, Berlin [7]2012, S. 213–216.

9 Ye (Kanye West), Interview mit Tino Sehgal, in: 032c, 10.5.2022, https://032c.com/magazine/i-am-the-leader-ye-in-conversation-with-tino-sehgal.

10 Elon Musk auf Twitter: "Am donating $100M towards a prize for best carbon capture", in: Twitter, 22.1.2021, https://twitter.com/elonmusk/status/1352392678177034242.

11 The Economist, Elon Musk's $44bn Education on Free Speech, in: The Economist, 19.12.2022, abrufbar unter https://www.economist.com/leaders/2022/12/19/elon-musks-44bn-education-on-free-speech.

12 Merlin Münch, Interview mit Evgeny Morozov. „Uns steht eine Datenapokalypse bevor", in: bpb online, 23.10.2013, https://www.bpb.de/themen/medien-journalismus/netzdebatte/171007/interview-evgeny-morozov-uns-steht-eine-datenapokalypse-bevor/.

13 Ian Tucker, Interview mit Evgeny Morozov. "We Are Abandoning All the Checks and Balances", in: The Guardian, 9.3.2013, https://www.theguardian.com/technology/2013/mar/09/evgeny-morozov-technology-solutionism-interview.

14 Hannah Arendt, Vita active oder Vom tätigen Leben, München 2013, S. 104.

15 Ruth Yeoman, Meaningful Work and Workplace Democracy. A Philosophy of Work and a Politics of Meaningfulness, London 2014, S. 53.

16 taz, Die Zukunft ist nicht zu sehen. Hartmut Rosa im Gespräch, in: taz futurzwei Nr. 23 (2023), online verfügbar unter https://taz.de/!5902948/.

17 Peg Birmingham, Worldly Immortality in an Age of Superfluity. Arendt's "The Human Condition", in: Arendt Studies 2 (2018), S. 25–35.

18 Lewis Mumford, The Myth of the Machine, San Diego, CA 1967/1970.

19 Vgl. Hannah Arendt im Gespräch mit Günter Gaus, in: Zur Person, ZDF, 28.10.1964, online verfügbar unter https://www.youtube.com/watch?v=W8dw6rx9488.

20 Ebd.

21 Ebd.

22 Björn Müller, Unternehmungstum, in: Jörg Metelmann/Harald Welzer (Hg.), Imagineering. Wie Zukunft gemacht wird, Frankfurt am Main 2020, S. 73–104, hier S. 74.

23 Arendt, Vita activa (Anm. 13), S. 182.

24 Hannah Arendt im Gespräch mit Günter Gaus (wie Anm. 18).

25 Hannah Arendt, Wahrheit und Lüge in der Politik. Zwei Essays, München 2013.

26 Byung-Chul Han, Undinge. Umbrüche der Lebenswelt, Berlin 2021, S. 31.

27 Hartmut Rosa, In der Arbeit finden wir die Welt, in: Neue Zürcher Zeitung, 16.9.2019, https://www.nzz.ch/meinung/in-der-arbeit-finden-wir-die-welt-ld.1507472?reduced=true.

28 Lisa Herzog, Die Rettung der Arbeit. Ein politischer Aufruf, Berlin 2019, S. 137.

29 Unsichtbares Komitee, Jetzt (Nautilus Flugschrift), Hamburg 2017.

30 David Johann Lensing, Die Zerstörung des politischen Lebens, in: dajolens, 8.4.2020, https://dajolens.de/blog/zerstoerung-des-politischen-lebens.

2 Organisationsverständnis

1 Max Horkheimer/Theodor W. Adorno, Dialektik der Aufklärung, Frankfurt a. M. 1969 [1947], S. 74.

2 Christopher Grey, A Very Short, Fairly Interesting and Reasonably Cheap Book About Studying Organizations, London [4]2017, S. 29.

3 Parag Khanna, Globalisierung. Ist eine Weltordnung möglich?, in: Die Zeit, 15.8.2022, abrufbar unter https://www.zeit.de/2022/33/globalisierung-weltordnung-geschichte-europa-usa.

4 Hans Rusinek, Zukunftsgestaltung. Wandel als Dogma, in: Deutschlandfunk Kultur, 16.2.2021, https://www.deutschlandfunkkultur.de/zukunftsgestaltung-wandel-als-dogma-100.html.

5 Joseph A. Schumpeter, The Theory of Economic Development, Oxford 1961.

6 Viktoria Unterreiner, Globalisierung. Krabben nach Marokko, in: Die Welt, 12.3.2007, https://www.welt.de/wirtschaft/article756944/Krabben-nach-Marokko.html.

7 David J. Snowden/Mary E. Boone, A Leader's Framework for Decision Making, in: Harvard Business Review, November 2007, online abrufbar unter https://hbr.org/2007/11/a-leaders-framework-for-decision-making.

8 Martin Reeves/Claus Dierksmeier/Claudio Chittaro, The Humanization of the Corporation, in: BCG Global, 18.7.2020, https://www.bcg.com/publications/2018/humanization-corporation.

9 Milton Friedman, A Friedman Doctrine. The Social Responsibility of Business is to Increase its Profits, in: The New York Times, 13.9.1970, online abrufbar unter https://www.nytimes.com/1970/09/13/archives/a-friedman-doctrine-the-social-responsibility-of-business-is-to.html.

10 Markus Scholz, Corporate Diplomacy. Die Relevanz des politischen Engagements von Unternehmen nach der Zeitenwende (Liz Mohn Center der Bertelsmann Stiftung, 2022), https://www.bertelsmann-stiftung.de/de/publikationen/publikation/did/corporate-diplomacy, S. 3 ff.

11 Reeves/Dierksmeier/Chittaro, The Humanization of the Corporation (wie Anm. 7).

12 Hans Rusinek, Wandel bewältigen. Mit Paul Cézanne neues Denken lernen, in: Deutschlandfunk Kultur, 2.10.2020, https://www.deutschlandfunkkultur.de/wandel-bewaeltigen-mit-paul-cezanne-neues-denken-lernen-100.html.

13 David Boje, Narrative Methods for Organizational and Communication Research, London 2001.

14 Scholz, Corporate Diplomacy (wie Anm. 9), S. 4.

15 Juan Manuel Elegido, Business Education and Erosion of Character, in: African Journal of Business Ethics 4 (2014), Nr. 1, S. 1–57.

16 Marylin Sargent, Ego Development and Choice of Major Field in College, Paper, Meeting of the Rocky Mountain Business Law Association 1986.

17 Robert Frank et al., Does Studying Economics Inhibit Cooperation?, in: The Journal of Economic Perspectives 7 (1993), Nr. 2, S. 159–171.

18 Robert Williams et al., Managers' Business School Education and Military Service, in: Human Relations 53 (2000), Nr. 5, S. 691–712.

19 Donald Mccabe et al., Academic Dishonesty in Graduate Business Programs, in: Academy of Management Learning and Education 5 (2006), Nr. 3, S. 294–305.

20 Reinhart Selten/Axel Ockenfels, An Experimental Solidarity Game, in: Journal of Economic Behavior and Organization 34 (1998), Nr. 4, S. 517–539.

21 Björn Frank/Günther Schulze, Does Economics Make Citizens Corrupt?, in: Journal of Economic Behavior and Organization 43 (2000), Nr. 1, S. 101–113.

22 Ebd.

23 Claus Dierksmeier, Reframing Economic Ethics. The Philosophical Foundations of Humanistic Management, Cham 2016.

24 Ernst Jünger, Gespräche im Weltstaat. Interviews und Dialoge 1929–1997, hg. von Rainer Barbey und Thomas Petraschka, Stuttgart 2019, S. 140.

25 Frank Schabel, Interview mit Antoinette Weibel. Welche Rolle KI künftig für Chefs spielt, in: Business Insider, 17.7.2023, https://www.businessinsider.de/karriere/professorin-fuer-personalmanagement-welche-rolle-ki-kuenftig-fuer-chefs-spielt.

26 Robert E. Quinn/Anjan V. Thakor, Creating a Purpose-Driven Organization, in: Harvard Business Review, Juli/August 2018, online verfügbar unter https://hbr.org/2018/07/creating-a-purpose-driven-organization.

27 Gianpiero Petriglieri, To Take Charge of Your Career, Start by Building Your Tribe, in: Harvard Business Review, 5.4.2018, https://hbr.org/2018/04/to-take-charge-of-your-career-start-by-building-your-tribe.

28 Björn Müller, Unternehmungstum, in: Jörg Metelmann/Harald Welzer (Hg.), Imagineering. Wie Zukunft gemacht wird, Frankfurt am Main 2020, S. 73–104, hier S. 73.

29 Ebd.

30 Timothy Morton, Ökologie ohne Natur, Berlin 2016.

31 Martin Reeves/Simon Levin, Think Biologically. Messy Management for a Complex World, in: BCG Global, 18.7.2020, https://www.bcg.com/publications/2017/think-biologically-messy-management-for-complex-world.

32 Frédéric Laloux, Reinventing Organizations. Ein Leitfaden zur Gestaltung sinnstiftender Formen der Zusammenarbeit, München 2015, S. 55.

33 Colin Mayer, Reinventing the Corporation, in: The British Academy, 4.4.2015, https://www.thebritishacademy.ac.uk/publishing/journal-british-academy/4/reinventing-corporation/.

34 Daron Acemoglu/James A. Robinson, Warum Nationen scheitern. Die Ursprünge von Macht, Wohlstand und Armut, Frankfurt am Main 2013.

3 Anerkennung

1 Robert C. Solomon, A Better Way to Think About Business. How Personal Integrity Leads to Corporate Success, Oxford 1999, S. 21.

2 David Goodhart, Head Hand Heart. The Struggle for Dignity and Status in the 21st Century, London 2020.

3 Ebd., S. 3.

4 Jakob Arnold, Beruf: Handwerker sind begehrt – und besonders glücklich, in: Süddeutsche Zeitung Online, 3.3.2023, https://www.sueddeutsche.de/wirtschaft/handwerk-arbeit-glueck-1.5762363.

5 Deutscher Bundestag, 3. Alters- und Sozialstruktur, https://www.bundestag.de/dokumente/parlamentsarchiv/datenhandbuch/03/kapitel-03-475934.

6 Statista, Bildungsstand. Bevölkerung nach Schulabschluss 2022, https://de.statista.com/statistik/daten/studie/1988/umfrage/bildungsabschluesse-in-deutschland/.

7 Goodhart, Head Hand Heart (wie Anm. 1), S. 12.

8 Deutscher Bundestag, 3. Alters- und Sozialstruktur, https://www.bundestag.de/dokumente/parlamentsarchiv/datenhandbuch/03/kapitel-03-475934.

9 Goodhart, Head Hand Heart (wie Anm. 1), S. 4.

10 Michael J. Sandel, Vom Ende des Gemeinwohls. Wie die Leistungsgesellschaft unsere Demokratien zerreißt, Frankfurt am Main 2020, S. 11.

11 Julia Klier/Mathias Winde, Vom Arbeiterkind zum Doktor. Der Hürdenlauf auf dem Bildungsweg der Erststudierenden, Diskussionspapier, Stifterverband 2021.

12 Michael Sandel, What Liberals Get Wrong about Work, in: The Atlantic, 2.9.2020, https://www.theatlantic.com/ideas/archive/2020/09/contributive-justice-and-dignity-work/615919/.

13 Sabrina Ebitsch, So tickt der Bundestag, in: Süddeutsche Zeitung, 27.2.2018, https://www.sueddeutsche.de/politik/datenauswertung-so-tickt-der-bundestag-1.3884078.

14 Matthias Ubl, Der Philosoph des Kanzlers, in: Zeit Online, 18.10.2022, https://www.zeit.de/kultur/2022-10/olaf-scholz-michael-sandel-philosophie-bundeskanzler.

15 David Graeber, Bullshit Jobs. Vom wahren Sinn der Arbeit, Stuttgart 2018.

16 Gary Hamel/Michele Zanini, What We Learned About Bureaucracy from 7,000 HBR Readers, in: Harvard Business Review, 10.8.2017, https://hbr.org/2017/08/what-we-learned-about-bureaucracy-from-7000-hbr-readers.

17 Bain & Company, Streamlining Spans and Layers, 2010, https://media.bain.com/Images/Capability_Brief_Streamlining_spans_and_layers.pdf.

18 Martha J. Bailey/Janet Currie/Hannes Schwandt, The Covid-19 Baby Bump, NBER Working Paper Series, Oktober 2022, https://www.nber.org/papers/w30569.

19 Miya Tokumitsu, In the Name of Love, in: Jacobin, 1.12.2014, https://jacobin.com/2014/01/in-the-name-of-love/.

20 Gordon Marino, A Life Beyond "Do What You Love", in: The New York Times Opinionator, 17.5.2014, https://opinionator.blogs.nytimes.com/2014/05/17/a-life-beyond-do-what-you-love/.

21 Unia Pascual u. a., Valuing Nature's Contributions to People. The IPBES Approach, in: Current Opinion in Environmental Sustainability 26 (2017), Nr. 27, S. 7–16.

22 Dirk Helbing u. a., Will Democracy Survive Big Data and Artificial Intelligence?, in: Scientific American, 25.2.2017, https://www.scientificamerican.com/article/will-democracy-survive-big-data-and-artificial-intelligence/.

23 Thomas Regniet, Fachkräftemangel in Deutschland. Wenn Unternehmen das Personal ausgeht. Ein Überblick zum Fachkräftemangel, in: Wirtschaftswoche Online, 12.4.2023, https://www.wiwo.de/politik/deutschland/fachkraeftemangel-in-deutschland-wenn-unternehmen-das-personal-ausgeht-ein-ueberblick-zum-fachkraeftemangel/28936056.html.

24 Peter Bieri, Wie wäre es, gebildet zu sein?, in: Neue Zürcher Zeitung, 6.11.2005, https://www.nzz.ch/articleDAIPS-ld.366864.

4 Intelligenz(en)

1 Zitiert nach: Hersfelder Zeitung, Nr. 212, 12.9.2005.

2 Christoph Kucklick, Die granulare Gesellschaft. Auf dem Weg in das Zeitalter der Ungleichheit, Berlin 2014, S. 94.

3 Ebd., S. 95.

4 Melvin Kranzberg, Technology and History. "Kranzberg's Laws", in: Technology and Culture 27 (1986), Nr. 3, S. 544–560, hier S. 545.

5 Karl Marx, Das Elend der Philosophie, Bonn 1885, S. 130.

6 Tim Leberecht, Wir brauchen einen neuen radikalen Humanismus, in: Zukunftsinstitut Blog, 9.4.2017, https://www.zukunftsinstitut.de/artikel/technologie/wir-brauchen-einen-ne%C3%BCn-radikalen-humanismus/.

7 Kucklick, Die granulare Gesellschaft (wie Anm. 1), S. 84.

8 John Naughton, From Gutenberg to Zuckerberg. What You Really Need to Know about the Internet, London 2011.

9 Persönliche Kommunikation des Autors.

10 Byung-Chul Han, Undinge. Umbrüche der Lebenswelt, Berlin 2021, S. 31.

11 The Economist, Rise of the Machines. Artificial Intelligence Scares People – Excessively So, in: The Economist, 9.5.2015, online abrufbar unter https://www.economist.com/briefing/2015/05/09/rise-of-the-machines.

12 Ebd.

13 The Economist, The Translator of the Future is a Human-Machine Hybrid. There Will Still be a Place for Humans With Specialist Knowledge, in: The Economist, 30.11.2022, online abrufbar unter https://www.economist.com/culture/2022/11/30/the-translator-of-the-future-is-a-human-machine-hybrid.

14 Klaudia Weber/Franz Bailom, Gespräch mit dem Philosophen Konrad Paul Liessmann. Polis 4.0, in: In-Sights, 13.5.2019, https://www.in-manas.com/blog/polis-40/.

15 Kucklick, Die granulare Gesellschaft (wie Anm. 1), S. 19.

16 Ed Yong, Die erstaunlichen Sinne der Tiere. Erkundungen einer unermesslichen Welt, München 2022. S. 1 f.

17 James Bridle, Ways of Being. Beyond Human Intelligence, London 2022.

18 The Economist, Arrival of the Interspecies, in: The Economist, 21.5.2022, abrufbar unter https://www.economist.com/culture/2022/05/18/ai-is-changing-the-way-people-relate-to-other-beings.

5 Sinn

1 Zitiert nach: Ali's Quotes, in: BBC Sport, 17.1.2007, http://news.bbc.co.uk/sport1/hi/boxing/6267397.stm.

2 Auf Deutsch 2003 erschienen: Luc Boltanski/Ève Chiapello, Der neue Geist des Kapitalismus, Konstanz 2003, S. 104.

3 Ebd., S. 216.

4 Herbert Marcuse, Der eindimensionale Mensch. Studien zur Ideologie der fortgeschrittenen Industriegesellschaft, bearb. v. Peter-Erwin Jansen, Springe 2014.

5 Andreas Reckwitz, Das Ende der Illusionen. Politik, Ökonomie und Kultur in der Spätmoderne, Berlin 2019.

6 Hans Rusinek, Arbeit und Sein, in: Jens Nachtwei/Antonia Sureth (Hg.), Sonderband Zukunft der Arbeit (HR Consulting Review, Band 12), 2020, S. 98–101, hier S. 99.

7 Carlo Strenger, Diese verdammten liberalen Eliten. Wer sie sind und warum wir sie brauchen, Berlin 2019, S. 71.

8 Lisa Herzog, Die Rettung der Arbeit. Ein politischer Aufruf, Berlin 2019, S. 38.

9 Klaus Englert, Max Weber. Das stahlharte Gehäuse des Kapitalismus, in: Deutschlandfunk, 25.11.2020, https://www.deutschlandfunk.de/max-weber-das-stahlharte-gehaeuse-des-kapitalismus-102.html.

10 Harald Welzer, Nachruf auf mich selbst, Frankfurt am Main 2021, S. 105.

11 Ebd.

12 Björn Vedder, Väter der Zukunft. Ein philosophischer Essay, Marburg 2020.

13 Welzer, Nachruf auf mich selbst (wie Anm. 9), S. 265.

14 Philip Fernbach/Steven Sloman The Knowledge Illusion. Why We Never Think Alone, London 2018.

15 Herzog, Die Rettung der Arbeit (wie Anm. 7), S. 39.

16 Ebd., S. 36.

17 The Economist, The Rise of Performative Work, in: The Economist, 7.1.2022, online abrufbar unter https://www.economist.com/business/2022/01/07/the-rise-of-performative-work.

18 Hannes Leroy et al., When Being Oneself is Socially Rewarded. Social Identification Qualifies the Effect of Authentic Behavior at Work, in: Human Relations 75 (2022), Nr. 11, S. 2058–2090.

19 Mijeong Kwon/Julia Lee Cunningham/Jon Michael Jachimowicz, Discerning Saints. Moralization of Intrinsic Motivation and Selective Prosociality at Work, in: Academy of Management Journal, online veröffentlicht am 23.1.2023, https://doi.org/10.5465/amj.2020.1761.

20 Catherine Bailey et al., A Review of the Empirical Literature on Meaningful Work, in: Human Resource Development Review 18 (2019), Nr. 1, S. 83–113.

21 Lewis Coser, Greedy Organisations, in: European Journal of Sociology 8 (1967), Nr. 2, S. 196–215.

22 Peter Laudenbach, Interview mit Stefan Kühl. Warum sachlich, wenn es auch persönlich geht, in: Brand eins 4/2019, online verfügbar unter https://www.brandeins.de/magazine/brand-eins-wirtschaftsmagazin/2019/gefuehle/warum-sachlich-wenn-es-auch-persoenlich-geht.

23 Hartmut Rosa, Achtsamkeit verhindert Empörung, in: Psychologie Heute, 5.11.2021, https://www.psychologie-heute.de/leben/artikel-detailansicht/41604-achtsamkeit-verhindert-empoerung-das-stoert-hartmut-rosa.html.

24 Ebd.

25 Björn Müller, Unternehmungstum, in: Jörg Metelmann/Harald Welzer (Hg.), Imagineering. Wie Zukunft gemacht wird, Frankfurt am Main 2020, S. 73–104, hier , S. 96.

26 Martin Kolmar, Das gute Leben und die Klimakrise, in: Philosophie Magazin, 15.11.2021, https://www.philomag.de/artikel/das-gute-leben-und-die-klimakrise.

27 Jenny Odell, How to Do Nothing. Resisting the Attention Economy, Brooklyn, NY 2019, S. 162.

28 Welzer, Nachruf auf mich selbst (wie Anm. 9), S. 80.

29 Ebd.

30 Erving Goffman, The Presentation of Self in Everyday Life, New York 1959.

31 Herzog, Die Rettung der Arbeit (wie Anm. 7), S. 33.

32 Michael Bordt, Die Kunst sich selbst auszuhalten. Ein Weg zur inneren Freiheit, Hamburg 2023, S. 39.

33 Simon Clarke, Health and Safety at Work, Summary Statistics for Great Britain 2022, https://www.hse.gov.uk/statistics/overall/hssh2122.pdf.

6 Zusammenhalt

1 Zitiert nach Karlheinz Schwuchow/Joachim Gutmann, Personalentwicklung. Themen, Trends, Best Practices, Freiburg 2015, S. 357.

2 The Economist. Global Fertility Has Collapsed, With Profound Economic Consequences, in: The Economist, 1.6.2023, https://www.economist.com/leaders/2023/06/01/global-fertility-has-collapsed-with-profound-economic-consequences.

3 Margarete Stokowski, Twitter, 9.5.2023, https://twitter.com/marga_owski/status/1656002467824381952.

4 David P. Costanza u. a., Generational Differences in Work-Related Attitudes. A Meta-Analysis, in: Journal of Business and Psychology 27 (2012), S. 375–394.

5 Dan P. McAdams, Personality, Modernity, and the Storied Self. A Contemporary Framework for Studying Persons, in: Psychological Inquiry 7 (1996), Nr. 4, S. 295–321.

6 Costanza, Generational Differences (wie Anm. 4).

7 Michael Astor, Innovation – eine Domäne der Jugend?, in: Bernhard Badura u. a. (Hrsg.), Fehlzeiten-Report 2002. Demografischer Wandel, Berlin 2003, S. 153–166.

8 Wolf Lotter, Innovation. Streitschrift für barrierefreies Denken, Hamburg 2018.

9 Götz Aly, Unser Kampf. 1968, Frankfurt am Main 2008.

10 Demografischer Wandel, in: bpb.de, 1.7.2017, https://www.bpb.de/kurz-knapp/zahlen-und-fakten/globalisierung/52811/demografischer-wandel/.

11 ETH Zürich, Neues Alter. Älterwerden anders angepackt, https://neuesalter.ch/.

12 Julia Klier/Mathias Winde, Future Skills. 21 Kompetenzen für eine Welt im Wandel, Diskussionspapier, Stifterverband 2021.

13 Ebd.

14 Der Spiegel, Deutsche Arbeitnehmer. Nur ein Viertel ist mit dem Chef zufrieden, in: Der Spiegel, 22.3.2023, https://www.spiegel.de/karriere/studie-zum-deutschen-arbeitsmarkt-nur-ein-viertel-ist-mit-dem-chef-zufrieden-a-aba700ad-06ca-48af-a38d-dab7df4ac6d9?sara_ref=re-xx-cp-sh.

15 Armin Nassehi, Die unerträgliche Trägheit des Seins, in: Die Zeit, 27.8.2020, S. 5.

16 Lisa Herzog, Die Rettung der Arbeit. Ein politischer Aufruf, Berlin 2019, S. 31.

17 David Brooks, Charakter. Die Kunst, Haltung zu zeigen, Darmstadt 2015.

7 Zeit

1 Lisa Herzog, Die Rettung der Arbeit. Ein politischer Aufruf, Berlin 2019, S. 115.

2 Carlo Rovelli, Die Ordnung der Zeit, Reinbek bei Hamburg 2018.

3 Stephan Kosch, Interview mit Marc Wittmann. Wir sind die Zeit, in: Transform, 11.3.2022, https://transform-magazin.de/zeitwahrnehmung/.

4 Susan Cosier, People Prefer Electric Shocks to Tedium, in: Scientific American, 1.11.2014, https://www.scientificamerican.com/article/people-prefer-electric-shocks-to-tedium/.

5 Rafael E. Núñez/Eve Sweetser, With The Future Behind Them. Convergent Evidence From Aymara Language and Gesture in the Crosslinguistic Comparison of Spatial Construals Of Time, in: Cognitive Science 30 (2006), Nr. 3, S. 401–450.

6 Max Weber, Wissenschaft als Beruf, Berlin [6]1975.

7 Roselinde Torres u. a., The Rewards of CEO Reflection, in: BCG Global, 8.1.2021, https://www.bcg.com/publications/2017/leadership-talent-people-organization-rewards-ceo-reflection.

8 Michael E. Porter/Nitin Nohria, How CEOs Manage Time, in: Harvard Business Review, Juli/August 2018, online verfügbar unter https://hbr.org/2018/07/how-ceos-manage-time.

9 Vera Starker, Unterbrechungen und überflüssige Meetings kosten Unternehmen 114 Milliarden Euro pro Jahr, Next Work Innovation, 2022, https://nextworkinnovation.com/studie-arbeitsunterbrechungen/.

10 Gloria Mark/Daniela Gudith/Ulrich Klocke, The Cost of Interrupted Work. More Speed And Stress, in: Proceedings of the SIGCHI conference on Human Factors in Computing Systems 2008, S. 107–110.

11 Shai Danziger/Jonathan Levav/Liora Avnaim-Pesso, Extraneous Factors in Judicial Decisions, in: Proceedings of the National Academy of Sciences 108 (2011), Nr. 17, S. 6889–6892.

12 Torres, The Rewards of CEO Reflection.

13 Han, Undinge, S. 13.

14 Paul Virilio, Rasender Stillstand, München 1992.

15 Miya Tokumitsu, Die Zeit nach dem Kapitalismus. Wie wir unsere Zeit organisieren, wenn wir von den Zwängen des Kapitalismus frei sind, in: Jacobin, 14.4.2020, https://jacobin.de/artikel/zeit-arbeit-kapitalismus/.

16 Sascha Friesike, Was Ist Isomorphismus?, in: Ding an sich. Wissenschaft erklärt, rbb, 28.2.2022, abrufbar unter https://www.youtube.com/watch?v=6OQ1HqOKJUY.

17 Mila Hanke, Interview mit Stefan Grünewald. Volk der Wurschtler, in: Emotion, 9.11.2014, https://www.emotion.de/de/karrieretipps/deutsche-und-der-beruf--3784.

18 Linda Empson, If You're So Successful, Why Are You Still Working 70 Hours a Week?, in: Harvard Business Review, 1.2.2018. https://hbr.org/2018/02/if-youre-so-successful-why-are-you-still-working-70-hours-a-week.

19 Starker, Arbeitsunterbrechungen (wie Anm. 9).

20 Markus Albers, Digitale Erschöpfung. Wie wir die Kontrolle über unser Leben wiedergewinnen, München 2017.

21 Gil Fronsdal, A Monastery Within. Tales from the Buddhist Path, Redwood City, CA 2010.

22 Susan Sontag, Later Essays, New York 2017.

23 Harald Lesch/Karlheinz A. Geißler/Jonas Geißler, Alles eine Frage der Zeit. Warum die „Zeit ist Geld"-Logik Mensch und Natur teuer zu stehen kommt, München 2021.

24 Ebd., S. 129.

25 Sebastian Kernbach/Martin J. Eppler, Life Design. Mit Design Thinking, Positiver Psychologie und Life Loops mehr von sich in das eigene Leben bringen, Stuttgart 2020.

26 Tobias Hürter, Interview mit Till Roenneberg. „In uns ticken 100 Millionen Jahre alte biologische Uhren", in: Zeit Online, 5.4.2011, https://www.zeit.de/zeit-wissen/2011/03/Dossier-Schlafen-Dramaturgie-box-1.

27 Guido Zander, Lineares Denken in einer Nichtlinearen Welt, in: LinkedIn, 17.7.2023,https://www.linkedin.com/feed/update/urn:li:activity:7086592871339827200/.

8 Sichtbarkeit

1 Silvia Federici, Wages against Housework, Bristol 1975, S. 1.

2 Paul Brand/Philip Yancey, Fearfully and Wonderfully Made, Grand Rapids, MI 1980, S. 68.

3 Ina Praetorius, Wirtschaft ist Care. Was sonst?, in: Neue Wege, 4.9.2020, https://neuewege.ch/wirtschaft-ist-care-was-sonst?search=Frettl%C3%B6h.

4 Economiefeministe, Sorge- und Versorgungswirtschaft, https://economiefeministe.ch/themen/sorge-und-versorgungswirtschaft/.

5 UN Women Deutschland, Gender Gaps in Deutschland. Einkommenslücke, Rentenlücke, Lebenseinkommenslücke, Sorgearbeitslücke, https://unwomen.de/gender-gaps-in-deutschland/.

6 Henrik Kleven et al., Children and Gender Inequality. Evidence from Denmark, NBER Working Paper, Nr. 24219, National Bureau of Economic Research, Cambridge 2018.

7 Matthias Janson, In der Krise halten Frauen die Gesellschaft am Laufen, Statista, 17.3.2020, https://de.statista.com/infografik/21148/anteil-der-sozialversicherungspflichtig-beschaeftigten-nach-wirtschaftszweigen/.

8 Ronald E. Hester/Roy M. Harrison (Hg.), Ecosystem Services, Cambridge 2010.

9 Jason W. Moore, The Capitalocene Part II. Accumulation by Appropriation and the Centrality of Unpaid Work/Energy, in: The Journal of Peasant Studies 45 (2018), Nr. 2, S. 237–279.

10 Bundesministerium für Familie, Senioren, Frauen und Jugend, Bericht des unabhängigen Beirats für die Vereinbarkeit von Pflege und Beruf, 13.7.2023, https://www.bmfsfj.de/bmfsfj/service/publikationen/zweiter-bericht-des-unabhaengigen-beirats-fuer-die-vereinbarkeit-von-pflege-und-beruf-228546.

11 Persönliche Kommunikation des Autors.

12 The Economist, Efforts to Modernise Economics Teaching are Gathering Steam, in: The Economist, 20.3.2021, https://www.economist.com/finance-and-economics/2021/03/20/efforts-to-modernise-economics-teaching-are-gathering-steam.

13 Ebd.

14 Ebd.

15 Gudrun Sander, Advance & HSG Gender Intelligence Report 2020, Universität St. Gallen 2020, S. 37.

16 Sarah Schilliger, Transnationale Care-Arbeit. Osteuropäische Pendelmigrantinnen in Privathaushalten von Pflegebedürftigen, in: Schweizerisches Rotes Kreuz (Hg.), Who cares? Pflege und Solidarität in der alternden Gesellschaft, Zürich 2013, S. 142–161.

17 DIW Berlin, Wochenbericht 25/2019, https://www.diw.de/de/diw_01.c.630530.de/publikationen/wochenberichte/2019_25/heft.html.

18 Yuval Noah Harari, Homo Deus. Eine Geschichte von Morgen, München 2017.

19 Christian Bangel, Interview mit Heinz Bude. „Als hätten viele noch nicht kapiert, worum es geht“, in: Zeit Online, 21.3.2020, https://www.zeit.de/gesellschaft/schule/2020-03/corona-krise-folgen-neoliberalismus-gerechtigkeit-solidaritaet-heinz-bude/komplettansicht.

9 Körper

1 Zitiert nach: Unsichtbares Komitee, Jetzt, Hamburg 2017, S. 82.

2 Cal Newport, The Stone Carver in an Age of Computer Screens, in: Cal Newport, Blog, 27.10.2020, https://calnewport.com/the-stone-carver-in-an-age-of-computer-screens/.

3 Ears + Ears, A Continuous Shape, 9.5.2017, https://vimeo.com/216658674.

4 Jakob Arnold, Beruf: Handwerker sind begehrt – und besonders glücklich, in: Süddeutsche Zeitung Online, 3.3.2023, https://www.sueddeutsche.de/wirtschaft/handwerk-arbeit-glueck-1.5762363.

5 Nicolas Malebranche, De la recherche de la vérité, in: ders., Œuvres Complètes, Paris 1972, S. 394.

6 Ronja von Rönne, Schlaft endlich!, in: Zeit Online, 16.1.2018. https://www.zeit.de/kultur/2018-01/schlaf-ausschlafen-politiker-schlafentzug.

7 Zit. nach Andreas Weber, Schönheit ist Politik, in: Johann Brandstetter/ders., Über Leben. Die Wiederentdeckung der Natur, München 2019, S. 6–15, hier S. 9.

8 Ebd.

9 Ebd., S. 11.

10 Anna Kemper, Ian McEwan. „Triff nicht deine französische Brieffreundin“, in: ZEITmagazin Nr. 7/2023, online verfügbar unter https://www.zeit.de/zeit-magazin/2023/07/ian-mcewan-ratschlaege-leben.

11 CNN, This Weeks Global Temperatures Are Likely Highest In At Least 100.000 Years, in: CNN, 7.7.2023, https://edition.cnn.com/2023/07/07/world/global-temps-warmest-on-record-climate/index.html.

12 Tagesschau, Amtsärzte fordern Sommer-Siesta, in: tagesschau.de, 18.7.2023, https://www.tagesschau.de/inland/amtsaerzte-siesta-temperaturen-100.html.

13 Jonathan Haidt, The Emotional Dog and Its Rational Tail: A Social Intuitionist Approach to Moral Judgment, in: Psychological Review 108 (2001), Nr. 4, S. 814–834.

14 Andrew D. Wilson/Sabrina Golonka, Embodied Cognition is Not What You Think It is, in: Frontiers in Psychology 4 (2013), https://www.frontiersin.org/articles/10.3389/fpsyg.2013.00058/full.

15 Frank Restle, Speed of Adding and Comparing Numbers, in: Journal of Experimental Psychology 83 (1970), Nr. 2, S. 274–278.

16 Klaus Theweleit, Männerphantasien, Berlin 2019.

17 John Carreyrou, Bad Blood. Die wahre Geschichte des größten Betrugs im Silicon Valley, München 2019, S. 35.

18 Guido Palazzo, Theranos and WeWork…, in: LinkedIn, 21.1.2023, https://www.linkedin.com/feed/update/urn:li:activity:7021517987220234240/.

19 Marily Oppezzo/Daniel L. Schwartz, Give Your Ideas Some Legs. The Positive Effect Of Walking on Creative Thinking, in: Journal of Experimental Psychology 40 (2014), Nr. 4, S. 1142–1152.

20 Pascal Chabot/Matthew Crawford, Interview mit Philippe Nassif. Macht euch die Hände schmutzig!, in: Philosophie Magazin, 15.9.2015, https://www.philomag.de/artikel/macht-euch-die-haende-schmutzig-dialog.

21 Salmon Rushdie. Home, London 2017, S. 9.

Die letzten Seiten, die ersten Schritte

1 Wolf Lotter, Eigenbewegung, in: Brand eins 1/2020, online verfügbar unter https://www.brandeins.de/magazine/brand-eins-wirtschaftsmagazin/2020/eigensinn/wolf-lotter-eigenbewegung.

Abbildungsnachweis

S. 38, 47, 76–78, 197, 226, 228: Hans Rusinek

S. 22, 144 und 145: Wikimedia Commons / gemeinfrei

S. 34 und 35: Globaia (aus: Willi Steffen u. a., The Trajectory of the Anthropocene. The Great Acceleration, in: The Anthropocene Review 2 (2015), Nr. 1, S. 81–98, https://doi.org/10.1177/2053019614564785)

S. 147: VG Bild-Kunst / akg-images (AKG8217826)

S. 269: Verlag Herder / Ann Dumevi

Wenn du weiterlesen möchtest:

Hannah Arendt, Vita activa oder Vom tätigen Leben, München 2020 (1958).

David Goodhart, Kopf, Hand, Herz. Das neue Ringen um Status. Warum Handwerks- und Pflegeberufe mehr Gewicht brauchen, München 2021.

Lisa Herzog, Die Rettung der Arbeit. Ein politischer Aufruf, Berlin 2019.

Eva Horn/Hannes Bergthaller, Anthropozän zur Einführung, Hamburg 2022.

Jenny Odell, Zeit finden. Jenseits des durchgetakteten Lebens, München 2023.

Herman Melville, Bartleby, der Schreiber. Eine Geschichte aus der Wall Street, Frankfurt am Main 2020 (1853).